JOÃO PIMENTEL E ZÉ McGILL

MORDAÇA

1ª edição

HISTÓRIAS DE MÚSICA E CENSURA EM TEMPOS AUTORITÁRIOS

Rio de Janeiro
2021

Copyright © 2021 por João Pimentel e Zé McGill
Copyright © 2021 Sonora Editora
1ª Edição – 2021
Todos os direitos dos autores reservados. Proibida a reprodução, armazenamento ou transmissão de partes ou a totalidade deste livro, através de quaisquer meios, sem prévia autorização por escrito dos detentores de direitos envolvidos.

 | www.sonoraeditora.com.br
www.facebook.com/sonoraeditora

Direção Editorial: Michel Jamel
Editora Responsável: Maíra Contrucci Jamel
Coordenação de Pesquisa: Pedro Paulo Malta
Revisão de Conteúdo: Fred Coelho
Projeto Gráfico, Diagramação e Produção Gráfica:
Jéssica Campos e Marcelo Santos

Fotos dos documentos da Censura retiradas do acervo do Arquivo Nacional

---

P644h Pimentel, João
          Histórias de música e censura em tempos autoritários / João Pimentel, Zé McGill. – 1. ed. Rio de Janeiro: Sonora Editora, 2021.
              336 p. : il. ; 23 cm

          ISBN 978-65-88922-02-6

              1. Música. 2. História. 3. Música Brasileira. I. McGill, Zé. II. Título.

                                                              CDD 780.8

PLAYLIST MORDAÇA:
Você pode escutar, no Spotify, todas as músicas citadas neste livro, na ordem em que são mencionadas. Basta apontar a câmera do seu smartphone para o QR Code ao lado.

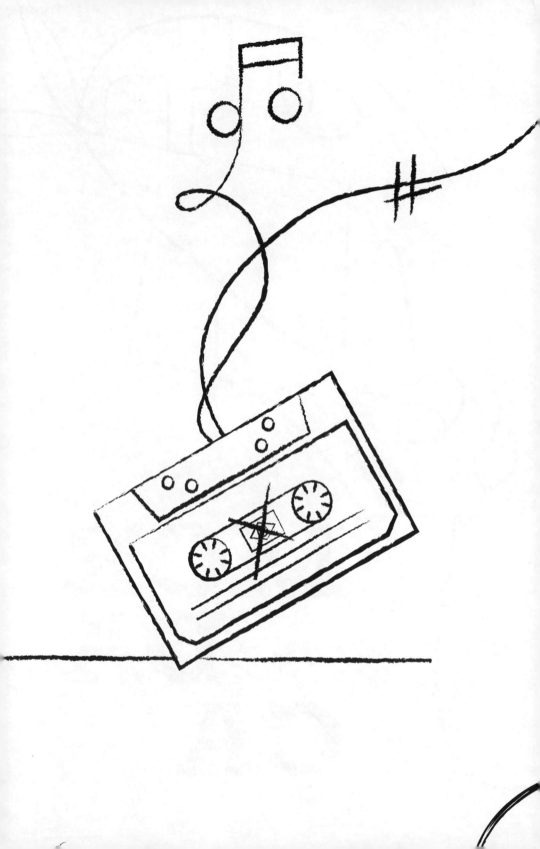

Este livro é dedicado à memória de Aldir Blanc, Beth Carvalho, João Carlos Muller e Marilda Contrucci Jamel e aos artistas brasileiros que lutaram, lutam ou lutarão contra a mordaça da censura.

SUMÁRIO

PREFÁCIO   **A ESCRAVIDÃO DAS IDEIAS**   .10
            Sérgio Augusto

INTRODUÇÃO   **MORDAÇA: HISTÓRIAS DE MÚSICA E**   .14
            CENSURA EM TEMPOS AUTORITÁRIOS
            Zé McGill e João Pimentel

01. A FORÇA DA PERSUASÃO
(JOÃO CARLOS MULLER) *Zé McGill*
23.

02. DRIBLANDO COM UMA CANETA NA MÃO
(CHICO BUARQUE) *Zé McGill*
35.

03. NÃO ANDE NOS BARES, ESQUEÇA OS AMIGOS
(IVAN LINS) *João Pimentel*
51.

04. A RECOMEÇAR COMO CANÇÕES E EPIDEMIAS
(JOÃO BOSCO) *João Pimentel*
61.

05. LEVANDO OS CENSORES PARA A CHURRASCARIA
(RILDO HORA E GENILSON BARBOSA) *Zé McGill*
73.

06. DA BOSSA NOVA À CANÇÃO DE PROTESTO
(CARLOS LYRA) *Zé McGill*
83.

07. PREVISÃO DO TEMPO: INSTÁVEL
(MARCOS VALLE) *Zé McGill*
91.

08. ETERNAMENTE GRÁVIDA
(JOYCE MORENO) *João Pimentel*
101.

09. PATRIOTAS OU IDIOTAS?
(NELSON MOTTA) *Zé McGill*
109.

10. O SABOROSO E APIMENTADO BANQUETE DOS MENDIGOS
(JARDS MACALÉ) *João Pimentel*
117.

11. **CONTEÚDO ALIENADO E EXTRATERRESTRE**
(JORGE MAUTNER)
125. *Zé McGill*

12. **HÁ ALGO DE RIDÍCULO NA CENSURA**
(CAETANO VELOSO)
135. *Zé McGill*

13. **O TERROR DOS HIPÓCRITAS NA CASA DO DRÁCULA**
(ODAIR JOSÉ)
149. *Zé McGill*

14. **CENSURADO ATÉ NO OLHAR**
(NEY MATOGROSSO)
159. *Zé McGill*

15. **DOIS GERALDOS E UMA DESPEDIDA**
(GERALDO AZEVEDO)
169. *João Pimentel*

16. **VAI PRA TODA ESSA GENTE RUIM (QUOSQUE TANDEM?)**
(ALCEU VALENÇA)
179. *João Pimentel*

17. **NA HORA ERRADA, NO LUGAR ERRADO**
(RICARDO VILAS)
189. *João Pimentel*

18. **A MPB NO FRONT: OS FESTIVAIS QUE ASSOLARAM O PAÍS**
(SOLANO RIBEIRO)
197. *João Pimentel*

19. **OLÁ, COMO VAI?**
(PAULINHO DA VIOLA)
207. *João Pimentel*

20. **VOCÊ CORTA UM VERSO, EU ESCREVO OUTRO**
(PAULO CÉSAR PINHEIRO)
217. *João Pimentel*

21. O IMPORTANTE É QUE A NOSSA EMOÇÃO SOBREVIVA
(EDUARDO GUDIN)
227. *João Pimentel*

22. MEMÓRIAS DE UM SARGENTO COMPOSITOR
(MARTINHO DA VILA)
233. *Zé McGill*

23. A MADRINHA E O GRANDE PODER TRANSFORMADOR
(BETH CARVALHO)
243. *João Pimentel*

24. UMA GUERRILHA DIFERENTE
(EVANDRO MESQUITA)
255. *Zé McGill*

25. FOCO DE SUBVERSÃO
(LEO JAIME)
263. *Zé McGill*

26. UM DOS ÚLTIMOS SUSPIROS DA CENSURA?
(PHILIPPE SEABRA)
271. *Zé McGill*

27. ATRASANDO O TREM DAS ONZE
(CLEMENTE NASCIMENTO)
281. *Zé McGill*

28. FUMAÇA E CENSURA NA VIRADA DO SÉCULO
287. (BNEGÃO) *Zé McGill*

29. NÃO PASSARÃO, OU MELHOR, PASSARÃO
(GILBERTO GIL)
299. *João Pimentel*

314. **POSFÁCIO**
CENSURA NOS ANOS BOLSONARO
João Pimentel e Zé McGill

320. **AGRADECIMENTOS**

322. **CRÉDITOS DAS LETRAS CITADAS**

332. **BIBLIOGRAFIA**

PRE
FÁ
CIO

A ESCRAVIDÃO DAS IDEIAS

Este volume que o distinto leitor tem nas mãos é um precioso livro de história. De histórias do Brasil, da música popular brasileira, da censura às artes no País e dos inevitáveis absurdos e ridículos cometidos por seus feitores, militares e civis, que, à distância, soam às vezes engraçados, mas só à distância. Ou não é engraçado saber que um dos primeiros censores de Caetano Veloso foi um padre e seu ex-professor de Lógica no colégio?

A ideia inicial de *Mordaça* era retratar como agiu e extrapolou a Censura depois do Ato Institucional Número Cinco, em 13 de dezembro de 1968, e como compositores e intérpretes de nossa música popular foram por ela perseguidos e silenciados e de que forma e com quais artimanhas lograram burlar os censores. Conforme as entrevistas iam sendo feitas – 29 no total, todas exclusivas – mais ambicioso, mais amplo e, por certo, mais engraçado, o livro ficou.

Por inúmeras e óbvias razões, Chico Buarque é um de seus personagens (ou depoentes) de maior destaque. De tanto ser vigiado e punido pela ditadura, Chico não só enfrentou, como Caetano Veloso e Gilberto Gil, o exílio, como precisou inventar um pseudônimo ("Julinho da Adelaide") para continuar compondo e gravando – vale dizer, sobrevivendo como artista.

A censura chegou até nós trazida pela Corte portuguesa, timbrada por brancos europeus. A música – ou o melhor dela – nos foi trazida pelos escravos. Era inevitável que também aí ocorressem conflitos entre a Casa Grande e a Senzala, entre valseiros e batuqueiros, entre o fandango e o lundu.

Antes mesmo de o chefe da Polícia do Rio, pelo telefone, chamar seus beleguins para aquela *blitz* em pontos de jogatina que inspirou o primeiro samba oficial da história, músicos como Donga, um dos autores do histórico samba, não podiam dar muita sopa na rua, que iam direto para o xadrez. Não porque fossem da tavolagem, mas porque compunham e tocavam música, e música, naquela época, era vista como "coisa de desocupado" – e lugar de vadio era o xadrez.

Pandeiro na mão no meio da rua? Xadrez. Calo nos dedos, sina de pandeirista? "Teje preso!". Ser flagrado em roda de capoeira também dava cadeia. O emérito pandeirista João da Baiana só conseguiu livrar-se de uma cana por intervenção pessoal do senador Pinheiro Machado, que ainda lhe deu um pandeiro novinho em folha – e autografado – para substituir o confiscado.

Donga era negro, João da Baiana também, mas Freire Júnior, embora branco, bem-nascido e pianista, foi preso por ter gozado Arthur Bernardes, candidato à sucessão do presidente Epitácio Pessoa, na marchinha carnavalesca "Ai Seu Mé", proibida antes mesmo da prisão do autor. Proibida inutilmente, pois os foliões a consagraram campeã do carnaval de 1921. A Censura sempre foi uma fabricante de sucessos.

A bulha causada pela gozação em Arthur Bernardes foi episódio isolado na pré-história da censura musical no Brasil. As sátiras políticas, principal insumo do teatro de revista e do cancioneiro carnavalesco, eram aceitas com interessada indulgência pelos poderosos do dia, que faturavam algum prestígio com as gozações que compositores e revisteiros lhes faziam.

Indultado o pandeiro, um novo vilão entrou na agenda da repressão: o culto à malandragem e ao papo para o ar, sibaritismo recorrente nas letras de sambas, choros e marchas, que o Estado Novo (1937-1945), no afã de enaltecer o trabalho, ideia fixa de regimes autoritários, combateu implacavelmente. E o operário de Wilson Batista e Ataulfo Alves parou de rosetar e voltou a pegar o bonde São Januário para ir, todo dia e todo prosa, trabalhar.

O controle das músicas – vale dizer das letras – exercido pelo Departamento de Imprensa e Propaganda (DIP), o órgão fiscalizador e repressor das ideias na ditadura varguista, serviu de modelo ao futuro Serviço de Censura e Diversões Públicas, criado em 1946, já no período de redemocratização, com a precípua intenção de manter as manifestações artísticas sob alguma forma de controle (moral, político, ideológico) pelo Estado.

A Censura funcionou com a sigla SCDP durante a ditadura militar, até que em 1972 deixou de ser Serviço para virar Divisão, já sem a eufemística colaboração de um Conselho Superior, desde o nascedouro desmoralizado por este raio disparado por Millôr Fernandes no jornal: "Se é censura, não pode ser superior."

E a Censura permaneceu apenas "serviço" até ser solenemente enterrada em 1988, numa cerimônia no Teatro Casa Grande, no Rio, presidida pelo primeiro ministro da Justiça da Nova República, Fernando Lyra, com a presença de muitos sobreviventes da sanha proibitória dos Anos de Chumbo. Um deles era Chico Buarque, coautor de um documento histórico, escrito a dez mãos, traçando em 22 tópicos as novas relações entre o Estado e a Cultura, que logo apelidaram de "a Lei Áurea da inteligência brasileira".

Apesar de infringida logo no governo inaugural da Nova República, presidido por José Sarney, com a proibição do filme *Je Vous Salue, Marie*, de Jean-Luc Godard, a lei ainda vige. Quanto à mordaça, que supúnhamos na lixeira desde 1988, muitos são os saudosistas e herdeiros do fascismo caboclo implantado em 1964 que suspiram por ela até hoje. Como um desses viúvos das trevas é o atual presidente da República, Jair Bolsonaro, precisamos seguir à risca o conselho de Caetano, permanecendo atentos e fortes.

SÉRGIO AUGUSTO

INTRODUÇÃO

MORDAÇA: HISTÓRIAS DE MÚSICA E CENSURA EM TEMPOS AUTORITÁRIOS

Mais que um livro de História, *Mordaça* é um livro de histórias.

Aqui estão reunidos, com depoimentos exclusivos, alguns dos principais casos envolvendo artistas da música brasileira e a censura que assombrou o país durante a ditadura. No entanto, como veremos, algumas dessas histórias antecedem o golpe de 1964, que deu início ao regime, e outras aconteceram após 1985, ano em que os militares deixaram o poder.

Na verdade, para começarmos a falar sobre censura no Brasil, é preciso viajar até o período colonial (1500-1822), quando os índios sofreram inúmeras formas de interdição. Enviados pela Coroa Portuguesa, padres catequizadores – em sua maioria, jesuítas – proibiam que os povos originários brasileiros manifestassem costumes milenares, como seus diversos idiomas locais e crenças religiosas. A Igreja tinha ainda o poder de proibir qualquer obra que julgasse defender ideias contra o catolicismo. Os negros escravizados também eram censurados. Pessoas de diversas etnias trazidas à força da África eram privadas de suas culturas originais. A capoeira, por exemplo, foi censurada e considerada ilegal por muitos anos. A empresa colonial brasileira, opressora por princípio, sempre se caracterizou pelos mais distintos modos de veto.

Mais tarde, durante a República Velha (1889-1930), o governo passou a reprimir com violência todo tipo de manifestação em favor da monarquia e da família imperial, que foi banida do território nacional até 1920. É naquela época, mais especificamente no ano de 1924, que o cargo de censor aparece pela primeira vez de forma oficial no Brasil, passando a fazer parte do orçamento da União. No início do século XX, havia na sociedade uma grande preocupação em relação às casas de diversão e espetáculos públicos. Assim, a função dos censores era justamente fiscalizar e regular, pautados pela moralidade, o conteúdo daqueles espetáculos.

Mas foi durante o Estado Novo (1937-1945) que teve início a longa história de perseguição à música brasileira por parte da censura institucionalizada. Através de um decreto presidencial, Getúlio Vargas criou um órgão que se tornaria a gênese do sistema censório utilizado no Brasil até o fim da ditadura militar, décadas depois. Chamava-se Departamento de Imprensa e Propaganda. Criado em dezembro de 1939, o DIP era diretamente subordinado ao presidente, além de ser encarregado da propaganda oficial do governo e responsável pela censura aos meios de comunicação. Os jornais eram seu alvo predileto, mas as estações de rádio e as músicas de suas programações também estavam no radar. Como as marchinhas de carnaval faziam muito sucesso naquele tempo, não demoraram a entrar na peneira da censura.

Além da marchinha "Ai, Seu Mé", de Freire Júnior e Careca (Luís Nunes Sampaio), proibida em 1921 e mencionada no prefácio escrito pelo jornalista e escritor Sérgio Augusto, uma das primeiras músicas censuradas de que se tem notícia no país foi a marchinha chamada "Diabo sem Rabo", composta em 1938 por Haroldo Lobo e Milton Oliveira. A letra tinha versos como: "A minha fantasia de diabo / Só falta o rabo, só falta o rabo / Eu vou botar um anúncio no jornal / Precisa-se de um rabo pra brincar o carnaval". O disco foi lançado e as cópias logo se esgotaram. Depois que o sucesso já estava na boca do povo, o governo decidiu que aquele papo de diabo e rabo era uma afronta à ideologia moralista do Estado Novo, então a música foi censurada. Algumas palavras foram alteradas e mandaram regravar a marchinha, mas não adiantou muito: a versão original é a que se tornou conhecida.

Já em 1940, foi a vez da dupla Wilson Batista e Ataulfo Alves, com o samba "O Bonde São Januário". A letra dizia: "O Bonde São Januário / Leva mais um sócio otário / Só eu não vou trabalhar". Uma vez que a exaltação do trabalho era uma das prioridades do Estado Novo e a malandragem era condenada na Era Vargas, a letra foi interditada pelo DIP e teve que ser bastante alterada. Ficou assim: "Quem trabalha é quem tem razão / Eu digo e não tenho medo de errar / O Bonde São Januário leva mais um operário / Sou eu que vou trabalhar". Só naquele ano, o DIP vetou mais de 300 músicas e cerca de 100 programas de rádio. Vale lembrar que, naquele período, a atribuição formal do poder do veto ficava a cargo de educadores e intelectuais como Vinicius de Moraes, que chegou a trabalhar como censor cinematográfico durante o Estado Novo. Função similar foi desempenhada antes por outros intelectuais, como o escritor Machado de Assis, que atuou como uma espécie de censor, fiscalizando e avaliando a qualidade de peças de teatro para o Conservatório Dramático Brasileiro, ainda no século XIX.

A partir de 1946, por meio de um decreto do então presidente Eurico Gaspar Dutra, começa a funcionar o Serviço de Censura de Diversões Púbicas. O modelo de censura do SCDP foi herdado do DIP de Getúlio Vargas, no entanto, durante aquele período mais democrático, entre 1946 e 1964, o foco do órgão era voltado para questões morais e exercia uma interferência muito menor na produção artística e na difusão de informações do que aquela que seria colocada em prática pelos governos militares.

Com o golpe civil-militar de 1964, que encerrou o governo do presidente João Goulart, a Censura[1] passou a centrar suas atenções na proibição de filmes, peças de teatro, letras de música e shows que contestassem a ditadura instalada. Durante o governo do general Castelo Branco (1964–1967), o primeiro do período militar, houve alguns casos de censura musical. Chico Buarque, por exemplo, teve sua primeira música censurada, "Tamandaré", em 1966. Mas a barra começaria a pesar de verdade para o lado dos compositores a partir do dia 13 de dezembro de 1968, quando foi decretado o Ato Institucional Número Cinco (AI-5), pelo presidente/general Artur da Costa e Silva. Era o início dos chamados Anos de Chumbo, que só terminariam no final do governo Médici, em 1974.

O AI-5, entre outras arbitrariedades, determinava o fechamento do Congresso, o fim do *habeas corpus* em casos de crime contra a Segurança Nacional, a proibição de manifestações públicas e o estabelecimento da censura prévia (que entrou em vigor em 1970), com censores atuando nas redações de jornais e artistas sendo obrigados a submeter suas obras à autorização dos militares antes de divulgá-las. A Censura foi centralizada e federalizada;

---

1   *Ao longo deste livro, o leitor notará que a palavra censura é grafada com C maiúsculo apenas quando representa a instituição Censura.*

teve sua sede transferida dos estados para Brasília. Além disso, o governo criou uma legislação e um sistema de informações que, no fim das contas, permitiam que artistas fossem presos e agredidos, algo que só ocorreu durante o Brasil da ditadura militar.

Assim, 14 dias após o decreto do AI-5, o país testemunhou a prisão de artistas tão populares quanto Caetano Veloso e Gilberto Gil, detidos sob a acusação de supostas ofensas à bandeira e ao hino nacional durante um show na boate Sucata, no Rio de Janeiro. Em julho de 1969, os baianos foram obrigados a partir para um exílio em Londres. O exílio seria o destino de vários outros nomes importantes da música brasileira. Chico Buarque experimentou um ano de autoexílio em Roma, Geraldo Vandré foi para o Chile e Edu Lobo deixou o país rumo a Los Angeles, também em 1969. "Eu já estava há algum tempo querendo sair do Brasil, não pensando em uma carreira internacional, mas para estudar orquestração", diz Edu Lobo, em depoimento exclusivo para *Mordaça*. "E foi o que eu fiz, com um grande professor, Mr. Albert Harris, que ajudou a transformar a minha vida completamente. É claro que o clima por aqui, depois do famigerado AI-5, ficou pesado, sombrio, quase insuportável, e contribuiu para a minha decisão."

No começo dos Anos de Chumbo, a censura era exercida por uma equipe improvisada, composta em sua maioria por policiais, funcionários remanejados de outros departamentos do governo, esposas de militares e até ex-jogadores de futebol, o que acabava gerando uma mão de obra não muito qualificada para a função. Isso era refletido em pareceres cheios de erros gramaticais e interpretações confusas, para não dizer bizarras. Um exemplo foi a censura sofrida por Edu Lobo sobre duas de suas músicas que eram... instrumentais! "No início dos anos 1970, fui fazer uma apresentação e enviei o repertório para a Censura", conta Edu. "Acontece que os 'catedráticos' riscaram em vermelho as minhas 'Casa Forte' e 'Zanzibar', o que acabou virando piada de péssimo gosto, já que são canções instrumentais. Eu as mantive no repertório sem nenhum problema, é claro. Pelo que sei, só na Rússia, no século passado, a música clássica tinha que passar pelos ouvidos dos censores." Episódios como esse contribuíram para que os censores fossem tachados de incapazes ou incultos.

O nível intelectual e a capacitação dos censores só melhoraram a partir de 1972, quando foi criada a DCDP – Divisão de Censura de Diversões Públicas. A partir daquele momento, tornou-se necessário passar por um concurso antes de ser contratado para a função. A Academia de Polícia promovia diversos cursos que tinham como objetivo preparar e atualizar os funcionários do órgão, e a grade curricular incluía Direito, Teatro e Técnica de Censura. Os professores vinham das artes – como a atriz Sylvia Orthof e a dramaturga Maria Clara Machado, que, em 1976, deu aulas de técnica e censura de teatro – ou dos órgãos de inteligência do Exército. Fora isso, o salário era bom e o cargo era considerado nobre, até motivo de orgulho para alguns. Portanto, a profissão de censor passou a ser cobiçada com a criação da DCDP, que chegou a contar com mais de 200 censores trabalhando em todo o Brasil, no final dos anos 1970.

Durante a produção de *Mordaça*, os autores tentaram ouvir também o outro lado, o dos censores, que, por sua vez, sofriam grande pressão interna de seus superiores quando exerciam suas atribuições. Porém, a maioria dos ex-funcionários da DCDP não está mais viva ou se nega a falar sobre o trabalho desempenhado no passado. É provável que aquele orgulho tenha se transformado em vergonha. O advogado João Carlos Muller, responsável pelas tentativas de liberação de letras de música junto aos censores, no período em que trabalhou para a gravadora PolyGram, confirmou isso em entrevista concedida para o livro, em 2019: "Se eu estou com 78 anos, nenhum daqueles censores tem hoje menos de 85. Nenhum. E, com certeza, não irão querer falar."

Subordinada ao Departamento de Polícia Federal do Ministério da Justiça, a DCDP era tratada como um dos pilares de sustentação do regime e tinha a finalidade expressa de manutenção do governo de exceção, agindo para silenciar tudo o que fosse contrário ao pensamento dos militares e, dessa forma, amordaçar a liberdade de expressão numa época em que novas manifestações culturais, o movimento *hippie* e a liberalização das práticas sexuais explodiam mundo afora. A censura sempre foi um instrumento de dominação usado por governos autoritários para controlar pensamentos, limitar ou eliminar vozes discordantes.

Foi a partir da criação da DCDP que a música brasileira passou seus piores momentos com a censura na História do Brasil. No início dos anos 1970, a música, de forma geral, conquistava um alcance inédito até então no país. A chegada de novas tecnologias de reprodução, a maior facilidade para aquisição de discos e vitrolas, a consolidação da TV e, especialmente, a Era dos Festivais, entre 1965 e 1972, garantiam ao público maior acesso e uma nova relação com a música, as letras e os artistas. Foi justamente por isso que a música tornou-se um dos alvos prediletos da Censura no período em que esteve vigente o AI-5, até 1978. Os militares consideravam perigosíssima a influência que artistas "subversivos" poderiam exercer sobre a população, e o remédio encontrado foi calar as suas bocas ou mutilar suas obras, causando um prejuízo à produção musical nacional que é incalculável.

A maioria das histórias contadas em *Mordaça* é da época da DCDP, que só fechou as portas em 1988, quando foi promulgada a nova Constituição, que pôs fim à censura oficial por parte do Estado brasileiro. O livro conta com depoimentos exclusivos de personagens de gerações e gêneros musicais tão distintos quanto Chico Buarque (que explica, por exemplo, como o samba "Apesar de Você", aprovado por engano, foi o estopim de seus problemas com a Censura nos Anos de Chumbo) e Philippe Seabra (da banda Plebe Rude, que, já no período de abertura política, teve a audácia de escrever uma música intitulada "Censura"); Paulo César Pinheiro (que misturava suas letras às de outros autores da gravadora para conseguir as liberações) e Leo Jaime (que fala sobre sua hilária relação com a censora Solange Hernandes, a Dona Solange); Beth Carvalho (em uma de suas últimas entrevistas) e Jorge Mautner (que conta que, quando esteve preso, os militares tentaram lhe dar LSD como parte de um "experimento"); Geraldo Azevedo (que dá a sua visão sobre o que aconteceu com outro Geraldo, o Vandré, além de relatar as diversas torturas que sofreu enquanto esteve preso pelos militares) e o ex-funcionário da RCA, Genilson Barbosa (que diz como fazia para subornar censores); Gilberto Gil (que compara os censores a guardas de fronteira) e BNegão (que, fazendo uma ponte com o presente, denuncia um caso de censura ao seu show no Mato Grosso do Sul, em 2019).

São, ao todo, 29 histórias sobre o embate entre arte e autoritarismo, contadas a partir de depoimentos colhidos pelos autores entre 2018 e 2020 e que, entre outras coisas, demonstram as diversas técnicas utilizadas pelos compositores para burlar a censura, explicam como as proibições colaboraram para prejudicar carreiras em ascensão e demonstram que muitas vezes a censura é um tiro que sai pela culatra, já que ao invés de silenciar uma obra, acaba atraindo-lhe uma atenção muito maior. Além disso, é claro, fazem parte dos capítulos alguns episódios marcantes sobre o sofrimento imposto aos artistas pela violenta repressão praticada pelos militares.

Nunca houve um período em que não existisse algum tipo de censura no Brasil. E, é importante que se diga, a prática da interdição formal sempre teve apoio de uma grande parcela da sociedade, que enxergava, e ainda enxerga, como necessária a presença de "tutores" que impeçam a entrada da "imoralidade" nos lares brasileiros. Hoje, apesar de proibida por lei, a censura (não exatamente oficial) se faz presente em diversos casos que andam pipocando pelo país. Por esse motivo, e num momento da História Nacional em que o atual presidente declara, por exemplo, que "se não puder ter filtro, nós extinguiremos a Ancine (Agência Nacional do Cinema)", é preciso estar atento.

Não temos a pretensão de que *Mordaça* seja um documento definitivo sobre a relação entre música e censura no Brasil, já que seria tarefa quase impossível reunir todos os dados relacionados ao assunto em um único livro. No entanto, esperamos que sirva como uma importante fonte de pesquisas e um valioso registro histórico-musical a ser consultado em tempos de censura velada ou no caso de a censura voltar a atuar por aqui de forma institucionalizada.

Afinal, *Mordaça* é também um livro de e sobre resistência.

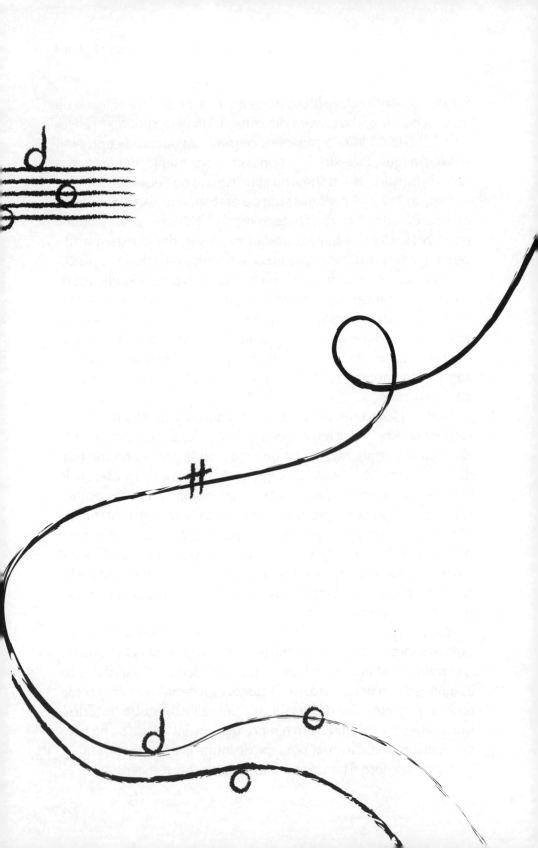

A FORÇA DA PERSUASÃO
(JOÃO CARLOS MULLER)

Em um livro que se propõe a discutir a relação entre música e censura, é lógico que os protagonistas sejam os artistas e, mais especificamente, letristas e compositores que sofreram na carne com a proibição de suas obras. Como também poderiam ser personagens de destaque os censores, caso estivessem vivos ou dispostos a falar sobre o assunto. No entanto, há um personagem que poucas vezes teve a sua versão dos fatos contada, apesar do papel fundamental que desempenhou nessa história. Ele atuava nos bastidores e, se não fosse pelo seu trabalho, é possível que não conhecêssemos hoje alguns dos clássicos da nossa música popular. Seu nome: João Carlos Muller Chaves. Profissão: advogado.

Entre 1965 e 1981, ele foi consultor jurídico, secretário geral e advogado da Philips (que se tornaria PolyGram, na década de 1970), gravadora responsável pelo lançamento dos discos de alguns dos artistas mais perseguidos pela Censura na época do Regime Militar, entre eles: Chico Buarque, Caetano Veloso, Gilberto Gil, Elis Regina, Nara Leão, Raul Seixas e Belchior. Era o Dr. João Carlos Muller, que em 1968 (ano em que foi decretado o AI-5) tinha apenas 28 anos de idade, o encarregado de tentar pessoalmente a liberação das letras vetadas destes artistas junto aos censores. Neste capítulo, serão contadas histórias da relação que ele criou com os vários censores com quem conviveu ao longo dos anos. Algumas são tensas, outras, quase inacreditáveis e engraçadas. E, como veremos, o personagem central das memórias do advogado parece ser o compositor que muitos consideram o maior símbolo do embate entre música e censura durante aquelas páginas infelizes da história brasileira: Chico Buarque.

Muller trabalhava como assessor dos advogados da Supra (Superintendência da Política Agrária), que foi fechada em 1964, ano do golpe de estado que inaugurou a ditadura. No ano seguinte, o empresário João Araújo, pai de Cazuza, que trabalhava na Philips e era irmão da esposa de um tio de Muller, o contratou para resolver questões ligadas a direito autoral. Naquele período, já existia censura, mas não era nem sombra do que viria a ser a partir de 1968, como recorda o advogado: "O interessante é que a censura era para diversões públicas. Não era legal, por exemplo, a censura de livros. Mas, com o AI-5, a coisa ficou mais dura e não adiantava reclamar. A censura, na verdade, foi o mínimo que aconteceu. Eles proibiram até o *habeas corpus*."

Em 1969, preocupados com o duplo sentido de muitas das letras de músicas que faziam sucesso no país, os militares baixaram uma portaria exigindo que, além das letras, as gravações também

JOÃO CARLOS MULLER

(Acervo: JC Muller)

fossem submetidas aos censores. Com isso, as gravadoras tinham nas mãos um enorme problema: como evitar o prejuízo financeiro causado pela proibição de gravações caras, que poderiam contar com mais de 40 músicos, e que depois não poderiam ser comercializadas? No intuito de contornar esta situação, Muller, que também se tornou assessor jurídico da ABPD (Associação Brasileira dos Produtores de Discos), teve uma ideia salvadora: inventou um sistema chamado "Registro da Censura", que era um cadastro das gravadoras, com seus dados, estatutos, nome do responsável, etc. A ideia era que a gravadora submetesse somente as letras das músicas. Caso a gravação não correspondesse à letra enviada, se algo fosse alterado, os censores poderiam aplicar uma advertência, suspensão ou até a cassação do registro da empresa. Desta forma, as gravações não precisariam ser previamente apresentadas. Esta foi a ideia que o advogado levou para o coronel que naquele tempo era chefe do Serviço de Censura de Diversões Públicas. No entanto, convencê-lo não foi uma tarefa das mais fáceis.

"O clima estava pesado na sala do coronel", ele recorda. "Qualquer pessoa que aparecesse lá naquele ano, ele achava que era pelo menos um primo de Stalin ou um sobrinho de Lenin. A coisa realmente estava feia." A seguir, uma reprodução do diálogo entre o advogado e o coronel, de acordo com o depoimento do nosso entrevistado:

– Meu amigo, você já ouviu falar em subliminar? – perguntou o militar.

– Sim, eu sei o que é, coronel – respondeu o advogado.

– Pois é... Você pode me apresentar uma letra que diga "Hoje eu quero uma rosa etc." E você liberaria essa letra, não é? Eu liberaria...

– Claro, coronel.

– Agora, e se o sujeito, na gravação, cantar essa mesma letra assim: "Hoche eu quero uma rosa..."

Muller não entendeu nada, a princípio. Mas, de repente, o coronel gritou:

– Che Guevara, meu amigo! É subliminar! HoChe... Che Guevara...

"Só conto essa história porque tenho testemunha viva dela. Esse era o nível de neura deles", ele afirma. "Hoje, olhando para trás, aquele foi um episódio engraçado, mas, na hora, eu estava tenso e fiquei me perguntando como é que iria sair daquela situação."

Aquele encontro inicial com o coronel acabou gerando uma certa cordialidade entre os dois. "Ficou um clima mais leve, de diálogo, entre nós. Depois, quando eu ainda estava tentando convencê-lo a assinar a portaria, ele avisou que precisava ir ao dentista. Eu disse que poderia esperá-lo e ele me levou junto! Entramos no Karmann-Ghia dele e fomos ao dentista. Acho que foi no consultório que consegui convencê-lo, até porque ele ficou de boca aberta durante uns 45 minutos, sem poder responder, enquanto eu falava, falava... Quando chegou a portaria ele estava vencido, e disse: 'Tá bom, tá bom, eu assino.'"

Havia gente dentro da PolyGram especialmente encarregada de pedir as autorizações das letras, enviando-as para análise dos censores. Quando uma música era censurada, as gravadoras recebiam um ofício, em papel timbrado da Polícia Federal, avisando sobre a proibição. Era nessas horas que o advogado entrava em ação. "Se a letra vetada fosse de um Chico ou Caetano, eu fazia mais esforço para liberar a música do que se fosse de um artista menos conhecido", ele admite. "Tudo conforme o interesse econômico da gravadora, é óbvio. Mas em todos os casos eu ia até lá, sozinho, e recorria."

Quando Chico Buarque lançou o clássico álbum *Construção*, de 1971, que vinha carregado de críticas ao Regime Militar, o advogado logo viu que teria problemas. Segundo Muller, 8 ou 9 das faixas do disco foram vetadas ou parcialmente vetadas pela Censura, e lá foi ele tentar as liberações. As primeiras tentativas geralmente eram feitas na sede da Censura, no Rio de Janeiro, mas, quando isto não dava certo, a solução era ir até Brasília para recorrer. A capital era a última chance, a última instância. "Eu acredito na força da persuasão, então, sempre ia discutir pessoalmente com os censores", conta. "Marquei a viagem para Brasília e, no dia da véspera do meu embarque chegou uma última letra do disco, da música 'Construção', que eu ainda não conhecia. A letra é maravilhosa, uma poesia clássica, toda em proparoxítonas, e eu fiquei comovido quando li aquilo. Então, cheguei na Censura, ainda no

Rio, e armei uma tática para conseguir a liberação da letra. O censor se chamava Galeno e o diálogo foi mais ou menos assim:

– Galeno, você pode vetar essa merda logo de uma vez? – eu pedi, apresentando a letra de 'Construção'.

– Ué, ficou maluco? – ele devolveu.

– Não... É que isso aqui é bom demais. Vocês não vão entender. Vocês vão vetar de qualquer maneira e eu preciso ir a Brasília, então, já levo essa letra também.

– Peraí, também não é assim, João Carlos.

Aí, ele leu a letra e disse:

– Porra! É muito boa mesmo!

E foi assim que ele liberou aquela música. Foi um desafio, uma jogada. Se desse errado, eu tentava em Brasília. Essa era uma letra que eu não achava que fosse ser liberada, mas foi", ele explica, com um sorriso no rosto.

De qualquer maneira, ainda era preciso tentar a liberação de várias outras letras do disco, então o advogado pegou o avião para Brasília. Quando retornou ao Rio, era dia do ensaio geral do show *Construção*, no Canecão. Lá pelas nove horas da noite, ele desembarcou com sua pastinha na mão e seguiu direto para a casa de shows, em Botafogo. No meio da equipe de produção e dos músicos do conjunto MPB4 e da Orquestra Sinfônica Brasileira, que participaram do ensaio e do show, Muller avistou o autor daquelas letras que lhe deram tanto trabalho. "O Chico fez um gesto, como se estivesse me perguntando: 'E aí, conseguiu?' Eu abri a pasta, joguei os papéis para o alto e disse: 'Tá tudo liberado!' Foi uma festa."

Mas não foi fácil. Segundo o advogado, "Deus Lhe Pague" foi uma que deu bastante trabalho. A letra da música, carregada de ironia, faz referência ao auge da repressão praticada pelo governo do general Emílio Garrastazu Médici (1969-1974) durante os chamados Anos de Chumbo. É como se o narrador estivesse dialogando com os militares, agradecendo por permitirem que ele desfrute de direitos básicos: "Por esse pão pra comer, por esse chão pra dormir / A certidão pra nascer, e a concessão pra sorrir / Por me deixar respirar, por me deixar existir / Deus lhe pague".

Outra letra que exigiu esforço por parte do advogado foi a versão quase literal que Chico Buarque escreveu para a canção "Gesù Bambino", do italiano Lucio Dalla. A versão de Chico ganhou o título de "Minha História" e também fazia parte do disco *Construção*. "Essa também foi vetada, mas por motivos diferentes", afirma Muller. "Em Brasília, fui perguntar o motivo do veto e os censores me mostraram várias cartas que eles receberam das Congregações Marianas do Brasil. Eram cartas de protesto contra a música, dizendo que aquilo era um desrespeito à religião. Quer dizer, tinha muita gente no Brasil que não queria liberar nada! Também havia essa pressão em cima dos censores, de gente que era a favor da censura e que, inclusive, pedia que a censura fosse aumentada. E não era pouca gente, não." Supõe-se que, naquela ocasião, o conservadorismo brasileiro tenha sido ultrajado por versos como estes: "Quando vou bar em bar, viro a mesa, berro, bebo e brigo / Os ladrões e as amantes, meus colegas de copo e de cruz / Me conhecem só pelo meu nome de menino Jesus".

A respeito da marcação cerrada aplicada pela Censura sobre Chico Buarque, Muller comenta: "O Chico era odiado por eles. Mas não exatamente pelos censores; isso era ordem lá de cima. Durante alguns anos, especialmente na época de 'Apesar de Você', o Chico era realmente o artista mais visado pela Censura. Depois, a coisa se espalhou, o Caetano e o Gil, entre outros, também foram muito visados. E a maioria dos artistas adorava sacanear a Censura, é claro. Eles faziam muito 'boi de piranha', que eram as músicas que obviamente seriam vetadas. Esses 'bois de piranha' eram enviados no intuito de que o censor vetasse aquela música, mas liberasse outras, que eram de maior interesse do artista. Nesses casos, quando eu sabia que era 'boi de piranha', nem me esforçava tanto para conseguir a liberação."

Em 1972, o Serviço de Censura de Diversões Públicas passou a se chamar DCDP (Divisão de Censura de Diversões Públicas), passando a ter diretores e não mais chefes como aquele coronel, cujo nome o advogado prefere não mencionar. A sede da DCDP inicialmente ficava localizada em duas pequenas salas dentro do

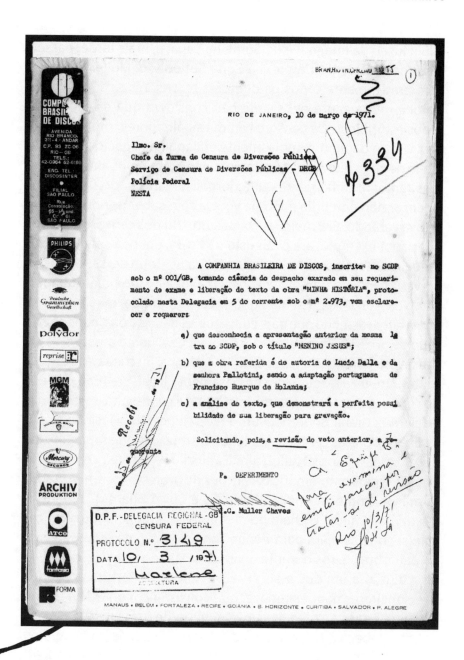

DOCUMENTO

apresentado pela Philips, e assinado por JC Muller, solicitando a revisão do veto da letra de "Minha História (Gesù Bambino)"

MIS (Museu da Imagem e do Som), na Lapa, e, mais tarde, passou a ser no Palácio do Catete, na Zona Sul do Rio. Muller conviveu com praticamente todos os diretores e censores e, ao contrário do que muita gente pensa, ele não considera que estes fossem todos estúpidos: "Os censores eram trabalhadores, profissionais. Eles viviam daquilo. Simplesmente era aquele negócio de ganhar o pão de cada dia. Alguns realmente não eram muito inteligentes, mas também tinha gente culta, jornalista, advogado... Às vezes, o censor não entendia a letra e vetava sem saber por que motivo estava vetando. Era meio louco mesmo. Um dos censores que conheci, por exemplo, era o Augusto da Costa, um boa-praça que foi zagueiro e capitão da Seleção Brasileira na Copa de 1950 e jogou no Vasco. Ele era da Polícia Especial e foi alocado para trabalhar como censor. O Augusto não queria censurar nada, mas..."

Há quem acredite que para conseguir a liberação das letras as gravadoras tivessem que subornar os censores. Quanto a isso, o advogado é categórico: "Nunca soube disso. Nunca! Eu chegava lá e apresentava minhas razões, com embasamento legal. Era tudo na base do convencimento, da mesma forma que a gente solta um cara que está preso. Grana, suborno, nunca teve. Nunca. Nem insinuação."

Entre todas as centenas de letras de músicas que foram liberadas por João Carlos Muller, a mais difícil foi "Cálice", certamente uma das mais emblemáticas canções de protesto contra a ditadura militar. Composta por Gilberto Gil e Chico Buarque, em 1973, a letra de "Cálice" é cheia de metáforas e ambiguidades (cálice/cale-se) que serviam para denunciar a situação de opressão vivida pelos brasileiros durante a ditadura. Um dos versos, inclusive, faria alusão a um dos mais cruéis métodos de tortura aplicados pelos militares naquela época, que consistia em obrigar a vítima a inalar fumaça de óleo diesel: "Quero perder de vez a tua cabeça / Minha cabeça perder teu juízo / Quero cheirar fumaça de óleo diesel / Me embriagar até que alguém me esqueça".

A parceria entre os dois compositores foi bolada pelo então presidente da PolyGram, André Midani, especialmente para o festival Phono 73 – conforme relatado no capítulo dedicado a

Chico Buarque. E, claro, a tarefa de tentar a liberação da música caiu no colo do advogado. "'Cálice' foi um caso brabo", ele recorda. "Todo ano eu perguntava ao José Vieira Madeira, um jornalista que era o diretor da DCDP na época, se ele poderia liberar a música. E a resposta era sempre: 'Ainda não, João.' Aquilo virou uma queda de braços. Uma hora eu cansei de tentar e disse a ele: 'Então, Madeira, vamos fazer uma coisa? Quando puder liberar essa música, você me liga. Pode ser?' Três anos depois ele me procurou para dizer que a música estava liberada."

Naquele mesmo ano de 73, outro episódio envolvendo uma letra de música de Chico Buarque e o diretor da Censura, José Vieira Madeira, ficou marcado na memória do advogado: "Fui até o Palácio do Catete para tentar liberar umas músicas do Chico e estava lá vetada a letra de 'Boi Voador'. É uma letra simples, quase boba, que diz: 'Quem foi, quem foi / Que falou no boi voador? / Manda prender esse boi / Seja esse boi o que for'. Cheguei lá na Censura e disse, em voz alta:

– Não acredito! Qual é o problema dessa letra?

– Ah, João, eu não sei – respondeu um censor. – Mas eu não entendi a letra muito bem. E se eu liberar e eles discordarem lá em cima, eu sofro. Se eu vetar, você costuma conseguir liberar 90% das músicas mesmo... Então, você vai lá depois e libera. Você não sofre nada e eu não tô a fim de sofrer.

Nessa hora, o Madeira entrou na sala e perguntou:

– Qual é o problema?

– Madeira, olha que barbaridade! Vetaram essa música aqui – eu disse.

– Que besteira – ele respondeu.

Na mesma hora, carimbou e liberou a música. Então, eles não eram todos boçais. Tinha gente na Censura, como o Madeira, que sabia o que estava fazendo."

Outro diretor da DCDP com quem cultivou uma relação cordial foi o também advogado Rogério Nunes. Em 1978, quando Chico Buarque lançou a peça *Ópera do Malandro*, Muller telefonou para o diretor e pediu um favor: que Nunes examinasse pessoalmente aquele caso. Assim, esperava resolver a situação mais rapidamente, sem precisar enfrentar os problemas burocráticos que costumavam surgir. O diretor aceitou o pedido e marcou uma data para a reunião. "Fui lá e nós ficamos horas, só nos dois, numa sala enorme do gabinete dele", recorda. "Ele na máquina de escrever, com cola, papel, e eu sentado sobre a mesa dele. E foram momentos hilários. Uma hora ele me disse:

– João, isso aqui não dá. Esse 'filho da puta' não pega bem.

– Mas, doutor Rogério, o senhor já me cortou três 'filhos da puta' e dois 'puta que o pariu', e ainda quer cortar mais um?

Ele olhou para mim e nós desatamos a rir. Depois, ainda disse:

– João, deixa eu cortar porque na hora de representar, os atores vão falar o palavrão e não vai acontecer nada...

O Rogério era um cara mais velho, mais experiente. Sabia das coisas. Não era um sujeito linha-dura. Era inteligente, culto."

O mesmo Rogério Nunes, alguns anos antes, ajudou o advogado da PolyGram na tentativa de liberação do disco com as músicas da peça *Calabar: o Elogio da Traição*, escrita por Chico e Ruy Guerra. Naquela ocasião, João Carlos precisou ir a Brasília para tratar diretamente com o sinistro general Antônio Bandeira, que era o diretor do Departamento Federal de Segurança Pública, ou seja, o homem que mandava na Censura. E Rogério Nunes o acompanhou.

"O Bandeira ficou famoso, entre outras coisas, porque mandou amarrar o ex-deputado comunista Gregório Bezerra a um jipe, pelo pescoço. Depois, arrastaram o corpo dele pelas ruas do Recife. O Bandeira era um cara bom, como você pode imaginar...", ele ironiza. "Quando entrei na sala do general, ele foi se sentar e abriu o paletó. Nessa hora eu vi um trabuco, uma arma enorme, na parte de dentro do paletó." No entanto, aquele gesto, que pode ser compreendido como tentativa de intimidação e que deixou o clima tenso, não fez com que o advogado desistisse. "No início, o Bandeira não queria liberar o disco, de jeito nenhum. Mas o Rogério falou com ele, explicou que nós já tínhamos 70 mil discos prensados e que não usaríamos a capa. Além disso, o título do disco seria alterado de *Calabar* para *Chico Canta*, o que foi ideia minha. Só assim o general aceitou liberar. Pelo menos, não tivemos que quebrar os discos. Ou seja, o Rogério me salvou naquele dia. Depois, eu consegui que a PolyGram contratasse um advogado só para defender o caso da peça *Calabar*. Esse outro advogado foi falar com o Bandeira, ficou horas tentando convencê-lo sobre a liberação e ele finalmente disse: 'É... Mas a Tetê Espíndola é comunista!'. A Tetê era uma das atrizes que trabalhavam na peça e contra isso não tinha argumento. A implicância dele era toda pelo fato de a Tetê ser comunista."

Além do general Bandeira, havia outra personagem da Censura que não deixou boas recordações para o advogado. Seu nome: Solange Hernandes. Diretora da DCDP entre 1981 e 1984, a Dona Solange também protagoniza outras histórias contadas neste livro e merece alguns "elogios" por parte do entrevistado: "Ela era uma pessoa *disgusting* (termo em inglês que significa "repugnante"). Eu não sou de usar o inglês, mas esta é a palavra mais adequada. Era uma pessoa de mal com a vida, de mal com os homens, com as mulheres, acho que até com bichos... Tenho péssimas recordações dela. Uma mulher frustrada, sei lá... Uma pessoa má. Parecia que tinha prazer em vetar. Ela era *a* censura. Era ditatorial. Foi a pior entre todos os censores, tranquilamente. Eu não conseguia liberar nada com ela. Chegou uma hora em que nem tentava mais."

Em 2019, aos 78 anos de idade, quando concedeu esta entrevista, Muller não se recordava da quantidade exata de músicas que foram liberadas graças ao seu esforço. Sobre seu trabalho naquela época, eis o que ele disse: "Liberei muita, muita música. Mas não digo que tive um papel decisivo na história da música brasileira. Eu fiz o que tinha que fazer; era o meu trabalho. Mas acho que fiz bem feito, apesar de uma vez ter sido acusado de ser 'agente auxiliar da Censura', devido à boa relação que criei com a maioria dos censores."

Em janeiro de 2021, aos 80 anos, João Carlos Muller faleceu, vítima do Covid-19. Este livro é também dedicado à sua memória.

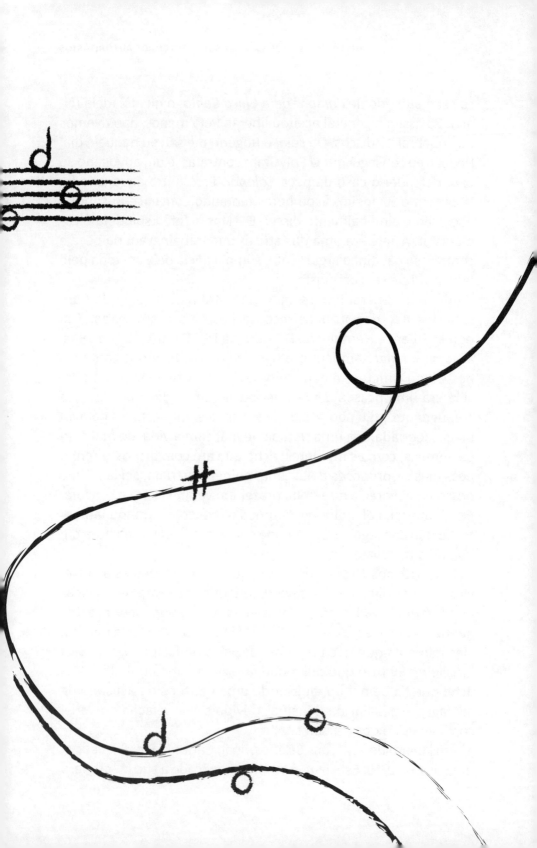

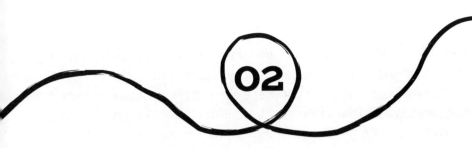

DRIBLANDO COM UMA CANETA NA MÃO
(CHICO BUARQUE)

O som de sirene vem se aproximando e, de repente:"Acorda, amor / Eu tive um pesadelo agora / Sonhei que tinha gente lá fora / Batendo no portão, que aflição / Era a dura, numa muito escura viatura / Minha nossa santa criatura / Chame, chame o ladrão, chame o ladrão".

Quando Chico Buarque escreveu a letra da música "Acorda, Amor", lançada no disco *Sinal Fechado*, em 1974, provavelmente lembrou-se do pesadelo que foi o episódio da sua detenção para interrogatório, ocorrida no dia 18 de dezembro de 1968, apenas cinco dias após o decreto do Ato Institucional Número Cinco.

"Minhas lembranças sobre esse dia são muito claras", garante o próprio Chico. "Fui acordado de manhã cedo, quando ainda estava na cama com a minha mulher. Um grupo de policiais apareceu lá em casa e abriu a porta. A primeira coisa que vi foi a cara do zelador. Atrás dele estavam os meganhas, armados. Levantei, escovei os dentes e fui embora com eles para o Dops (Departamento de Ordem Política e Social). No caminho, a gente até conversou sobre música, eles me conheciam e não fizeram nenhuma ameaça. Me deixaram no Dops e fiquei ali por um tempo, esperando. De repente, veio a ordem para me levarem ao quartel do I Exército. Aí, sim, o clima dentro do carro, com os mesmos condutores, ficou mais pesado. Eles estavam tensos e ficavam me perguntando: 'O que é que você fez?' E eu dizia: 'Não fiz nada.' Então, me levaram para o quartel e lá eu passei o dia inteiro. Só saí no fim da tarde. Ali era muito intimidatório. Havia um general chamado Assunção, que era um sujeito barra-pesada, e eu ficava numa sala com esse general. Entrava coronel, saía coronel e eles me perguntavam coisas relacionadas às minhas músicas. Depois me mandaram para uma sala de espera. Aí, me chamaram de novo. Chegava mais gente e faziam outras perguntas, mas não havia muito o que perguntar... Nessas ocasiões, existe sempre aquele jogo do policial bom e do policial mau, e havia um coronel que começou com uma conversa sobre Fluminense e futebol, dizendo 'Eu também sou tricolor' etc. Este sujeito chamava-se coronel Átila. No fim das contas, o chefão, que era o general Assunção, me disse: 'Olha, você ia ficar aqui, mas agora que virou amigo do coronel Átila, nós vamos te liberar. No entanto, fique com o telefone do coronel e, se precisar sair do Rio, você fica com a obrigação de comunicar a ele.' Era como se fosse uma prisão domiciliar."

Por essas e outras, o AI-5 é a primeira coisa que vem à cabeça de Chico quando o assunto é censura. "Acorda, Amor" fazia clara referência aos órgãos de repressão, que buscavam cidadãos suspeitos de subversão em suas casas e os levavam em uma viatura, às vezes fazendo-os desaparecer para sempre. Entre a temida polícia da ditadura e um ladrão comum, Chico preferia que chamassem o segundo, que seria, em tese, menos perigoso. Mas a letra não foi assinada por ele, e sim por um pseudônimo inventado com o fim de escapar da censura – o lendário Julinho da Adelaide – e que assinaria também, no mesmo ano de 1974, as letras de "Milagre Brasileiro" e "Jorge Maravilha", esta última, do famoso refrão "Você não gosta de mim, / Mas sua filha gosta", um recado para o então presidente Ernesto Geisel, cuja filha, Amália Lucy, era fã declarada de Chico Buarque.

O personagem inventado chegava, inclusive, a dar falsas entrevistas, como aquela concedida ao jornalista e escritor Mario Prata, para o jornal *Última Hora*, e na qual, depois de alguns uísques, Chico incorpora Julinho da Adelaide e cria histórias hilárias sobre a biografia do seu disfarce, que seria filho de uma moradora da favela da Rocinha, Adelaide de Oliveira, e teria um meio-irmão loiro chamado Leonel Paiva (o coautor de "Acorda, Amor"). Ainda nesta entrevista, Julinho insinua que Chico estaria "faturando" em cima do seu nome... O filho da Adelaide tinha como cúmplices alguns dos profissionais mais respeitados da imprensa da época. Entre eles, o jornalista Tarso de Castro, responsável por soltar notas fantasiosas nos jornais, que diziam, por exemplo, que o suposto autor daquelas músicas gravadas por Chico Buarque teria sido visto jantando no restaurante Degrau, no Leblon. A ideia, claro, era alimentar o mito do compositor misterioso que nunca existiu.

"A gente começou a se divertir um pouquinho com aquilo", confessa Chico. "Mas isso não durou muito tempo porque depois eles descobriram. O *Jornal do Brasil* publicou que aquele era um pseudônimo meu. Por isso, foram poucas músicas que assinei como Julinho da Adelaide. O personagem surgiu porque comecei a ter muita música proibida, assim, do nada. Letras que não tinham nenhuma intenção subversiva eram vetadas, então, comecei a imaginar que o meu nome não estava ajudando. Eu estava marcado. Depois, por conta do Julinho da Adelaide, a Polícia Federal passou a exigir os documentos de identidade junto com as letras que eram enviadas pelos autores para a DCDP. Ou seja, por causa disso proibiram o uso de pseudônimos. Mas, se 'Acorda, Amor' fosse assinada com o meu nome verdadeiro, duvido que a letra fosse aprovada." E a música foi de fato aprovada, com som de sirene e tudo.

A primeira vez em que Francisco Buarque de Hollanda teve uma música censurada foi no início de 1966, quando o compositor carioca, então iniciante, que havia lançado somente o compacto com as músicas "Pedro Pedreiro" e "Sonho de um Carnaval", tinha apenas 21 anos de idade. A música, um samba, chamava-se "Tamandaré", e a letra se referia ao almirante Joaquim Marques Lisboa, o Almirante Tamandaré, patrono da Marinha do Brasil, cuja efígie estampava a nota de um cruzeiro – a nota com o valor mais baixo. Eis alguns dos versos do samba: "Meu marquês de papel / Cadê teu troféu? / Cadê teu valor? / Meu caro almirante / O tempo inconstante roubou". A proibição foi uma ordem direta da Marinha, que não gostou da "homenagem". "Essa é uma música minha pré-histórica", afirma o autor. "Eu estava começando a fazer os primeiros shows. Depois, fiz um show no Rio, em meados de 66, com a Odete Lara e o grupo MPB4, e a Odete Lara cismou que queria cantar essa música. Me lembro de ter ido falar com um conhecido dela que tinha relações na Marinha, mas não adiantou, a música ficou proibida. No entanto, isso foi um caso isolado. A partir do AI-5 é que a censura foi institucionalizada."

Chico Buarque foi o maior símbolo do embate entre música e censura durante a ditadura. Nenhum outro compositor conseguiu ocupar o imaginário dos militares como ele, que acabou se tornando uma espécie de obsessão entre os censores. Para que se tenha uma ideia do nível de paranoia a que chegaram os militares em relação ao artista, um documento oficial do Ministério do Exército, de 30/08/73, então tratado como confidencial e obtido através do acervo do Arquivo Nacional, traz o seguinte texto a respeito das atividades "subversivas" do seu algoz: "O nominado continua mantendo uma linha contestatória e ligada à ação de grupos subversivos. No momento atual, além de insuflar a área estudantil contra o governo, vem tentando denegrir o Brasil no exterior. Em Buenos Aires, concedeu entrevista ao semanário comunista *Así* e, em Montevidéu, ao hebdomadário *Marcha*, também comunista. Em ambas falseou fatos e se alinhou na propaganda contra o Brasil no exterior."

Talvez a missão número 1 do pessoal que silenciava músicas fosse mesmo parar Chico Buarque, o que não era tarefa fácil. O principal motivo para essa perseguição, segundo o próprio compositor, foi o samba "Apesar de Você", lançado em compacto simples, em 1970, e que até hoje é considerado um hino da militância política de esquerda. Mas, para começar a contar a história de "Apesar de Você", voltemos ao episódio da detenção do nosso personagem, em dezembro de 1968.

Depois de ser liberado do quartel do I Exército, o artista recebeu convite para se apresentar no Midem, a grande feira interna-

HISTÓRIAS DE MÚSICA E CENSURA EM TEMPOS AUTORITÁRIOS

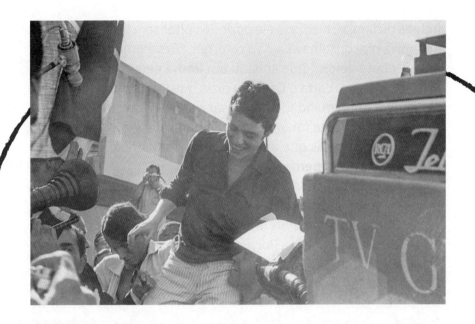

CHICO BUARQUE
desembarcando nos braços do povo, no aeroporto, ao voltar do autoexílio, em Roma (Acervo: Infoglobo -20/03/1970)

cional do mercado da música, em Cannes, na França. Mas, para poder viajar, ele precisava da autorização do coronel Átila. "Eu não estava muito a fim de ir ao festival porque nem tinha banda. Aliás, foi um sacrifício fazer um show lá", ele diz. "Mas não quis perder a chance de sair do Brasil. Pedi autorização ao coronel Átila e ele liberou a minha viagem, em janeiro. De Cannes fui para Roma, onde meu último LP estava sendo lançado. Mas não fui para lá com a ideia de ficar muito tempo. A Marieta (Severo, sua esposa na época) estava com barriga de grávida e a Silvinha nasceu no dia 28 de março, em Roma. O tempo foi passando e chegou uma hora em que precisávamos definir o que fazer: se a gente voltaria ou não."

Após algum tempo em Roma, começaram a chegar do Brasil informações assustadoras, como a prisão de Gilberto Gil e Caetano Veloso, e a notícia de que Geraldo Vandré estava foragido. Alguns amigos diziam a Chico que ele poderia voltar sem problemas, mas a maioria o aconselhava a não retornar. "Teve uma carta, escrita pelo Caetano Veloso, que chegou em Roma pelas mãos do Nelsinho Motta. Nessa carta o Caetano dizia que um major ou um coronel 'amigo' tinha mandado me avisar que eu não voltasse porque iria me dar mal. Esta foi uma ameaça que levei em consideração. Fora isso, as pessoas que apareciam em Roma me diziam: 'Olha, aquilo lá está uma merda. Não volte!'"

Assim, o compositor acabou permanecendo em autoexílio na Itália por 15 meses, entre 1969 e 1970. Quando voltou ao Brasil, já havia uma corrente mais favorável ao seu retorno, além de um contrato com a gravadora PolyGram e outro com a TV Globo, para a gravação de um programa especial. Ou seja, ele voltou amparado. Logo nos primeiros meses no Rio, ao constatar que a situação política do país não havia melhorado, Chico compôs "Apesar de Você", a música que lhe traria a maior quantidade de problemas em toda a sua carreira.

"Acho que toda aquela marcação com o meu nome começou mesmo quando aprovaram a letra de 'Apesar de Você'", reflete Chico. "Ela foi inicialmente aprovada. Depois, eles se deram conta e vetaram. Mas aí, o disco já estava na praça. Aquilo foi uma irregularidade dentro do clima de repressão que tomava conta daquele período. Em seguida, tiveram que tirar o disco de circulação e aquilo deu prejuízo à gravadora, mexeu com uma porção de coisas. Parece que a censora que liberou a música foi punida. Se não foi punida, foi repreendida. Não sei exatamente o que aconteceu, mas o que me foi dito é que os militares ficaram com raiva de mim porque eu teria driblado a Censura. Eu não driblei nada... Nesse caso, simplesmente mandei a letra e eles aprovaram. Houve outros casos em que usei alguns artifícios para tentar a liberação das músicas, mas não com 'Apesar de Você'. Ela foi minha primeira música censurada desde que cheguei de Roma, e foi aí que começaram os problemas."

O advogado João Carlos Muller, que era o encarregado da PolyGram de ir até a Censura para tentar as liberações das letras, diz o seguinte: "'Apesar de Você' foi a música que gerou todos aqueles problemas, e a mulher (censora) liberou achando que aquilo era um negócio romântico." O compacto foi lançado e logo alcançou a marca de cem mil cópias vendidas. O samba tomou conta das rádios brasileiras e virou mania nacional. Em pouco tempo, o povo havia decorado os versos do refrão, que serviam como alento naqueles tempos de mordaça: "Apesar de você / Amanhã há de ser / Outro dia / Eu pergunto a você / Onde vai se esconder / Da enorme euforia / Como vai proibir / Quando o galo insistir / Em cantar". No entanto, um jornal carioca publicou que o "você" da canção seria o então presidente Médici. Por isso, o Exército invadiu a fábrica da Philips/PolyGram, recolheu e destruiu todas as cópias do disco. Felizmente, não encontraram a matriz da gravação, que permaneceu intacta. A música desapareceu das ondas do rádio, mas já estava consagrada nos corações de quem era contra a ditadura.

"Eu não achava que a música fosse passar, mas também não tinha certeza de que seria vetada. Até porque eu ainda não tinha essa experiência. Havia acabado de chegar da Itália e o disco que eu tinha gravado não trazia nada que chamasse a atenção dos censores. Então, mandei essa música e eles aprovaram. Depois que ela foi proibida, aí sim, vieram as consequências, porque os caras se sentiram enganados. Virou uma coisa pessoal mesmo. Fui chamado para aqueles interrogatórios e, olha, se foram cinquenta vezes, não é exagero meu. Um dos principais motivos era 'Apesar de Você'. Os militares me perguntavam: 'O que você pretendia com essa letra?'. Era uma espécie de vingancinha, já que aquilo foi como se eu tivesse burlado o esquema deles. E, de certa forma, burlei mesmo, mas... Enfim, a música foi aprovada e o problema era deles. Nesses interrogatórios, quando me perguntavam se o 'você' da música seria o governo militar, eu respondia: 'Não, essa letra é sobre uma mulher muito mandona, muito autoritária'", relembra o cantor, entre risos. "Apesar de Você" ficou proibida até 1978, quando finalmente pôde ser incluída em um LP.

MORDAÇA

A lista completa de letras de músicas de Chico Buarque que foram, parcial ou totalmente, censuradas é extensa. Entre os casos mais conhecidos está o veto a "Cálice", parceria com Gilberto Gil. Por sugerir a expressão "cale-se", num claro protesto contra a censura, a canção foi proibida de ser gravada e cantada ao vivo. No entanto, em 1973, durante o festival Phono 73, promovido pela PolyGram, Chico e Gil decidiram incluir a música no repertório do show que fizeram em conjunto. Resultado: tiveram o som dos seus microfones truculentamente cortado durante a apresentação.

Em depoimento para esse livro, o produtor musical Marco Mazzola, que trabalhou no festival e na PolyGram, afirma: "Foi um censor quem puxou os cabos e cortou o som das vozes naquele dia, eu me lembro de ver isso." Já o produtor Armando Pittigliani, que também estava presente, tem uma versão um pouco diferente: "Quando cortaram o som dos microfones, o Guilherme Araújo, que na época era empresário do Gil, disse que fui eu quem cortei, mas não é verdade. Os técnicos de som eram do Guilherme Araújo. Eu disse para cortarem só o PA (o som do público). Havia dois sujeitos de terno e gravata lá, no estilo espião norte-americano. Eram os censores. Eles tinham nas mãos uns papéis com as letras das músicas e estavam conferindo tudo. Foram eles que mandaram cortar os microfones durante 'Cálice'." De qualquer maneira, o episódio ficou conhecido como um dos mais emblemáticos do confronto entre música e censura durante os Anos de Chumbo. Segundo João Carlos Muller, "Cálice" levou "alguns anos para ser liberada. Aquilo virou uma queda de braços com os censores".

Já sobre a letra de "Partido Alto", Chico conta o seguinte: "Me lembro exatamente desse dia. Eu estava almoçando em casa, o telefone tocou na cozinha, a empregada atendeu, me chamou e era o João Carlos Muller, que estava na Polícia Federal, em Brasília, tentando liberar a música. E o diálogo foi assim: 'Olha, Chico, a palavra 'brasileiro' não pode, 'titica' também não pode.' Umas três ou quatro besteiras assim. E eu respondi: 'Ah, é? Então, tá.

Me liga daqui a dez minutos.' Assim, 'brasileiro' virou 'batuqueiro' e 'pouca titica' virou 'pobre coisica'. Quer dizer, era uma implicância, né? Eles queriam ver se dobravam o artista." A segunda estrofe da letra original de "Partido Alto" era a seguinte: "Deus é um cara gozador, adora brincadeira / Pois pra me jogar no mundo, tinha o mundo inteiro / Mas achou muito engraçado me botar cabreiro / Na barriga da miséria, eu nasci brasileiro / Eu sou do Rio de Janeiro". Em seu parecer, escrito em 14/03/72, o censor parecia de fato ofendido: "Se é engraçado ou infelicidade para o autor ter nascido no Brasil, país onde ele vive e encontra este povo tão generoso que lhe dá o sustento comprando e tocando seus discos e pagando-o regiamente nos seus shows, afirmo que ele está nos gozando ou então estará entre uma ínfima minoria, desde que milhões se orgulham desta terra onde o progresso aos olhos do mundo é inegável."

Mas não foram somente as letras de teor político de Chico Buarque a serem proibidas. A justificativa da censora Selma Chaves para a interdição de "Mulheres de Atenas" (de Chico e Augusto Boal), por exemplo, foi a seguinte: "Apologia ao relacionamento homem e mulher em comportamento decadente naquela época da Grécia." Em "Atrás da Porta", parceria com Francis Hime, os censores consideraram a palavra "pelos" indecente demais. Por isso, o verso "E me agarrei nos teus cabelos, / Nos teus pelos" teve que ser substituído por "E me agarrei nos teus cabelos, / No teu peito". Patrulha moralista semelhante sofreu a canção infantil "Ciranda da Bailarina", feita em parceria com Edu Lobo. Os homens implicaram com a palavra "pentelho", dos versos "Procurando bem, / Todo mundo tem pentelho / Só a bailarina que não tem".

Além das músicas, algumas de suas peças de teatro também foram vítimas das tesouras da Censura. Em 1968, o censor Mário Russomano foi assistir à peça *Roda Viva*, escrita por Chico e montada por Zé Celso Martinez Corrêa. Na carta de censura, Russomano escreveu que o espetáculo era "de fato degradante e de certo modo até subversivo". Em seguida, o censor perguntava, referindo-se ao autor: "Seria um débil mental?", e completava, explanando que Chico Buarque "criou uma peça que não respeita a formação moral do espectador, ferindo de modo contundente todos os princípios de moral e de religião herdados dos nossos antepassados". A peça foi, inclusive, alvo de um atentado, quando membros do CCC (Comando de Caça aos Comunistas) invadiram o Teatro Ruth Escobar, em São Paulo, para agredir atores e destruir o cenário.

Por sua vez, a peça *Calabar*, escrita por Chico e Ruy Guerra, em 1973, foi vetada no ano seguinte, quando o general Antônio Bandeira, sem emitir justificativas, vetou o nome *Calabar* do título e ainda proibiu que a proibição fosse divulgada! Por tabela, a maioria das músicas que fazia parte da trilha sonora da peça, e que seria lançada em LP, também foi censurada, assim como a capa do disco, que trazia o nome *Calabar*. "Vence na Vida Quem Diz Sim" teve a letra completamente interditada e, por isso, foi gravada em versão instrumental. "Ana de Amsterdam" teve vários trechos cortados e "Bárbara", um dueto entre as personagens Ana de Amsterdam e Bárbara, teve censurada a palavra "duas", que, segundo os censores, sugeria um relacionamento homossexual entre elas. "Tinha uma música de *Calabar* que eu mudei toda a letra e ela virou uma música da peça *Gota d'Água*, chamada 'Basta um Dia'. A letra falava daqueles macaquinhos que não ouvem, não falam, não veem, e foi toda proibida. Passou um tempo, veio *Gota d'Água* e eu disse: 'Tenho uma música aqui que pode servir.' Daí, fiz uma letra inteiramente diferente e ela passou. Aconteceram coisas assim", lembra o autor.

A troca de palavras, versos ou letras inteiras, o uso de pseudônimos e as inúmeras metáforas foram alguns dos dribles aplicados pelo compositor a fim de furar o cerco da Censura, mas havia ainda outra técnica, menos conhecida, que ajudou Chico Buarque a aprovar algumas de suas letras na DCDP. "Foi um artifício que funcionou algumas vezes, que era o seguinte: comecei a incluir alguns trechos de letras em outras letras. Por exemplo, eu mandava para a Censura a letra de uma música como 'Cor-

SRA. CHEFE DA CENSURA FEDERAL EM SÃO PAULO.

BR DFANBSB NS.CPR.TEA.PTE. 0101, p. 131

Coube-me por determinação de V.S., comparecer ao teatro " O GALPÃO " à Rua dos Ingleses, no dia 21 do corrente mês, para observar o espetáculo ora encenado nêsse teatro que, recebe o título de "RODA VIVA ".

Lamento que o referido espetáculo, é de fato degradante e de certo modo até subversivo.

O autor - seria um débil mental? - de nome Francisco Buarque de Holanda, criou uma peça que não respeita a formação moral do espectador, ferindo de modo contundente todos os princípios de ensinamento de moral e de religião herdados dos nossos antepassados.

Expressões pornográficas, as mais baixas possíveis são ditas no palco com a mais vergonhosa naturalidade.

Desrespeitam todos e tudo, até a própria mãe.

Quanto aos gestos e marcação, esses acompanham as palavras de baixo calão, chegando ao absurdo de mostrar em cena posições de ordem sexual; não esqueceram também a parte política e fazem severas críticas, até mesmo, isso de modo inteligente, provocando o espectador para tomada de posição.

É o que me cumpre infelizmente informar.

Atenciosamente,

Mário F. Russomano
Censor

RELATÓRIO

do censor Mário Russomano a respeito de uma apresentação da peça Roda Viva

rente', mas, antes de entrar na letra de 'Corrente' eu escrevia uma bobagem qualquer, algo do tipo: 'Meu amor, eu te amo etc.' Eu fazia duas ou três estrofes de uma babaquice qualquer. Os censores tinham que examinar não sei quantas letras por dia e, quando olhavam aquela letra, apesar do nome, pensavam: 'Ah, essa é uma música de amor, uma bobagem, não tem problema.' Daí eles aprovavam a letra e eu não era obrigado a gravar a letra inteira. No dia da gravação, podia tirar um determinado pedaço que não interessava. Usei algumas vezes este artifício: mandar umas letras falsas (*fake*, né?), uns pedaços de letras para serem descartados, que seriam aprovados junto com a música inteira", explica Chico. Ou seja, com esta tática, a verdadeira letra ficava disfarçada, escondida entre todo o resto do conteúdo enviado para a análise dos censores. Um drible de mestre do atacante do Politheama, time de futebol que fundou nos anos 1970.

A criatividade de Chico Buarque impressiona, mas há quem diga que o seu senso de inspiração tenha sido aguçado durante a ditadura justamente por conta dos inúmeros obstáculos que precisou enfrentar com a censura. Dizem, inclusive, que os anos 1960 e 70 teriam sido a "época de ouro da MPB" porque a censura ajudava a estimular a capacidade criativa dos compositores. Diante da pergunta, Chico nem precisa ouvi-la até o final. Ele corta o entrevistador e diz: "Isso é bobagem. A censura, no máximo, estimulava a malandragem. Mas a criação em si, não, de jeito nenhum. Eu não compunha melhor por causa da censura. Inclusive, já desmenti isso com números, porque se insistiu muito nessa história. Um dia peguei um *songbook* meu e mostrei que, em termos numéricos, a quantidade de músicas que compus durante o tempo mais brabo da ditadura e da censura (mais ou menos até 1975-76) foi muito menor. Compus e gravei muito menos do que depois, quando as músicas começaram a sair com mais fluência. Então, foi uma liberdade que foi se conquistando aos poucos."

A partir do final da década de 70, a censura começou a afrouxar. Chico passou a ter menos problemas com suas letras e, já nos anos 80, não há registros de proibição de suas músicas. Isso se deve, em parte, ao enfraquecimento do autoritarismo e ao início do processo de abertura política pelo qual o Brasil passava. Entretanto, é possível que exista outro motivo para esse relaxamento da censura... O próprio Chico sugere que, talvez, a prática de subornos aos censores possa ter sido implementada naquele período.

"Não posso afirmar, mas tenho alguma suspeita de que havia uma certa negociação não tão ideológica assim, mas outros tipos de negócios, porque os censores eram bastante próximos dos advogados das gravadoras", ele diz. "Talvez rolasse suborno. Não duvido, porque os nomes dos censores federais já eram conhecidos e comentados. Antigamente, você não sabia quem eles eram. Então, comecei a desconfiar que havia uma grande possibilidade. Pode ser maldade minha, pode ser verdade, mas isso passou pela minha cabeça. Me lembro de um disco meu que fez muito sucesso, *Meus Caros Amigos*, de 1976. Estava tudo pendente lá em Brasília, por causa das letras de 'Meu Caro Amigo', 'O Que Será?' e várias outras. Estava rolando uma negociação e o disco estava gravado e mixado, pronto para ir para a prensa. Ficou aquele suspense no ar enquanto a gente aguardava as negociações e me lembro do dia em que eu estava lá, na gravadora, e colocaram o disco para tocar nos alto falantes internos. Ele tinha sido aprovado – fumaça branca em Brasília. Foi aprovado o disco inteiro. A partir do governo Geisel, realmente a relação mudou, passou a haver certa interlocução. Havia interesses que eram maiores que o problema do artista que era censurado. Existia o problema econômico, uma gravadora multinacional era afetada por uma censura arbitrária. Era difícil explicar para o patrão da PolyGram o motivo de músicas serem proibidas e discos serem retirados das lojas no Brasil. Como era isso? Alguém tinha que explicar: 'Olha, o Brasil vive uma ditadura e isso afeta os negócios...'"

A conversa com Chico Buarque, realizada no dia 2 de agosto de 2019, vai chegando ao fim e é impossível não lhe perguntar

MORDAÇA

sobre o momento político atual do Brasil. Novos casos de censura andam surgindo pelo país com frequência cada vez maior. Será que ele acredita que a censura poderia voltar de forma oficializada no Brasil?

"Esse tipo de coisa (censura) está acontecendo a toda hora e isto não é um bom prenúncio. Agora, dizer que a censura voltará em termos institucionais equivale a dizer que vai voltar a ditadura, assim como funcionava a partir de 1968. Não digo nem 1964, porque depois de 64 a gente teve até uma certa trégua. A gente, digo, artistas, pessoal da cultura, etc. Ninguém foi perseguido. No primeiro momento foram os estudantes e os trabalhadores. Teatro, música e cinema foram deixados em paz. Aparentemente, o general Castelo Branco era um homem mais civilizado, aquela coisa... Mas, a partir de 68, veio a barra-pesada, e esse pessoal da linha dura de 68 persiste, eles estão aí. Quer dizer, eu não digo que vá haver um golpe militar, mas ninguém pode descartar inteiramente isso. E nem que o próprio governo se dê um autogolpe, com os militares à frente. Tudo é possível. A gente vive essa incerteza a cada dia, tá difícil. O sujeito vai trabalhar, mas fica com o olho na internet para ver o que está acontecendo, qual barbaridade foi dita. Todo dia é assim, uma coisa em cima da outra."

E, por acaso, o agora premiado escritor de romances, aos 75 anos de idade, cogitaria voltar a compor canções de protesto?

"Não sei. Eu não fico programando muito", ele responde. "Agora estou escrevendo um livro novo, então não tenho cabeça para música, não tenho ideias e não pego no meu violão. O violão tá aqui no apoio, sem cordas... Então, não sei quando vou terminar esse livro, quando vou voltar a compor e nem que tipo de música vou fazer. Mas não descarto nada. Tudo é possível do lado de lá, e do lado de cá também."

Em outubro de 2019, o filme *Chico: Artista Brasileiro* (de 2015), do diretor Miguel Faria Junior, que seria exibido no Festival Cine de Brasil, em Montevidéu, no Uruguai, foi censurado pela embaixada brasileira, que era um dos patrocinadores do festival e avisou aos seus produtores que o filme, sobre a trajetória musical de Chico, estava proibido de fazer parte do evento.

No mesmo mês de outubro, Chico Buarque trocou farpas com o presidente brasileiro por outro motivo: o Prêmio Camões de literatura. Chico foi eleito, em 2019, o vencedor do prêmio, que tem o objetivo de reconhecer um autor de língua portuguesa que tenha "contribuído para o enriquecimento do patrimônio literário e cultural" do idioma através do conjunto de sua obra. O diploma tem tradicionalmente as assinaturas dos presidentes de Brasil e Portugal. No entanto, ao ser questionado por jornalistas se assinaria o diploma do prêmio, Jair Bolsonaro disse: "Eu tenho prazo? Então, 31 de dezembro de 2026, eu assino." Em resposta, Chico publicou a seguinte declaração em uma rede social: "A não assinatura do Bolsonaro no diploma é para mim um segundo Prêmio Camões." Pouco depois, o Ministério da Cultura de Portugal confirmou que o prêmio seria entregue mesmo sem a assinatura do presidente do Brasil.

Ao que tudo indica, os confrontos entre Chico Buarque e a censura ou o autoritarismo não são coisa do passado.

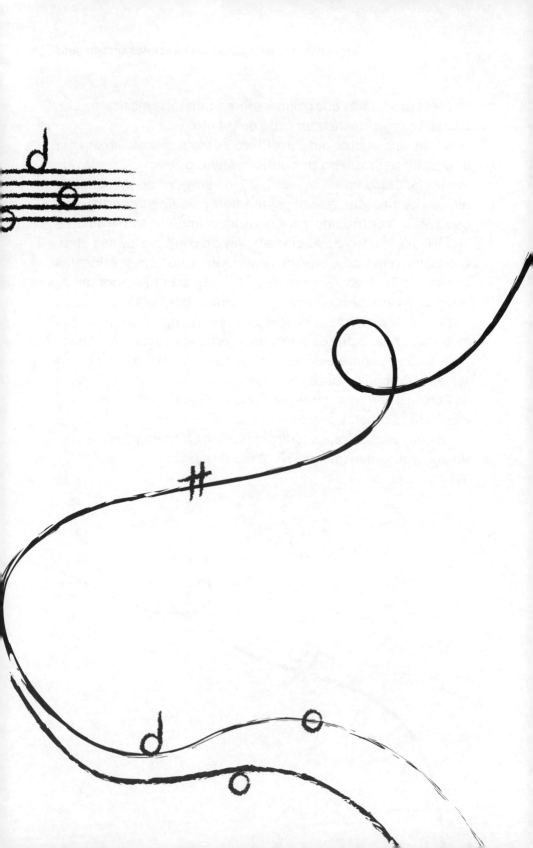

NÃO ANDE NOS BARES, ESQUEÇA OS AMIGOS
(IVAN LINS)

O golpe de 1964 passou em branco, na época, para o estudante do terceiro ano científico do Colégio Militar, Ivan Guimarães Lins. Com 18 anos, filho de Geraldo Lins, um ex-oficial da Marinha, ele fazia parte do grupo da Artilharia. Por ser um esportista – jogava vôlei, basquete e futebol –, era dispensado da maioria dos exercícios militares. Então, na véspera do dia 1º de abril, quando todos os alunos foram convocados a ficar de prontidão por uma semana, ele ficou jogando pelada com os amigos.

"Eu estava começando a tocar piano e, fora o colégio, o que eu fazia era encontrar amigos para ouvir música. Não se discutia política. Mesmo em casa, não havia ambiente para isso. Meu pai, claro, era totalmente a favor da 'revolução'. Só a minha irmã mais velha, que já estava na universidade, é que discutia com ele."

Ivan, em pouco tempo, seria a segunda voz a bater de frente com o pai. Em 1965, ao ingressar na Escola Nacional de Química, ele rapidamente se envolveu com o movimento estudantil. Entrou para o Diretório Acadêmico e virou frequentador da biblioteca onde, entre outras leituras, se deliciava com a *Revista da Civilização Brasileira*, publicação-símbolo da resistência, que trazia o que havia de mais recente no pensamento crítico e progressista nacional e internacional. A *Revista*, idealizada pelo editor Ênio Silveira e pelo poeta Moacyr Félix, até hoje é estudada como exemplo de periódico intelectual e político de esquerda no país.

"A gente lia tudo que era ligado ao pensamento de esquerda. Então, aos poucos, fui tomando conhecimento, fui me envolvendo mesmo com o movimento estudantil, passei a ir para as ruas, a comprar o barulho", lembra Ivan.

O envolvimento de Ivan com a turma da esquerda era irreversível, o que, de certa forma, provocou um distanciamento respeitoso do pai, que não queria saber do assunto. Ivan, no entanto, acredita que, em determinado momento, o ex-oficial Geraldo assumiu um papel de anjo da guarda.

"Acho que, neste período, meu pai, preocupado, botou um pessoal para tomar conta de mim. Acho mesmo que fui protegido. Mas nunca vou saber. Esta foi uma pergunta que eu deixei de fazer para ele em vida", conta.

Ivan tem certeza, pelo menos, que as asas protetoras estavam presentes na invasão da reitoria da Universidade Federal do Rio de Janeiro, em 20 de junho de 1968, quando cerca de dois mil estudantes permaneceram em assembleia, por volta de oito horas, para discutir problemas das verbas federais, de vagas e de questões relacionadas à autonomia e aos métodos de ensino da UFRJ. Os estudantes quebraram portas e obrigaram os conselheiros, que estavam em reunião e se recusavam a participar das discussões, a ir debater com eles no Teatro de Arena da Faculdade de Economia.

Uma parte dos professores apoiou as reivindicações estudantis. O reitor Clementino Fraga Filho, no entanto, questionou algumas posições dos alunos. O diálogo com os professores, de forma geral, foi considerado uma vitória.

Do lado de fora, porém, choques da polícia militar, viaturas do Dops e centenas de soldados com mosquetões e bombas de gás lacrimogêneo cercavam os portões de saída da UFRJ desde cedo. A ordem da Secretaria de Segurança era prender todos os estudantes que deixassem a reitoria.

Por volta das 19h, percebendo que não haveria conversa com a polícia, eles se dividiram em grupos, já que a universidade tinha vários acessos, e decidiram sair na marra. Imediatamente, inúmeras bombas foram lançadas e os cassetetes entraram em ação.

Um grupo, com cerca de 300 estudantes, foi preso e reunido no campo de futebol do Botafogo de Futebol e Regatas, na Rua General Severiano. O episódio é relatado no livro *A Ditadura Envergonhada*, do jornalista Elio Gaspari: "Muitos fugiram, mas algumas centenas de jovens foram encurralados no campo de futebol do estádio do Botafogo (...). Capturados na armadilha, viram-se rendidos, espancados e humilhados. Deitaram-nos no gramado, obrigaram-nos a andar de quatro. Alguns PMs urinaram sobre os presos."

Era o ápice dos confrontos de 1968 que resultariam no AI-5. Os jornais publicaram imagens dos estudantes enfileirados, com as mãos na cabeça, e chocaram a população. Por conta disso, o movimento estudantil marcou para o dia seguinte, 21 de junho, um grande protesto no Centro do Rio. Foi um dos mais violentos confrontos com as forças policiais e ficou conhecido como Sexta-feira Sangrenta.

Voltando às 19h do dia 20 de junho, na UFRJ, Ivan estava no grupo que acabaria preso na sede de General Severiano. "Tinha um deputado da Arena na reunião dando garantias de que a UFRJ não seria invadida, de que não haveria violência. Mas quem vinha de fora, dizia o contrário. Então o reitor e o deputado negociaram com um general. A polícia se afastou até o Canecão (extinta casa de shows, localizada a uns 500 metros da universidade) e, quando nós saímos, não tinha um ônibus sequer. Aí veio a tropa com tudo, com bomba, gás lacrimogêneo, e todo mundo correu para dentro de novo. Eu me joguei embaixo de um caminhão. Já estava escurecendo. Imagina o medo que eu sentia."

Ivan desconfia que o ex-oficial Geraldo Lins soube que ele estava na confusão e ligou para um conhecido, o coronel Garcês, que era Presidente do Departamento de Vôlei do Tijuca Tênis Clube, onde o filho jogava. "Esse coronel mandou um mensageiro para dentro da reitoria com uma lista de nomes, uns cinco, que tiveram uma espécie de salvo-conduto. Entramos em um fusquinha e passamos em frente à sede do Botafogo, para onde um grupo de estudantes havia sido levado. Aí passei a desconfiar que o meu pai tinha feito aquilo, me livrado daquela situação. Nessa época, todos já sabiam que estavam dando porrada, torturando brasileiros."

Mas Ivan era mais artista que militante, apesar de politizado. Ele, como a maioria de seus pares, percebeu, a partir daquele instante, que suas armas eram outras. Em 1969, já frequentava as disputadas reuniões do Movimento Artístico Universitário, o MAU, na casa do médico psiquiatra Aluízio Porto Carreiro de Miranda, na Rua Jaceguai, 27, na Tijuca. Ali se forjou uma geração que teria muito a dizer na virada dos anos 60 para os 70, principalmente Aldir Blanc, Gonzaguinha e Ivan Lins e seus parceiros.

Em 1970, Ivan já era um artista conhecido por sua participação no V Festival Internacional da Canção, com a música "O Amor É o Meu País" – taxada de ufanista pela turma da esquerda, não sem algum sentido, se pensarmos no contexto da época – mas, principalmente, pelo estrondoso sucesso nas rádios de "Madalena", parceria com Ronaldo Monteiro de Souza.

Ele, no entanto, ainda tinha um problema a resolver nesta virada de década. Em 1969, Ivan havia terminado uma pós-graduação em química e seu pai, que era da construção civil, insistia para que ele seguisse na profissão. A música, na cabeça de Geraldo Lins, seria apenas um *hobby* para o filho. "Eu terminei o curso por terminar. Ele forçou muito a barra."

Como trabalhou por muitos anos em uma grande construtora da época, a Montreal, que realizou, entre outras coisas, a Ponte Rio-Niterói, o pai de Ivan conhecia muita gente influente. Acreditando estar fazendo o melhor para o filho, conseguiu uma entrevista na Companhia de Cimento Barroso, outra gigante do setor. "Eu já tinha duas músicas estouradas, 'Madalena' estava nas paradas de sucesso... Mas botei um paletó, uma gravata e fui lá mostrar meus trabalhos sobre cimento Portland (um tipo de cimento muito utilizado na construção civil por sua resistência. O nome Portland foi dado, em 1824, pelo químico britânico Joseph Aspdin, em homenagem à ilha britânica de Portland, no condado de Dorset)."

O artista-químico foi muito bem-recebido. O diretor da empresa elogiou seus trabalhos e disse que já tinha uma colocação para ele na fábrica de Barbacena. Quando acabou a entrevista, o executivo tirou três folhas de papel da gaveta e disse: "Você poderia, antes de ir embora, dar um autógrafo para minha mulher e minhas duas filhas, que adoram você?"

"Quando eu saí de lá pensei: 'Não vou fazer porra nenhuma de química!' Eu já era alguém, já estava escrevendo a minha história."

Antes mesmo de surgir no cenário musical nacional, ele já tinha participado do I Festival Universitário da Canção Popular, da TV Tupi, com o samba "Até o Amanhecer", parceria com Valdemar Correia dos Santos, em 1968. "Ali a gente já sentiu a barra da censura e da repressão. Teve uma série de músicas vetadas que foram modificadas para o festival e outras que não puderam entrar. O próprio nome 'universitário' já chamava a atenção. Os censores estavam presentes mais ostensivamente, pousados que nem urubu. Todas as letras eram mandadas para a tesourada prévia", lembra Ivan.

Depois deste festival, ainda em 1968, o diretório acadêmico da Pontifícia Universidade Católica do Rio de Janeiro (PUC) promoveu um concerto, dias antes do AI-5. "As atrações principais eram o Edu Lobo e o Geraldo Vandré. Quem abria o show éramos nós, os primeiros colocados do Festival Universitário. O Vandré era o grande artista do momento, por causa do 'Pra Não Dizer Que Não Falei Das Flores'. Então ele encerrava as apresentações", conta Ivan. "Eu vi o show do Edu, mas não fiquei até o fim. E deu merda. O Dops foi em cima do diretório da PUC e prendeu um monte de gente. Queria saber quem contratou o Vandré, quem pagou, essas coisas. Pegaram o Edu para interrogatório e o Vandré sumiu. Ali a gente percebeu que o buraco era mais embaixo."

No final de 1970, Ivan Lins e a turma do MAU foram contratados pela Rede Globo para fazer o programa *Som Livre Exportação*. Ivan era responsável, juntamente com Elis Regina, pela apresentação dos números musicais. Por lá passaram, além de Gonzaguinha, Aldir Blanc e João Bosco, oriundos do movimento universitário, estrelas como Wilson Simonal, Milton Nascimento, Chico Buarque e Tim Maia. O *Som Livre Exportação* era, tecnicamente, revolucionário. Ele rompeu a fórmula engessada dos programas de auditório, intercalando entrevistas com artistas e populares, alternando cortes do palco e da plateia. "No início, os redatores eram o Oduvaldo Vianna Filho e o Paulo Pontes, mas eles só duraram dois meses. Botaram dois coronéis dentro da Globo para ver o que a gente estava fazendo. A partir daí acabou a farra. Por isso, o programa durou pouco mais de um ano", relembra Ivan.

Nos primeiros anos de carreira, os da parceria com Ronaldo Monteiro de Souza, coautor de "Madalena" e "O Amor É o Meu País", Ivan não fazia música de teor político, sequer nas entrelinhas. Mesmo assim, eles tiveram problemas com a censura. Em 1972, os dois foram chamados para uma visita ao prédio da Polícia Federal, na Rua Evaristo da Veiga, no Centro, por conta de duas canções:

"Quando entramos, morrendo de medo, já percebemos um clima absolutamente sombrio, escuro. Sabíamos que lá embaixo, nos porões, o pau quebrava. Então fomos para o terceiro andar. Um sujeito gordinho, de bigodinho, chamado Queirós, nos recebeu com duas folhas de papel na mão. Eu sussurrava: 'Ronaldo, o que você escreveu?' E ele: 'Sei lá, vamos ver.' Numa das folhas tinha um verso, riscado de vermelho, que dizia assim: 'Deixei você me frequetar (sic)'. Os caras eram paranoicos, achavam que tudo tinha mensagem cifrada. Ele tinha certeza que o "frequetar" era alguma sacanagem. Provavelmente, a pessoa da gravadora que digitou a letra para enviar aos censores errou a digitação e comeu o ene", conta Ivan. "Depois de explicarmos a história, o cara corrigiu, pôs um eme, de Maria. Então, 'frequetar' virou 'frequemtar'. O Ronaldo olhou para a minha cara como quem diz: 'Que merda é essa?'"

Já a outra letra cifrada tinha a perigosa palavra "zmei": "Essa era tão estúpida quanto a outra. Na máquina de escrever, assim como nos teclados atuais, a letra 'a' fica acima da letra 'z'. Era 'amei' a palavra original. Perdemos uma tarde inteira com um cara desse nível!"

Ronaldo também teve a casa, na Rua Conde de Bonfim, na Tijuca, invadida por três agentes do Dops. Um amigo, que era do diretório acadêmico da PUC, foi revistado em uma batida e encontraram na carteira dele um poema do compositor que falava da história de um camponês: "Olha só a associação que fizeram: ligaram o camponês ao campo, à reforma agrária, ao Partido Comunista. Então bateram na porta dele, revistaram a casa inteira. Acharam um regulador de voltagem, um transformador, e concluíram que era uma bomba. O nível era muito baixo, por isso a violência era maior. Muita gente ignorante, parecia que andavam de antolhos. Um cara dizia bate e eles batiam indiscriminadamente."

Esses fatos marcaram definitivamente a carreira de Ivan Lins. Mas foi o encontro musical com um colega de pescarias, Vitor Martins, que daria início a uma fase mais engajada de suas composições. Em 1974 ele retorna às paradas de sucesso com "Abre Alas": "Abre alas pra minha folia, / Já está chegando a hora / Abre alas pra minha bandeira, / Já está chegando a hora / (...) / Encoste essa porta / que a nossa conversa / não pode vazar".

Se já era perseguido quando suas músicas não tinham teor político, imagina como ficou a vida do artista após o encontro com Vitor. "Nossas músicas passaram a ter que ser explicadas. Aí as gravadoras, preocupadas, trataram de evitar que seus artistas fossem ao encontro de censores. Elas mandavam seus advogados. Mas tinha também um lado comercial curioso: as músicas censuradas eram sucessos garantidos, já que o público ficava ansioso para ouvir."

Na realidade, as gravadoras não estavam tão preocupadas assim com a segurança de seus contratados. Tudo fazia parte de um estratagema bem interessante criado. O departamento de divulgação, quando a música era censurada, logo botava uma notícia no jornal. Na hora que a canção era liberada, vendia que nem água. Por isso, usavam os advogados na liberação das letras. "Eram bons de lábia e também sempre carregavam uma pastinha preta para os censores."

Os músicos, por sua vez, também tinham suas artimanhas. Vitor Martins, por sugestão de advogados, acrescentava versos pesados e diretos a algumas canções. Quando o censor batia o olho na letra, cortava o óbvio e deixava passar o que estava nas entrelinhas, o que realmente interessava. "Muita gente fez isso. Os advogados também sugeriam que fizéssemos algumas letras absurdas para enviarmos nos lotes. Eram letras para serem rasgadas mesmo. Então pediam para, pelo menos, liberarem umas três ou quatro, justamente as que queríamos."

A dupla Ivan Lins e Vitor Martins teve muitas músicas censuradas. Duas delas, pelo menos, clássicos do período: "Bandeira do Divino" e "Cartomante". A segunda, um retrato fiel do medo reinante nos tempos de opressão: "Nos dias de hoje é bom que se proteja / Ofereça a face pra quem quer que seja / Nos dias de hoje, esteja tranquilo / Haja o que houver pense nos seus filhos/ Não ande nos bares, esqueça os amigos / Não pare nas praças, não corra perigo / Não fale do medo que temos da vida".

Outra música que ficou por muito tempo travada nos arquivos da tenebrosa DCDP foi uma parceria com Gonzaguinha, "Desenredo". "O Gonzaguinha foi um dos artistas mais censurados. A barra estava muito pesada e ele não aliviava mesmo, batia de frente, escrevia o que queria mesmo sabendo que não iria passar. A gente tinha medo e se preocupava com os amigos. Isso, de alguma forma, deu à nossa geração, naquele período, um senso de união muito forte. Depois do AI-5, a coisa ficou pavorosa. Quando entrou o Médici, então, a coisa pesou demais. Ele foi o nosso Pinochet."

Ivan lembra que, em 1972, atendeu à solicitação de um suposto repórter para uma entrevista. Era um gaúcho que fez muitas perguntas e anotou tudo meticulosamente. Antes de ir embora, ele ainda pediu fotos e alguns documentos para a "publicação".

"Emprestei e o cara sumiu. Dois anos depois, ele me devolveu o material, fechado em um pacote. Não aconteceu nada, mas quando contava para os amigos a história, a resposta era a mesma: 'Porra, Ivan, o cara era agente da Censura.' Era uma caçada mesmo. Acho que fiquei marcado por ter aberto aquele show do Vandré."

A coisa era tão estapafúrdia que, certa vez, Ivan foi intimado para ir ao Dops com Ronaldo Monteiro de Souza para dar algumas explicações. Perguntaram, entre outras coisas, onde eles costumavam ir. Ivan caiu na besteira de dizer: "Rua Jaceguai, 27".

"Perguntaram quem ia lá naquele endereço e falamos um monte de nomes. Eles gravaram e depois apareceram com um documento para assinarmos cheio de informações erradas. O Ronaldo ligou para o pai, que tinha um irmão, ou um primo, que era general. Conseguimos sair dali, mas passaram a perseguir as pessoas. Eles nem sabiam quem eram, simplesmente sorteavam e chamavam para o interrogatório. A Lucinha (Lins, primeira mulher de Ivan) foi uma das sorteadas."

As duas décadas de ditadura militar, para Ivan, deixaram sequelas graves na nossa música. Se num primeiro momento ele acreditou num florescer de uma geração radiante, pouco tempo depois a ficha caiu. Os danos não seriam reparados tão rapidamente.

"Quando a democracia voltou, não sabíamos o que fazer com a liberdade. Ninguém sabia, então o que surgiu foi uma democracia totalmente anárquica. Era difícil tentar coibir qualquer tipo de coisa. Vivemos até hoje os restos da ditadura, principalmente na parte educacional, que veio ladeira abaixo. Assim sendo, o sentido de ética ficou estremecido. Então o que se vê são pessoas mal-intencionadas se aproveitando desse vazio, vulgarizando a música e a cultura de uma forma geral. Esse é um problema que herdamos daqueles tempos."

O pai de Ivan, Geraldo, tinha uma frase que marcou a vida do filho e que, infelizmente, é atemporal: "A ignorância é pragmática."

"Quando a ignorância é pragmática não tem ética, não tem nada. No aperto, o cara quer se salvar, se dar bem. Se oferecem propina, ele pega na hora. O cara troca um voto por um suco de laranja. Não interessa quem deu. E isso serve para tudo", reflete Ivan.

Ele lembra que, nos anos 80, teve uma reunião da ABPD (Associação Brasileira dos Produtores de Discos) para acabar com o jabá. Todas as gravadoras se reuniram e decidiram não pagar mais. Mandaram um ofício para as rádios e emissoras de TV. De repente, as emissoras começaram a tocar apenas as músicas da

RCA-Victor. Um diretor havia feito um acordo por fora. "A ética foi para o espaço. Principalmente onde tem muito dinheiro. O Brasil é um país em que a necessidade é imensa e o nível de ignorância muito alto. Esse pragmatismo ignorante e corrosivo não tem controle. Nessa onda, a literatura musical brasileira despencou."

A derrocada musical a que se refere Ivan Lins não se deve à falta de talento, artigo abundante por aqui. Para ele, as vitrines foram se quebrando: "A gente esperava que os letristas fossem ficar ainda mais criativos. Mas muita gente desistiu no meio do caminho. Nos anos 1960 e 1970, o mercado era aquecido, tínhamos retorno. Para fazer sucesso, bastava ser bom. Os festivais e os programas musicais se encarregavam de dar visibilidade", lembra. "Quando pintou o jabá, apenas o dinheiro passou a valer, a ditar as normas. Quer um exemplo? Quanto tempo demora para um artista ficar famoso? Lembro do Lenine, na PolyGram, com o Lula Queiroga, gravando disco. Eu o conheci em 1977, em Recife, e ele já compunha para caramba. Só apareceu em 1993, com o disco *Olho de Peixe*. Se ele tivesse surgido em 1969, dois anos depois seria uma estrela. E o Celso Viáfora? Se tivesse surgido com seu talento literário, em 1970, teria o mesmo nível de respeito de Chico Buarque, Aldir Blanc, Caetano Veloso... É um cara que escreve maravilhosamente e até hoje não é conhecido."

Ivan ainda vai mais longe: "Se o Chico Buarque, Elis Regina e Edu Lobo tivessem vinte anos, hoje, não iriam acontecer sem um messias das mídias sociais."

A RECOMEÇAR COMO CANÇÕES E EPIDEMIAS
(JOÃO BOSCO)

"A recomeçar, recomeçar como canções e epidemias". Foi com esta frase da música "Caça à Raposa" que João Bosco confortou o parceiro Aldir Blanc. Ele sentia que o amigo, nos últimos anos de vida, estava acometido de uma tristeza profunda. Em seguida, perguntou: "Aldir, você se esqueceu do autor destes versos?" O poeta então se desculpou e agradeceu a lembrança. Aldir, que morreu em 4 de maio de 2020, aos 73 anos – uma das milhares de vítimas da pandemia da Covid-19 no Brasil –, estava realmente desolado com os rumos do país que tanto cantou, criticou e defendeu. Vivia arrasado, chorando o choro da "pátria mãe gentil", o desprezo por "tanta gente que partiu num rabo de foguete". Estava sem forças para recomeçar. Logo ele.

"Estamos habituados a momento difíceis, esse é mais um, e temos que passar por isso. Infelizmente o Aldir partiu. Ninguém esperava. Certamente a luta é mais difícil e menos genial sem ele. Mas a obra que ele deixou, comigo e com outros parceiros, será sempre um farol", diz João.

Antes de chegarmos ao encontro dos dois, é importante saber da trajetória de João até que a parceria se formasse. Nascido na mineira Ponte Nova, ele chegou em 1962 a Ouro Preto, uma cidade essencialmente estudantil. Não era ainda a Ouro Preto universitária de anos depois, mas um lugar já repleto de repúblicas, de cursos técnicos preparatórios e, como todo reduto estudantil, de forte movimentação política. O grêmio literário era um lugar efervescente onde se ouvia música, se falava de arte e dos acontecimentos do país. Ali o jovem João acompanhou a renúncia de Jânio Quadros, toda a questão envolvendo João Goulart, a tentativa de um governo parlamentarista até o comício do Jango na Central do Brasil. Ali ele percebeu que a coisa tinha se complicado de vez.

"Quando aconteceu o golpe, eu estava em aula, terminando o antigo científico. Apesar de Ouro Preto ser uma cidade com muitos estudantes, a polícia política estava mais preocupada com os diretórios de Belo Horizonte, da capital, porque era onde a coisa estava pegando mesmo. Ouro Preto só chamava a atenção no dia 21 de abril, Dia de Tiradentes, quando o centro do poder praticamente se mudava para lá", lembra. O dia do inconfidente mineiro sempre foi explorado por políticos, desde a Era Vargas, passando por Juscelino Kubitschek, que por duas vezes fez o discurso principal da festa pátria. O último, em um ano emblemático: o da inauguração de Brasília.

Para se ter uma ideia da importância que a primeira capital de Minas Gerais exercia sobre o panorama político nacional, apesar das tensões da época, em 1960, a comemoração do Dia de Tiradentes ganhou especial colorido. A festa foi antecipada para o dia 18 de abril, pois no dia 21 seria inaugurada a nova capital da República. Depois de alguns anos de ausência, o mineiro Juscelino Kubitschek voltaria a Ouro Preto para ser, pela segunda vez, o orador oficial da cerimônia. Em seu discurso, o presidente bossa-nova discorreu sobre o sacrifício do herói nacional. Para Juscelino, "o heroísmo nasceria do amor às ideias e da aceitação dos sacrifícios decorrentes de tão entranhado sentir". Falando do alferes Joaquim José da Silva Xavier, ele falava de si próprio, preparando o terreno para aquilo que desejava, realmente, abordar: a grande realização de seu governo, a construção de Brasília. Ou seja, Ouro Preto, por sua importância histórica, tinha um valor simbólico dentro do ambiente político nacional e isso não foi diferente no período militar. Se em abril de 1964 tudo ainda era recente, se a polícia política se concentrava mais nos movimentos da capital Belo Horizonte, já no ano seguinte a coisa passaria a ser sentida pelos estudantes da cidade histórica.

"Apesar de o golpe ter sido em 1964, só em abril de 1965 sentimos o peso da polícia política. Os policiais foram nas repúblicas estudantis e reviraram tudo à procura de documentos, de qualquer coisa que julgassem subversiva, que julgassem ameaçar o governo militar", conta João. "A partir daí a gente começou a ficar mais ligado nos acontecimentos e, em 1967, quando entrei para a escola de Engenharia, a temperatura tinha se elevado ainda mais."

Neste mesmo ano, ele conheceu Vinicius de Moraes. O poeta, que passou muitas temporadas em Ouro Preto, apresentou João ao pintor Carlos Scliar. "Eles eram grandes amigos. O Scliar, que foi o autor da capa do meu primeiro disco, o de 1973, dividia uma casa lá em Ouro Preto com o também pintor Ivan Marquetti. Esta casa era um ponto de encontro de toda a intelectualidade brasileira. Era uma espécie de alto-falante das coisas culturais e políticas daquele momento. Eu não saía de lá. Eles nos colocavam a par de tudo o que estava acontecendo, era uma qualidade impressionante de informação. Lembro da presença de artistas como a Tônia Carreiro, o Sidney Miller e o diretor teatral Paulo Afonso Grisolli. Ali eu tinha informações preciosas, além do ambiente artístico e das conversas maravilhosas."

João, nesta época, também escrevia sobre música no jornal *O Martelo*. Um dos artigos que escreveu foi sobre a turma do Movimento Artístico Universitário. O MAU era formado pelos artistas que se reuniam na mítica casa da Rua Jaceguai, 27, no bairro carioca da Tijuca. Dali surgiram Gonzaguinha, Ivan Lins, Cesar Costa Filho, o poeta Paulo Emílio e Aldir Blanc. Ou seja, no final dos anos 1960, mesmo em Ouro Preto, João já tinha um conhecimento profundo sobre o que acontecia no país, tanto na política quanto nas artes.

Mas foi o acaso que se encarregou de botar frente a frente o músico mineiro, de harmonias rebuscadas e alma barroca, e Aldir Blanc, o poeta suburbano do Estácio, de Vila Isabel, da Tijuca, da Muda, o criador de personagens fantásticos como Esmeraldo Simpatia é Quase Amor, que nasceu para encobrir as histórias delirantes de um primo e terminou virando nome de um tradicional bloco carnavalesco de Ipanema.

João tinha um quarteto com colegas da escola que tocava em bares da cidade histórica. Quando acabavam as apresentações, ele continuava por ali, tocando sozinho e bebendo suas cervejas. Num certo dia de 1970, um amigo de Aldir, Pedro Lourenço, que estava de férias na cidade, sentou-se na mesa ao lado e ficou ouvindo as músicas de João, que já tinha composto, por exemplo, as melodias de "Agnus Sei" e "Bala com Bala". Em determinado momento, ele aproximou-se e disse que tinha um amigo que adoraria botar umas letras naquelas músicas. "Você gostaria de conhecê-lo?", perguntou. "Foi um papo de bar, aquela coisa de porre, meio delirante, o violão rolando... Ele disse que eu precisava conhecer o Aldir Blanc. Eu disse que seria ótimo. No dia seguinte nem pensei mais naquilo."

Dias depois, houve uma denúncia sobre as atividades que aconteciam na casa de Scliar, sobre as reuniões e as pessoas que a frequentavam. Então a polícia havia dado uma batida no local. "Onde havia artista, eles iam atrás. Naquela época, todo mundo era de esquerda, toda a classe artística, todas as pessoas ligadas às artes e à educação. Não tinha como não ser contra o que acontecia. Tipo hoje, que todo mundo virou 'comunista'. Então eu fui para a casa de meus pais, em Ponte Nova, esperar as coisas se acalmarem."

Na casa dos pais ele encontrou a paz de sempre: comida farta, um quintal com mangueiras e suas memórias. Mas a calmaria acabaria rapidamente. Vinte dias depois da saída de João, Ouro Preto receberia uma visita no mínimo inusitada. Uma Kombi repleta de artistas, comandada pelo amigo da madrugada Pedro Lourenço, chegava para fazer farra, mas, principalmente, formalizar a parceria de João e Aldir.

Ao receberem a notícia da fuga de João para Ponte Nova, a trupe, que contava com personagens icônicos da vida carioca como o poeta Paulo Emílio – que também se tornaria parceiro de João e Aldir – o artista plástico Mello Menezes, o músico Darcy de Paulo e outros, não se fez de rogada: Beberam umas e outras e partiram em busca do parceiro.

Uma hora e meia depois, a fina flor das artes e da malandragem carioca batia na porta dos pais de João. Aldir passou o resto de sua vida dizendo que neste dia, mais que ganhar um parceiro, comeu a melhor macarronada de sua vida. A mãe de João, ao ver o estado lastimável da caravana carioca, deu uma boa mostra da tradicional hospitalidade mineira. "Aquela aparição foi surrealista, tinha que ser daquela maneira. Passamos o dia fazendo música, tocando violão. Desta viagem, o Aldir já saiu com duas músicas prontas: 'Bala com Bala' e 'Agnus Sei'. Ele também levou uma melodia. Quando cheguei em Ouro Preto de volta, um tempo depois, a letra de 'Tristeza de uma Embolada' já estava lá. Ele havia mandado pelo correio."

"Agnus Sei" foi lançada, em 1972, no projeto *Disco de Bolso*, do jornal *O Pasquim*, em que um compositor famoso apresentava um artista jovem. Quem fez as honras para João foi Tom Jobim, que no outro lado do compacto lançava a inédita "Águas de Março" e, no ano seguinte, faria um texto na contracapa do disco de estreia do mineiro:

> *E quando acaba a bala?*
> *É no rala-rala? Faca com faca?*
> *Rapa com rapa?*
> *João, hein?, tua música já atravessou o riacho.*
> *Mineiro, é cedo para o cansaço da conconversa*
> *a respeito da beleza e da parecença dos territórios.*
> *Há muito a fazer e tem que ser feito. O Aldir Blanc está*
> *com você, o Paulo Emílio e o Claudio (Tolomei) também.*
> *E o urubu sai voando baixo, manso.*

"O Vinicius foi meio que nosso padrinho. Ele nos aconselhava e acompanhava cada música que era feita, fazia questão. Quando ele estava no Rio, se comunicava com os jornalistas amigos e dizia: 'Tem um médico e um engenheiro fazendo música da maior qualidade, vocês vão gostar.' Por isso pintou o disco do Pasquim e as coisas aconteceram."

A esta altura, João Bosco já estava no Rio de Janeiro e a produção musical da parceria era farta. Ele conta que poucas vezes a coisa não funcionava. Foram feitos um para o outro. João tinha as notas de que o poeta precisava. Aldir tinha os versos certeiros para os caminhos intrincados do músico.

Além de Vinicius, outra figura fundamental na carreira de João e Aldir foi Elis Regina. Desde o dia em que conheceu as canções da dupla, em todo disco que lançava, fazia questão de ter uma das grifes fundamentais da música brasileira. Em 1972, em *Elis*, ela grava "Bala com Bala", antes mesmo do lançamento do primeiro disco de João. No ano seguinte, em outro LP que leva o seu nome, registra "Cabaré", "Comadre", "Agnus Sei" e "O Caçador de Esmeralda", nesta última a dupla teve a companhia de Claudio Tomelei. Já em 1974, é a vez de Elis antecipar três músicas que fariam parte do disco de João Bosco do ano seguinte: "Caça à Raposa", "Dois pra Lá, Dois pra Cá" e "O Mestre-sala dos Mares".

A cantora, já uma estrela de primeira grandeza da música brasileira desde sua participação no I Festival da Música Popular Brasileira, em 1965, era, portanto, a grande porta-voz deste repertório magnífico. A tal ponto que, quando a baiana Simone surge como um raio de luz no cenário musical e pede algumas músicas da dupla, ouve que a preferência é de Elis. Foi assim com "O Mestre-sala dos Mares", a música que apresentou os censores a João e Aldir. Simone perdeu o hino sobre João Cândido, o líder da Revolta da Chibata, mas seu disco seguinte, *Quatro Paredes*, tem como primeira faixa do lado A, simplesmente, a genial "De Frente pro Crime".

Mas, voltando aos censores, "O Mestre-sala dos Mares" começou a sofrer cortes por conta do título original: "Almirante Negro". "A minha memória não é muito segura sobre aqueles atos presenciais. Estive lá, naquela época, em 1974, três ou quatro vezes. Depois, eu viajava e o Aldir ia resolver as questões. O que a minha memória guarda, se refere especificamente a este samba", conta João. "No departamento de censura tinha um balcão e a gente ficava ali, com a letra na mão, esperando o atendimento. Um funcionário passava de um lado para o outro e, às vezes, botava o dedo em cima de algum trecho da letra. Era um aviso de onde a coisa estava pegando. O cara nem era o censor, era só um funcionário do setor, mas sabia das situações de cada letra."

A primeira implicância foi com o nome da música. Aldir teve que mudar duas vezes. O "almirante" virou "navegante", que também não podia estar no título, até que virou um "mestre-sala". Mas a letra continuava censurada. Era um exercício absurdo de paciência.

"Lembro de um outro pedaço da letra que foi bastante modificado. O verso original era 'rubras cascatas jorravam das costas do negro pelas pontas das chibatas'. Aí o dedo do cara do balcão apontou para a palavra 'negro' e para as 'pontas das chibatas'. Assim a música foi ganhando outras palavras. A sorte é que o Aldir era um mestre em mexer na música, em driblar os caras sem alterar a estrutura, sem perder a força das imagens."

Mais que isso, o poeta criava letras intrincadas demais para a compreensão dos censores. Jogando uma luz sobre as parcerias deste período, é possível identificar muitos arroubos de revolta nos versos de Aldir e sua luta inglória que não esqueceremos jamais. "Jardins de Infância", que João lançou em 1975 e Elis incluiu no repertório de *Falso Brilhante*, de 1976, é um ótimo exemplo. Brincadeiras, mitos e personagens infantis se misturam em imagens fantásticas e aterradoras. O medo, o silêncio, a covardia. Está tudo ali: "É como um conto-de-fadas / Tem sempre uma bruxa pra apavorar / O dragão comendo gente / E a bela adormecida sem acordar / Tudo o que o mestre mandar".

Outro samba emblemático é "Ronco da Cuíca": "Roncou, roncou, roncou de raiva a cuíca, roncou de fome. / Alguém mandou, mandou parar a cuíca, é coisa dos home / A raiva dá pra parar, pra interromper / A fome não dá pra interromper". A música, anteriormente chamada "Ronca Cuíca", foi censurada e, tempos depois, liberada apenas com a mudança de nome, como lembra Rildo Hora em seu depoimento para este livro. Mas, apesar do sucesso que fez em shows, não tocou nas rádios. Tempos depois, um ex-funcionário da RCA contou a João que havia um memorando da gravadora para que ela não fosse trabalhada nas emissoras.

"Pela história que ele me contou, creio que a própria Censura, reconhecendo o drible, não teve como proibir, já que ela estava gravada e masterizada. O que ocorreu foi uma espécie de acordo de não divulgação", diz. "A conclusão a que chego é que quando há uma censura de Estado, há ramificações difíceis de compreender. Somos censurados de várias maneiras. Eu, por exemplo, poderia não saber desta história até hoje."

Apesar da pressão política do período, e de um senso comum de que a censura foi se transformando, com o tempo, em um veto moral, João diz que não era bem assim, que a censura não tinha critério algum. "Era pior que uma censura apenas política, era sem critério mesmo. Podia vetar a palavra 'vermelho', independentemente do local e do significado na letra. Podiam censurar ou liberar uma canção só por não saber o que significava. É uma questão de compreensão alucinógena. Não tinha uma base. Não era a censura apenas por conta de palavra ou significados políticos ou subversivos. O Aldir e eu fizemos músicas censuradas e outras não e que falavam das mesmas coisas."

João cita como exemplo uma letra de Aldir, "Querido Diário", do disco *Comissão de Frente*, de 1982. "A música falava de bacanal romana, de ninfomania, pichava o governo, mas a Censura implicou com a frase: 'Hoje, acordei, tomei café, me masturbei'. Tivemos que trocar o 'me masturbei' por 'me machuquei'."

Mas toda a tristeza, a dor e a revolta que o período causou a João, a Aldir e a todos os artistas de uma maneira geral seria exorcizada com uma das músicas mais inspiradas de todo o nosso cancioneiro, que chegaria aos ouvidos brasileiros, claro, pela voz emocionante de Elis Regina.

João estava em Ponte Nova, no Natal de 1977, quando recebeu a notícia da morte de Charlie Chaplin, na madrugada do dia 25 de dezembro. Em silêncio, pega o violão, vai para o quintal, o mesmo das mangueiras e do encontro com a trupe de Aldir.

"Fiquei lembrando dos filmes dele, daquelas imagens que marcaram a vida de muitas gerações. No meu caso, eu ainda era um grande admirador do músico Chaplin. Então me vem logo à ca-

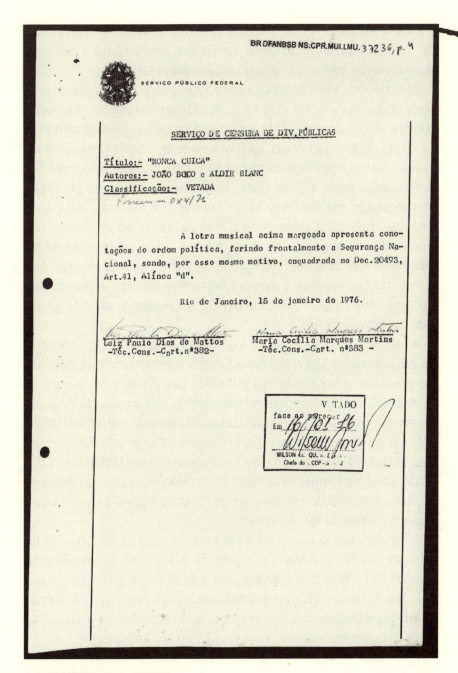

PARECER DA DCPD,

com justificativa para o veto da letra de "Ronca Cuíca"

beça a melodia de 'Smile', fico dedilhando o violão até desembocar num samba. Quando volto para o Rio, mostro para o Aldir, em meio a outras melodias, sem qualquer expectativa."

Dias depois, Aldir aparece com a letra pronta, no apartamento onde João morava, na Rua Faro, no Jardim Botânico. "Ele sabia que era algo especial, diferente de tudo o que a gente já tinha feito. Cantamos várias vezes naquela noite e, a cada passagem do samba, fui me imbuindo da situação criada por ele nos versos."

Passados mais alguns dias, João encontra Elis na gravação de um programa de televisão. Quando ele mostra "O Bêbado e a Equilibrista", a Pimentinha, nas palavras do músico, ficou alucinada. "Ela queria decorar ali, na hora, para mostrar no programa naquele mesmo dia. Mas eu e o César (Camargo Mariano, marido de Elis à época) achamos melhor esperar. Não era uma música qualquer. Ela precisava vivenciar melhor a canção, compreendê-la."

A canção, que se tornaria o grande hino da anistia, que ocorreria em agosto de 1979, era de uma delicadeza, de um significado tão profundo que carecia do melhor de Elis, do melhor da melhor. A letra traz um punhado de referências ao que acontecia naquele momento, trata dos anseios de um povo cansado daquele sistema tirano e da esperança de novos ares. Já os primeiros versos são desconcertantes. "Caía a tarde feito um viaduto / Um bêbado trajando luto / Me lembrou Carlitos" fazia referência à queda de parte do viaduto Paulo de Frontin, em 1971, uma tragédia que marcou muito a cidade do Rio de Janeiro.

Aldir sintetiza o choro da nossa pátria mãe gentil ao falar de Marias e Clarisses. A Maria em questão era a filha do metalúrgico Manoel Fiel Filho, já a Clarisse, era a mulher do jornalista Vladimir Herzog. Ambos foram assassinados pelo regime, que, à época, afirmou que os dois haviam cometido suicídio. Já existia *fake news* naquele momento.

Elis, claro, havia se apaixonado pela canção. Mais que isso, viu nela também uma maneira de terminar de vez com uma rusga antiga com o cartunista Henfil. Em 1972, por conta de uma apresentação nas Olimpíadas do Exército, quando cantou o Hino Nacional, Elis foi mandada direto para o Cemitério dos Mortos-Vivos, tirinha criada por Henfil para *O Pasquim*. Lá estava Elis, misturada a outras personalidades adesistas ou suspeitos de simpatia pelos militares como Wilson Simonal, Roberto Carlos e Pelé.

Quando abre a voz para cantar que o Brasil sonhava "com a volta do irmão do Henfil", Elis passa a clamar por todos que estavam no exílio, impedidos de pisar em solo brasileiro. Ela faz com que familiares e amigos acreditem na volta do equilíbrio de um país bêbado, tragado pelas trevas do autoritarismo.

Em uma entrevista à época, Aldir contou que não conhecia o irmão do Henfil, o sociólogo Herbert de Souza, o Betinho. "Sempre que eu encontrava o Henfil, naqueles tempos, me emocionava. Então dizia que eu tinha muito orgulho de conhecê-lo. Ele sempre respondia da mesma maneira: 'Isso é porque você não conhece o meu irmão.'"

Curiosamente, o samba chapliniano que se tornaria o hino da anistia brasileira também seria o que apresentaria ao Brasil um de seus filhos mais fabulosos. Betinho foi um símbolo da luta contra a fome e a miséria e um facho de esperança de um país que voltava a se acreditar possível.

Naquele momento, apesar de toda a força, de todo o impacto causado pela música, os censores tiveram de segurar suas canetas. O Brasil já estava caminhando para uma reabertura lenta. "Não dava para fazer nada contra aquele samba, aquela letra fantástica. Não havia um departamento de estado que pudesse censurar. Ele já havia arrebentado o cordão de isolamento", diz João, citando a letra de "Plataforma", dele e de Aldir.

O samba foi lançado, quase que simultaneamente, no início de 1979, nos discos *Linha de Passe*, de João, e *Essa Mulher*, de Elis. Meses depois, após a promulgação da Lei da Anistia, no dia 22 de agosto, pelas mãos do presidente João Baptista de Oliveira Figueiredo, Betinho e outros 25 mil exilados espalhados pelo mundo, segundo cálculos do Comitê Brasileiro pela Anistia, puderam voltar ao Brasil. O sociólogo desembarcou no aeroporto de Congonhas, em São Paulo, no dia 16 de setembro.

"Nós fizemos 'O bêbado e a Equilibrista' que falava sobre essa esperança que está sempre sambando de sombrinha na corda bamba. São situações pertinentes à história do nosso país, que sofre de desigualdade crônica. Em função disso, temos uma dificuldade grave de nos vacinarmos contra esses momentos, contra o que aconteceu em 1964, em 1968, e contra o que acontece agora, em 2020", diz João, fazendo um paralelo entre o período ditatorial e os tempos atuais.

Para ele, são situações, personagens e ferramentas diferentes que fazem o mesmo mal, que assustam, amedrontam e coagem: "São tempos em que não prevalecem a cultura, a sabedoria, em que a ciência não tem significado. A inteligência parece não ter nenhum valor. Isso é muito desanimador, mas, por enquanto, ainda respiramos porque temos eleições. Somos uma democracia com a vida atentada, mas ainda temos condições de eleger alguém melhor. Neste momento tão tacanho, medíocre em que vivemos por parte do Estado, esperamos que, da mesma maneira que um aventureiro lança mão de um país, tenhamos a sorte de surgir uma outra pessoa que leve para um caminho que a nação precisa, merece e implora", lamenta.

Voltando às conversas virtuais com Aldir, João lembra que certa vez disse ao parceiro, em tom de piada: "Aldir, não esquenta a cabeça que no final sempre dá merda mesmo." Aldir passou a repetir aquilo como um mantra. Escrevia, vez por outra, em suas colunas e livros: "Estou muito relaxado, tranquilo, porque, como disse meu filósofo predileto: 'Pra que esquentar se no final vai dar merda?'"

"Tomara que, desta vez, dê merda para essa gente ruim que está por aí", completa o filósofo João.

LEVANDO OS CENSORES PARA A CHURRASCARIA
(RILDO HORA E GENILSON BARBOSA)

Esta é uma história 2 em 1, sobre as aventuras de dois amigos que, apesar de terem funções diferentes, eram empregados da antiga gravadora RCA, atual Sony Music. Um deles trabalhava atrás das cortinas; o outro é uma figura bastante conhecida da música popular brasileira.

Rildo Hora é considerado um dos maiores produtores de discos do Brasil, tendo sido responsável por grandes LPs de Luiz Gonzaga, Martinho da Vila, Beth Carvalho e João Bosco, entre outros. Além disso, é maestro, arranjador, exímio gaitista e autor de composições com parceiros importantes, como Humberto Teixeira, Gracindo Jr. e Sergio Cabral, sobre quem faz questão de pedir ao entrevistador: "Por favor, deixe claro que meu parceiro era o Sergio Cabral pai, e não o filho." E, claro, ele também teve músicas censuradas.

Já a metade menos famosa da dupla era o encarregado oficial da gravadora de ir até a Censura para tentar liberar letras de música. "Um verdadeiro herói nacional", segundo o amigo Rildo. Trata-se de Genilson Barbosa, o homem que admite ter subornado censores durante a ditadura.

Como produtor, os principais problemas que Rildo Hora enfrentou, em termos de censura, surgiram a partir do trabalho dos parceiros João Bosco e Aldir Blanc. Ele recorda: "Quando uma música inteira era vetada, eu, como produtor, pedia outra música ao artista, uma música que estivesse toda limpinha, que os censores liberariam. Mas, no caso do João e do Aldir, eles não trocavam de música. Ficavam mexendo naquela letra vetada até ela ser liberada. Mudavam palavras, versos etc. O Aldir é genial, né? Em todos aqueles discos do João Bosco que produzi, a palavra final sobre a estética do disco era sempre do Aldir. Eu não tinha muita voz ali porque tudo era decidido por ele. Eu ficava até meio puto com aquilo, já que era o produtor, mas tinha que engolir. Ele era o mentor do negócio."

Uma das letras censuradas que Aldir Blanc escreveu para música de João Bosco foi "O Ronco da Cuíca", do clássico álbum *Galos de Briga*, de 1976, produzido por Rildo Hora. O título original da música era "Roncou Roncou" e, por conta do veto pela DCDP, Aldir Blanc mudou o título da canção para "Ronca Cuíca", e, depois, para "Ronco da Cuíca" e reenviou a letra para os "home", que mais uma vez barraram a obra.

Relembrando o episódio, Rildo começa seu comentário referindo-se aos tempos atuais: "Você vê como nós estamos vivendo a Era da Burrice. Estão tentando voltar para a Era da Estupidez. Naquela ocasião, tive uma ideia e conversei com o João e com o Aldir, e eles aceitaram. Nós colocamos o artigo 'o' na frente do título, ficando 'O Ronco da Cuíca'. Dessa forma, a letra foi liberada. Normalmente, na catalogação desses órgãos, como no ECAD (Escritório Central de Arrecadação e Distribuição), por exemplo, o artigo não é considerado. Mas, na Censura, foi burramente considerado, e isso mudou a ordem alfabética da letra, que talvez por isso tenha sido avaliada por outro censor e liberada."

Os obstáculos que a censura impunha aos artistas e produtores não se limitavam às letras das músicas. Havia outras fontes de problema, como as capas e encartes dos LPs, e ainda os conflitos com os executivos da própria gravadora. "Dentro da RCA, nós tínhamos brigas internas para poder fazer certos discos", afirma o produtor. "Por exemplo, o *Aquarela Brasileira*, do Martinho da Vila, se você abrir o encarte do LP duplo, vê as caras dos brasileiros todos fodidos, sem dentes... A mensagem da arte gráfica do Elifas Andreato era fortíssima. Então, os superiores da gravadora ficaram putos porque a gravadora era multinacional e as multi-

HISTÓRIAS DE MÚSICA E CENSURA EM TEMPOS AUTORITÁRIOS

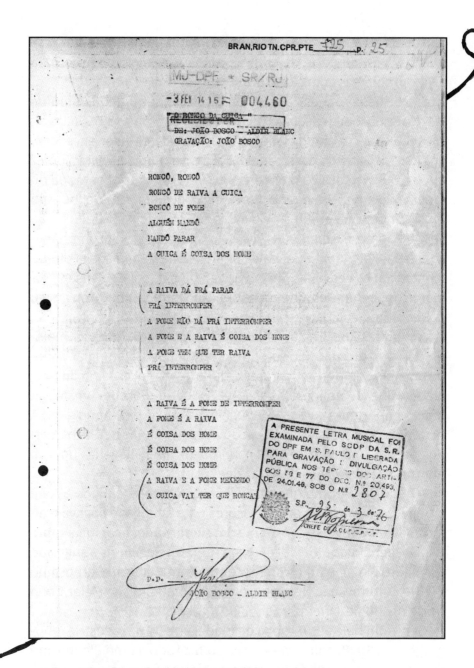

DOCUMENTO DE LIBERAÇÃO DA LETRA

de "O Ronco da Cuíca", pela DCPD, após a mudança de título sugerida por Rildo Hora

nacionais eram a favor da ditadura. Eles queriam que eu trocasse o Elifas. Nós, da parte de criação, sofríamos muita pressão para evitar problemas com a censura."

Entre suas próprias composições censuradas, Rildo lembra de "Pedro Sonhador", em parceria com Sergio Cabral (o pai!). A letra dizia que Pedro era um sujeito que fez um samba-enredo vencedor e, por isso, deixaria de passar fome. Foi justamente a palavra "fome" que gerou encrenca com os censores. Pelo visto, os agentes da ditadura não admitiam que se dissesse que alguém passava fome no Brasil. "A Censura grifou a palavra 'fome' e ela foi substituída pelo Sergio Cabral", ele conta. "Às vezes, uma única palavra comprometia a letra. Mas, lá na RCA, havia um funcionário que lidava diretamente com os censores. Ele era amigo do pessoal da Censura, tomava chope com eles. Chama-se Genilson Barbosa. Ele ficou amigo dos censores, então, chegava lá na sede da Censura e resolvia."

A declaração acima acende um sinal de alerta. Como a maioria dos censores já morreu ou não tem interesse em falar sobre o trabalho que desempenharam durante os governos militares, alguém que foi "amigo dos censores" poderia conceder um depoimento importante para este livro. E mais, o ex-funcionário da RCA poderia ajudar a esclarecer uma dúvida levantada por Chico Buarque em seu depoimento para o *Mordaça*: afinal, haveria suborno por trás das liberações de letras de música?

"O tipo de suborno que acredito que acontecia era tipo assim: o Genilson devia chamar os censores para almoçar e pagava o almoço deles. Converse com Genilson, ele vai poder falar mais sobre isso", sugere Rildo Hora. E foi o que fizemos. Seguimos a sugestão do maestro e marcamos um encontro com Genilson Barbosa no Centro Cultural João Nogueira, o antigo Imperator, no Méier, Zona Norte do Rio de Janeiro.

Genilson, hoje aos 67 anos de idade, entrou na indústria fonográfica em 1968, como *freelancer* ou faz-tudo, como ele mesmo diz: "Se precisassem de um cinzeiro eles pediam para eu pegar." Na RCA, conheceu Rildo Hora, que naquele tempo já estava na gravadora, mas ainda não como produtor, e sim como compositor. Os dois se tornaram amigos e trabalhariam juntos em diversos projetos até hoje.

Em 1972, Genilson teve sua carteira de trabalho assinada como *office boy* oficial da RCA e, mais tarde, foi promovido a assistente de arregimentador. "A arregimentação consiste em chamar os músicos, agendar estúdio, arrumar o técnico de som, tudo dentro da ideia do artista. Hoje, faço arregimentação para o Rildo Hora. É a produção executiva. Se um músico se atrasa e o produtor fica estressado, quem liga para o músico sou eu. Eu fico em cima dos caras para a gravação poder fluir", ele explica.

Mas aquela não era sua única função dentro da gravadora. Além de fazer a arregimentação, Genilson era quem mandava os discos para a fábrica e ia acompanhar os cortes de acetato para a produção dos vinis. Além disso, quando a RCA enviava letras para serem analisadas pela Censura, era ele quem ia até lá entregar as letras e acompanhar o processo de liberação. Um trabalho realizado nos bastidores, mas de importância fundamental para o funcionamento da multinacional.

"Os autores me davam as letras manuscritas ou cantavam para mim, depois eu datilografava, porque elas não podiam ser mandadas manuscritas para a Censura. Então, eu fazia o requerimento formal e levava as letras para a sede da Censura. Peguei a época em que a sede era ali no Palácio do Catete. Como o palácio era muito grande, algumas salas eram usadas pela Censura. Depois, eles foram para a Praça Mauá (Centro do RJ), no prédio da Polícia Federal. Mas, no Palácio do Catete, o clima era um negócio absurdo. Era muito escuro, sombrio. Aquilo parecia um mundo tenebroso, porque era um castelo e tinha aquele clima de tensão por causa dos militares", ele conta, sobre o palácio onde se suicidou o ex-presidente Getúlio Vargas, em 1954.

Aos poucos, enquanto frequentava a sede da Censura, Genilson passou a criar uma relação com os censores. Ele diz que jamais foi tratado com hostilidade por parte dos militares, censores ou gente da Polícia Federal. Pelo contrário, com o tempo, as relações foram se transformando em amizades. "Quando eu vi que a coisa estava meio complicada, comecei a pensar que tinha que entrar no meio daquele povo, ficar amigo, ganhar a confiança deles, porque eu precisava liberar as letras", ele argumenta. "E aí, começamos a jogar bola juntos. Como eu, modéstia à parte, agarrava bem, virei goleiro do time da Censura dentro da Polícia Federal! Quando eles iam jogar contra o time de algum outro departamento, queriam que eu fosse o goleiro. Eu dizia: 'Peraí, não posso. Eu tô aqui só de brincadeira.' E eles respondiam: 'Nós vamos arranjar alguma coisa para você fazer aqui, você tem que jogar!' Por isso, comecei a conseguir liberar algumas músicas com certa facilidade."

Depois de entrar para o time de futebol da Censura, Genilson passou a desfrutar de um clima de camaradagem com os censores que talvez nenhum outro personagem do mercado fonográfico brasileiro tenha experimentado. A seguir, ele conta como fazia para convencer os censores a liberarem as letras e deixa claro que não foi apenas o futebol que o ajudou a conseguir as liberações:

GENILSON BARBOSA
*nos anos 1970, época em que foi goleiro do time da Censura
(Acervo: Genilson Barbosa)*

"Eu chegava para um dos censores, na camaradagem, e dizia: 'Pô, fulano, essa letra aqui não tem nada demais... Libera isso para mim.' E eles liberavam. Além disso, às vezes eu chegava lá com uma bolsa cheia de LPs. Eu tinha uma cota de discos da RCA para levar para os censores. Então, era uma troca, um presente. Quando saía o disco novo do Bezerra da Silva, que todo mundo queria, eu levava para eles. Quando saía o disco da Xuxa, eles me pediam, para dar para os filhos deles, para a sobrinha etc. Eu dizia: 'Ok, trago o disco, mas olha aqui: essa música que está vetada não tem nada demais... Libera a letra que eu trago um disquinho para você.' Ou seja, era uma barganha que eu fazia."

Genilson revela os nomes dos censores, mas pede para que não sejam publicados. O motivo: ele realmente ficou amigo de alguns deles. Chegou a ser convidado para casamentos de censores e, quando um deles foi transferido, convidou o funcionário da RCA para ir trabalhar com ele no Espírito Santo (proposta que foi recusada). Quando um dos censores morreu, ele foi notificado sobre o enterro. Outro, de quem ficou "muito amigo", hoje em dia estaria preso ou respondendo a um processo "por ter se aliado a bicheiros, contravenção". Por tudo isso, ele prefere que os nomes sejam preservados. No entanto, há um nome que nem faria sentido omitir, já que ela praticamente se tornou uma estrela entre os censores, além de já ter falecido: a Dona Solange. Quando uma letra era vetada na DCDP do Rio, o jeito era ir até Brasília para tentar um recurso. Portanto, Genilson viajou diversas vezes até a capital, onde conheceu Solange Hernandes, que ali comandava a Censura como delegada da PF.

"Fui para Brasília umas dez vezes", ele afirma. "A gravadora pagava passagem e hospedagem. Eu chegava lá, pegava um táxi, ia para o prédio da Polícia Federal e conversava com os censores. Foi aí que comecei a tratar das liberações com a doutora Solange. Eu ia na sala dela, mas ela não era isso tudo que dizem, não. O pessoal aumenta um pouco. Ela podia ser linha dura com os comandados dela, mas comigo nunca teve nenhuma grosseria. Era uma mulher austera, seríssima, uma senhora, que devia ter seus quarenta e tal ou cinquenta anos. Ela não era bonita, não sorria, tinha um linguajar formal e dizia: 'Veja o que o seu autor escreveu aqui. Isso não pode.'"

O funcionário da RCA tinha toda uma técnica que utilizava para conseguir convencer os censores, inclusive a Dona Solange, a liberarem as letras que haviam sido interditadas no Rio. Quando Solange avisava que alguma palavra ou verso estavam proibidos, ele iniciava uma atuação digna dos melhores atores de teatro. Era mais ou menos assim:

– Ok, doutora, mas sabe como é... O disco já está no prelo... Será que a gente não consegue liberar se eu telefonar para o autor?

– Então, tá. Liga aí para o autor, veja o que vocês podem fazer e volte aqui amanhã – respondia Dona Solange.

– Não precisa ser amanhã. Eu posso ligar daqui mesmo para o Rio?

"Naquela época não existia telefone celular, então eu pedia para usar o telefone dos censores. Eu levava uma cola comigo sobre os detalhes das músicas censuradas. Essa cola tinha o verso ou a palavra vetada e o novo verso ou palavra que o próprio autor da letra me passava para substituir. Fiz muito isso para as letras do Bezerra da Silva (que tinham vários autores), de João Bosco e Aldir Blanc, do César Costa Filho (que era outro que vivia tendo músicas vetadas)... Então, criei essa *expertise*, de levar a cola com as dicas dos autores para tentar as liberações. Com a minha cola na mão, eu ligava a cobrar para o Rio. Enquanto ficava rolando aquela mensagem da telefonista, da ligação a cobrar, eu fingia que estava falando com a secretária da gravadora e dizia: 'Fulana, chama o Aldir aí que eu estou aqui na Polícia, em Brasília.' E continuava fingindo: 'Olha, Aldir, a música é essa, o problema é com a frase tal... Ah, é? Tem certeza? É isso mesmo? Tá bom então. Vou passar a sua alteração para o censor, que está aqui ao meu lado. Vou ver se eles aceitam a sua sugestão.'

"Depois, eu fingia que escrevia na minha cola e passava as mudanças para os censores. Quase sempre eles liberavam a letra. Só que eu ainda precisava esperar mais dois ou três censores liberarem também, já que era um conjunto de censores que avaliava as letras. Aí, eu esperava eles colocarem as letras no malote. Ficava lá aguardando. Depois, trazia as letras liberadas para o Rio."

Apesar das dificuldades impostas pelo trabalho, Genilson admite ter boas recordações daqueles tempos, especialmente da turma de censores que conheceu no Rio de Janeiro: "Tenho boas lembranças do futebol, das festas, dos convites que eles me davam. As casas noturnas, teatros, os bailes de carnaval, que me interessavam muito, precisavam mandar dez ou vinte convites para os censores para que eles liberassem os eventos. Assim, eu pedia alguns ingressos para o evento que quisesse e eles me davam. Curti muito carnaval com esses ingressos. Depois do futebol, sempre rolava um chope ali na Praça Mauá. Eles fechavam um barzinho que tinha ali. Era uma turma de oito a dez censores e eles mesmos comentavam, entre nós, que achavam a censura uma babaquice. Depois do chope, a gente ia para as boates porque eles tinham que liberar os *scripts* dos shows. Insistiam que eu fosse com eles. Um dos censores, que ficou muito meu amigo, tinha um Puma, onde só cabiam ele e o carona. E nós íamos no Puma dele para o Beco das Garrafas, para aquelas boates de putas, onde ele ia liberar o show, que tinha música, danças e aquela putaria de casais, com todo mundo nu. Eu era jovem e solteiro na época e a gente ficava lá até uma hora da manhã. Talvez eles levassem alguma grana nessas duras, mas isso não posso afirmar. No dia seguinte, eu chegava na Censura e a gente comentava sobre a noite anterior. Em seguida, eu apresentava uma letra para eles e mandava aquele papo: 'Olha essa letra aqui, isso não tem nada demais... Libera aí.' Eles respondiam: 'Porra, Genilson, tu é chato pra caralho, hein!', mas acabavam liberando."

Quando Genilson diz que talvez os censores levassem alguma grana durante a fiscalização das casas noturnas, é a hora de perguntar se ele alguma vez precisou usar dinheiro para conseguir a liberação das letras de música. "Da minha parte, nunca teve grana" ele garante. "Mas rolava suborno da forma que te falei... Eles eram subornados com LPs, com um almoço... Eu tinha uma verba mensal na RCA para, às vezes, quando a coisa estava pesada, levar os censores para a churrascaria Estrela do Sul, que havia sido inaugurada naquela época, em Botafogo. Essa verba era exclusiva para pagar os almoços com os censores. Não para liberar as obras oficialmente, porque a gente não podia ter certeza de que elas seriam liberadas, mas era para fazer uma boa política com eles. Eu levava dois, três, quatro censores, a gente tomava vinho pra cacete, comia muito e eu pagava aquela conta cara. Mas a gravadora tinha muita grana nessa época, e essa grana entrava no orçamento."

Segundo o depoimento de Genilson Barbosa, está, portanto, confirmada a suspeita de que subornos aconteciam em troca de liberações de letras de música. Talvez não com dinheiro, mas certamente com LPs, almoços caros em churrascarias e sabe-se lá o que mais. O fato de uma gravadora possuir verba destinada exclusivamente aos pagamentos dos almoços e uma cota de discos reservados como presentes para os censores não deixa muito espaço para dúvidas. Assim, fica configurada a prática de suborno entre os censores da Polícia Federal durante a ditadura.

De qualquer maneira, a verdade é que, independente dos meios utilizados, Genilson estava prestando um serviço valioso para a cultura nacional. Inclusive, após conseguir as liberações, o funcionário da RCA voltava para a sede da gravadora como um verdadeiro herói. Mesmo sem vangloriar-se de seus feitos, ele se lembra bem daqueles momentos de triunfo: "Tinham essas coisas... Algumas pessoas me aplaudiam quando eu chegava na gravadora com as letras liberadas. O Aldir Blanc me agradeceu até os seus últimos dias, dizia que eu liberei várias músicas, como 'O Mestre-sala dos Mares', por exemplo."

Impossível calcular quantas músicas de artistas da RCA poderiam ter sido perdidas ou esquecidas para sempre se aquele faz-tudo da gravadora não estivesse empenhado em liberá-las. É justamente pelos bons resultados obtidos através de seu trabalho como um infiltrado entre os censores que gente como Rildo Hora refere-se a Genilson Barbosa como "um verdadeiro herói nacional".

DA BOSSA NOVA À CANÇÃO DE PROTESTO

(CARLOS LYRA)

Nascido no Rio de Janeiro, em 1933, Carlos Lyra foi um dos principais nomes da Bossa Nova. Ele fazia parte da ala jovem do movimento musical que transformou a música brasileira e ganhou o mundo a partir do fim da década de 1950. São de sua coautoria alguns dos clássicos fundadores do gênero, como "Coisa Mais Linda", "Minha Namorada", "Lobo Bobo" e "Saudade Fez um Samba".

Seu primeiro álbum, lançado em 1959, ganhou o título de *Bossa Nova* e, naquele tempo, pode-se dizer que a obra de Carlos Lyra tinha seu foco voltado mais para a forma do que para o conteúdo. Mas isso mudou a partir dos primeiros anos da década seguinte, quando ele começou a trabalhar no Teatro de Arena, em São Paulo, com Augusto Boal, Gianfrancesco Guarnieri e Vianinha. As conversas com aquele pessoal do teatro fizeram a cabeça do compositor, que logo começou a ler Karl Marx e entrou para o Partido Comunista. Em 1961, ele fundou, ao lado de Vianinha, do poeta Ferreira Gullar e do cineasta Leon Hirszman, entre outros, o Centro Popular de Cultura (CPC) da União Nacional dos Estudantes (UNE). Estava se consolidando uma transformação nos pensamentos e na música de Carlos Lyra. Foi ali que entrou em contato com a obra de compositores populares como Zé Kéti, Cartola, Nelson Cavaquinho e João do Vale.

Em fevereiro de 2019, aos 85 anos, ele reafirma sua admiração pela obra de Marx: "Não sou mais filiado a partido algum, mas continuo sendo marxista. As ideias de Marx são fantásticas, mas nunca foram aplicadas como esse filósofo havia pensado. Ele dizia que só os países com um capitalismo forte desenvolvido poderiam se tornar socialistas, que as maçãs precisam amadurecer no pé antes de serem colhidas. O que se viu em todas as tentativas de se aplicar o marxismo foi a maçã sendo colhida ainda verde e apodrecida sem ser comida. Os países que adotaram o marxismo não tinham um capitalismo solidificado. O que aconteceu foi um projeto de poder político, fazendo mudanças à força e, muitas vezes, trocando o domínio aristocrata por uma ditadura onde o povo permanecia pobre enquanto os políticos viviam na riqueza. Mais ou menos igual ao Brasil de hoje."

Mas, voltando ao início da década de 1960, a música de Carlos Lyra começava a se transformar. A estética bossa-novista de "amor, sorriso e flor" foi engolida pelo engajamento em torno de questões sociais e políticas e, aos poucos, o compositor se tornaria um dos precursores e mestres da canção brasileira de protesto. Em 1963, ele gravou a "Canção do Subdesenvolvido" (parceria com Chico de Assis), no disco *O Povo Canta*, lançado pelo CPC da UNE. A letra dizia, entre outras coisas, que o povo brasileiro tem uma "Personalidade sem igual / Porém... Subdesenvolvida, subdesenvolvida / E essa é que é a vida nacional".

No ano seguinte, quando a ditadura foi instaurada, a faixa foi proibida e só seria regravada muitas décadas depois, pelo conjunto MPB4. "Ela foi censurada por fazer um escárnio da situação do Brasil, todo seu caminho histórico de exploração e toda subserviência aos países desenvolvidos. Era uma crítica e não se aceitavam críticas. Por ter sido proibida, foi disseminada como um símbolo de resistência. Gravamos o disco na UNE e vendemos muito. Tanto que com o dinheiro arrecadado construímos o Teatro do CPC, na UNE. Quem tinha o disco em casa ouvia escondido e o guardava a sete chaves", ele lembra. O disco foi retirado de circulação assim que os militares tomaram o poder e, por um longo período, foi considerado "material subversivo".

Entre a noite de 31 de março e a manhã de 1º de abril de 1964 (dia do golpe), o recém-construído teatro foi metralhado pelo Movimento Anticomunista (MAC), composto por estudantes da direita radical.

Carlos Lyra recorda o episódio: "Eu estava na sede da UNE, junto com todos os que participavam do CPC e os estudantes. Uma tropa do MAC parou em frente ao prédio e o Vianinha disse: 'É melhor entrarmos antes que comecem a atirar.' Os tiros logo começaram e o Vianinha ficou na porta, de braços abertos, tentando proteger as pessoas. Ficamos todos amontoados dentro do teatro, que tinha uma abertura entre a parede e o teto para circular o ar. Eles atiravam pra cima, as balas passavam por essa abertura, ricocheteavam no teto e caíam dentro do teatro. Quando os tiros cessaram e a tropa foi embora, saí e vi meu carro com um buraco de bala. Fui até a minha casa e, ao retornar, o teatro já estava pegando fogo. Inesquecível!"

Outra canção escrita por Carlos Lyra antes do golpe, ainda em 1963, foi a "Marcha da Quarta-feira de Cinzas", em parceria com Vinicius de Moraes. A música, que começa com os versos "Acabou nosso carnaval / Ninguém ouve cantar canções / Ninguém passa mais brincando feliz", não chegou a ser censurada, mas entrou para o imaginário de muitos brasileiros como a "Canção do Golpe". Isto porque, segundo Lyra, "Todos imaginavam que a letra do Vinicius era uma resposta ao golpe. Na verdade, como disse Ezra Pound, os poetas são a antena da raça. Era uma música de premonição."

Logo nos primeiros momentos do golpe a situação começou a ficar perigosa para o compositor, que naquele tempo era também diretor da Rádio Nacional. A repercussão de suas canções de protesto chamou a atenção dos militares, que o perseguiriam por muitos anos e o levariam a exilar-se nos Estados Unidos logo após o início da ditadura.

Um dia, ao chegar na rádio, viu um militar com uma lista nas mãos. A lista continha os nomes de pessoas que estavam "proibidas de serem executadas", ele afirma. Entre os nomes, estavam os de Tom Jobim e do ator Rodolfo Mayer, além de vários outros. Com isso, Lyra decidiu sair dali. Pediu que um amigo o acompanhasse de volta à rádio para que houvesse uma testemunha caso acontecesse o pior. "Chegando lá, comecei a contestar a lista: 'Tom Jobim não é comunista!', 'Rodolfo Mayer é maçom!' E continuei, um a um. O militar me respondeu que a lista era de pessoas que eram contra o golpe e eu não estava nela. Virei pra ele e disse: 'Então, coloca meu nome aí, porque eu sou contra.' E ele me perguntou: 'O senhor sabe o que está fazendo?' Afirmei que sim e fui embora. Fui imediatamente destituído do cargo na rádio e a partir daquele momento um carro preto passou a ficar parado no meu quarteirão, em frente à minha casa, na Rua Barão da Torre, em Ipanema, por semanas seguidas. Eu sabia que mais dia, menos dia, seria levado. Ao mesmo tempo recebia convites para trabalhos nos Estados Unidos, então, resolvi ir embora antes que sumissem comigo."

Sobre aquela turma da Bossa Nova, ele diz o seguinte: "A maioria do pessoal da Bossa Nova era completamente alienada. Na verdade, não se interessavam por política, só por música. A ponto de Roberto Menescal e Wanda Sá terem ido a um estúdio, no Centro do Rio, no dia 1º de abril, para fazer uma gravação, e não entenderem estar tudo fechado. Nem sabiam do golpe! Vinicius era politizado e João Gilberto também tinha suas ideias, mas não se manifestava. Já o Tom Jobim se dizia da 'direita festiva' e ria. Eu soube pelo Sergio Ricardo que João Gilberto foi quem lhe colocou as ideias marxistas na cabeça. Somente anos após o golpe, quando da Passeata dos Cem Mil, vários outros artistas se posicionaram."

Exilado nos Estados Unidos, o carioca passou a ser muito requisitado por músicos de jazz como Stan Getz, com quem participou do famoso festival de Newport e viajou em turnê por diversas cidades norte-americanas. Em 1965, gravou o disco *The Sound of Ipanema*, em parceria com Paul Winter. No ano seguinte, passando pelo México com a turnê de Stan Getz, resolveu ficar por lá. Na Cidade do México, onde morou por quatro anos, continuou trabalhando muito e passou a escrever também trilhas sonoras para cinema. Mas a saudade do Brasil começou a apertar e, apesar de os militares ainda estarem no poder, ele voltou para o Rio de Janeiro em 1971, já casado com a atriz e modelo norte-americana Kate Lyra.

Naquele mesmo ano, Carlos Lyra lançaria um álbum chamado *...E No Entanto É Preciso Cantar*. O disco trazia uma parceria sua com Chico Buarque, a faixa chamada "Essa Passou", cujo título fazia uma clara referência irônica à censura no regime militar. "Não havia nada a ser censurado na letra", ele explica. "Mesmo que procurassem algo nas entrelinhas, não encontrariam. Então, nós dissemos: 'Essa passou.' Exatamente por isso demos esse título, que não tem nada a ver com a letra. Foi uma brincadeira."

No entanto, várias outras músicas suas não passaram. Uma delas foi "O Morro (Feio Não É Bonito)", parceria com Gianfrancesco Guarnieri. A canção foi censurada por causa do verso "Chora, mas chora rindo, porque é valente e nunca se deixa quebrar" – uma alusão à resistência contra a opressão praticada pelos militares. Carlos Lyra foi até o departamento de censura para negociar a liberação da letra. Chegando lá, ele relata: "O rapaz da censura, com quem fui falar, era o Augusto, ex-zagueiro do Vasco! Ele me disse que esse verso estava peitando os 'hôme'. Eu perguntei se, caso mudasse o verso, ficaria tudo certo e ele acenou positivamente. Então, escrevi: 'Chora, mas chora rindo, porque é covarde e sempre se deixa quebrar'. Aí ele disse: 'Mas o povo não é assim.' E foi nessa conversa que ele acabou liberando o verso como estava anteriormente. Nunca mudei nenhum verso meu porque consegui enrolar os censores, que não tinham cultura nem bom senso. Era fácil driblá-los."

Mas, para o compositor, o mais traumatizante confronto com a censura se daria em 1974. Naquele ano, seu disco *Herói do Medo* seria completamente censurado pela DCDP. As letras eram propositalmente dúbias e carregadas de protestos contra o regime de exceção. "Eram 10 anos de ditadura e eu tinha muitos sentimentos aprisionados em mim", afirma. "Aquelas letras foram uma catarse. Uma maneira de botar pra fora o que eu estava sentindo." Os seguintes versos fazem parte da faixa-título daquele álbum: "Herói do medo, odeio a mãe / Por ter nascido, e odeio mais a amante / ... / E as mulheres, são para o herói / O passatempo estéril dos covardes". Os censores cismaram especialmente com os versos "Odeio a mãe por ter nascido" e "Passatempo estéril dos covardes". Em sua justificativa para o veto da letra, afirmaram que a mesma foi censurada por ser uma suposta "mensagem patológica" e porque o compositor apresentava "ego psicótico".

MORDAÇA

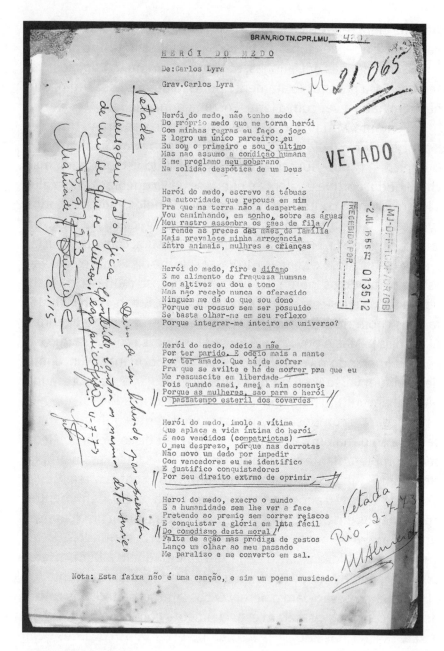

DOCUMENTO

vetando a letra de "Herói do Medo". À esquerda, os motivos do veto aparecem escritos à mão

Como o autor se recusava a fazer qualquer alteração em seus versos, o disco foi proibido. Aquele atentado contra sua obra foi um golpe duro, tanto que optou por um novo exílio nos Estados Unidos a partir daquele mesmo ano. Quando o LP foi lançado, em 75, Carlos Lyra já estava longe do Brasil e não pôde trabalhar na sua divulgação. Resultado: pouca gente escutou o disco. "Não havia qualquer possibilidade de eu mudar uma vírgula", ele diz. "Lancei outro LP e fui novamente para os Estados Unidos, de onde voltei dois anos depois. Eu apenas havia justificado à Censura cada uma das letras, através de uma carta, tirando toda e qualquer conotação política. Acabaram por aceitar minhas considerações, mas eu já não estava mais aqui. Estava me sentindo proibido de trabalhar, acuado e não estava conseguindo colocar essas emoções para fora de maneira produtiva."

A carta em que Lyra tenta (e consegue) convencer os censores de que não havia qualquer conotação política na letra de "Herói do Medo" tem passagens no mínimo curiosas. Segue trecho:

"O poema 'Herói do Medo' conta a história do escritor francês Montherlant, que, durante a ocupação da França pelos alemães, repudiou o nacionalismo que levou à invasão dos estrangeiros; seguindo com a filosofia do personagem, a letra demonstra seu egoísmo, a falta de respeito para com as famílias, culminando com seu completo afastamento da sociedade, para que das sombras de sua solidão responsabilizasse toda a humanidade, inclusive a própria mãe, pelos seus fracassos. Finalmente, quando volta o olhar ao seu passado, se converte em sal, como sucedeu a um personagem da Bíblia que contemplou Sodoma e Gomorra."

A história de Montherlant é verdadeira. No entanto, ela obviamente foi contada com o intuito de ludibriar os censores. No final da carta, o autor completa com a seguinte afirmação: "Rejeito, por minha própria filosofia pessoal, toda obra de cunho panfletário ou de contestação política."

Em seu segundo autoexílio, Carlos Lyra foi morar em Los Angeles e passou a estudar astrologia e a se interessar pela Terapia do Grito Primal, criada pelo Dr. Arthur Janov, que ensinava a colocar para fora tudo o que incomodava para se livrar do rancor e da dor que aquilo causava. "Fui atrás do Dr. Janov. Coincidentemente, quem fazia a mesma terapia grupal era o John Lennon, que me disse: 'Isto salvou minha vida!' Com esse testemunho, fiquei por lá até receber alta", ele conta.

A história de Carlos Lyra é um exemplo contundente de como a censura pode prejudicar de maneira decisiva a trajetória de um artista. Todo aquele tempo acumulado longe do Brasil, sem poder trabalhar sua carreira durante os tempos de censura, modificou muito, em termos de sucesso, o rumo do que era uma carreira ascendente no meio musical brasileiro. Ele demoraria 20 anos para fazer um novo disco autoral. Quando retornou ao Brasil, em 76, "Vinicius já estava num casamento com Toquinho e fizemos apenas a música 'Pode Ir'", ele lembra. "Demorou até que eu encontrasse o Paulo César Pinheiro e me estimulasse a compor novamente. Mesmo assim, não gravei. Não tinha mais gravadora. Vivia, um pouco, num exílio artístico. Apresentava algumas músicas novas em shows, mas o público só queria ouvir e cantar meus clássicos. Foi difícil. Só fui gravar um disco de inéditas em 1994, chamado *Carioca de Algema*."

Atualmente, assim como tantos outros compositores que viveram aqueles sinistros anos de opressão e censura durante o regime militar, Carlos Lyra anda preocupado com o rumo da política nacional: "Estamos vivendo um momento muito delicado politicamente. Vivemos alguns anos iludidos pela esperança de uma pátria limpa, desenvolvimentista e com igualdade social. Muitas coisas foram feitas nesse sentido até que se abriu a caixa de Pandora. A população, revoltada, sendo a maioria completamente despolitizada, correu para o outro extremo. Agora, precisamos aguardar. Não acredito que voltemos a viver os tempos absurdos do AI-5, mas devemos ficar atentos para coibir cada ato, um a um, com discernimento, para que o país não tenha retrocessos desastrosos em nossos direitos adquiridos. Precisamos estar atentos à Amazônia, à preservação do meio ambiente e aos nossos índios, por exemplo, porque qualquer passo para trás pode acabar com a possibilidade de um futuro sustentável."

PREVISÃO DO TEMPO: INSTÁVEL
(MARCOS VALLE)

1971. Estamos nos Anos de Chumbo do governo Médici e a Era dos grandes Festivais de música brasileira, que se popularizaram a partir da segunda metade da década de 1960, está em franca decadência. Desestimulados pela constante perseguição da Censura Federal às suas obras, os principais compositores do país resolvem assinar um manifesto contra a Censura e, ao mesmo tempo, decidem abandonar o VI Festival Internacional da Canção. Entre as cerca de 40 assinaturas, está a de Marcos Valle, que seria preso, dias depois, justamente por firmar seu nome naquele manifesto.

Como grande parte dos compositores de maior destaque já não queria mais participar dos festivais, os organizadores do FIC – entre eles o seu criador, Augusto Marzagão – combinaram que qualquer música inscrita por aqueles 40 compositores estaria automaticamente classificada para a fase final e não precisaria passar pela etapa de eliminatórias. Por isso, Marcos Valle não havia sequer composto a sua música quando surgiu a história do manifesto. "Lembro que estava na minha casa, com o Chico Buarque e o Guttemberg Guarabyra, e eles vieram com a ideia, me mostraram o manifesto dizendo qual era o objetivo: uma coisa contra a Censura", conta Marcos Valle. "Então, eu fui um dos primeiros a assinar. O manifesto, acho que foi o Guttemberg quem escreveu, dizia que nós agradecíamos muito a indicação dos críticos de todo o Brasil que haviam nos apontado entre os melhores compositores, mas que nos recusávamos a participar do festival justamente por causa da censura que vínhamos sofrendo há anos e que por isso sairíamos do Festival."

Alguns dias depois, Marcos Valle estava na casa onde morava com seus pais, no Leblon, quando um camburão surge na rua e estaciona em frente à sua casa. Os policiais batem à porta, a empregada doméstica atende e vai correndo buscar o compositor. "Ela veio me dizer: 'Seu Marcos, corre que estão te chamando ali na porta, depressa!'", ele recorda. "Quando cheguei lá fora, os caras disseram: 'Você está preso por conta da sua assinatura nesse manifesto aqui (e mostraram o papel). Troca a roupa e vamos embora.' Quem já estava dentro do camburão era o Augusto Marzagão. Quando entrei, ele disse: 'Rapaz, isso vai dar uma confusão do cacete!'"

No caminho até o Dops (Departamento de Ordem Política e Social), o camburão parou ali perto, na Gávea, para recolher o compositor Egberto Gismonti, que também era um dos signatários do manifesto. Em seguida, foram até a casa de shows Canecão, em Botafogo, onde Chico Buarque estava ensaiando, passando o som de seu novo show, *Construção*. Chico também foi colocado no compartimento traseiro do camburão. "Eles queriam pegar todo mundo que tinha assinado o manifesto", afirma Marcos. "E nós quatro fomos levados porque eles não conseguiram prender mais ninguém. Chegando lá no Dops, no Centro do Rio, nos colocaram numa sala e disseram: 'Vocês estão detidos e não podem sair daqui.' Ficamos ali por duas horas, esperando. O Chico tentou fumar um cigarro e não deixaram. Eles disseram: 'Vocês estão presos e não têm direito a nada.' Quando ficamos sozinhos na sala, o Chico disse assim: 'Só quero avisar o seguinte: eu não falo com militar.' E o Egberto: 'Nem eu.' Aí, eu disse: 'E agora, como vamos fazer? Vou ter que dizer alguma coisa, porque senão vai complicar ainda mais a situação.' Então, chegou um general, não lembro o nome dele, e começou a dizer que estávamos detidos. Nisso, o Chico olhou para um lado, o Egberto olhou para o outro e eu vi que realmente teria que falar.

Perguntei qual era o motivo da nossa detenção e o general respondeu: 'É por causa desse manifesto aqui, que é contra o governo. Vocês ficarão presos até todos os outros compositores aparecerem.' Ali, eu pensei: 'Fodeu! O que é que eu faço?' E comecei a conversar com ele."

A seguir, uma versão resumida do diálogo entre Marcos Valle e o general, no Dops, conforme depoimento do compositor:

– Tem duas coisas que quero lhe explicar. Primeiro, esse manifesto não é contra o governo, é contra a Censura – disse Marcos.

– Mas a Censura é o governo – devolveu o general.

– Mas um governo pode ter vários tipos de censura... Não tem nada neste documento que diga que estamos acusando o governo. Nós estamos acusando a Censura. Além disso, o senhor não vai poder nos deter aqui até que apareçam os 40 compositores que assinaram o manifesto.

– Posso sim. Nós vamos telefonar para todos eles.

– Mas isso não existe! Ninguém sabe os números de telefone deles, cada um mora num lugar, tem gente viajando, fora da cidade... O senhor não pode fazer isso.

– Então, vamos fazer o seguinte: vocês têm uma semana para reunir todos os 40 compositores. Se não conseguirem, eu vou prender todo mundo – encerrou o militar.

O general marcou uma data para que todos se entregassem e liberou os quatro detidos. No total, eles ficaram presos por cerca de quatro horas: duas esperando e duas dialogando. Quando saíram do Dops, a primeira coisa que veio à cabeça de Marcos Valle foi avisar aos outros compositores envolvidos. Portanto, começou a telefonar para os colegas e explicar a situação. "Foi aquele auê. Todo mundo com medo, perguntando o que estava rolando. Acho que o Tom Jobim estava em Petrópolis. Foi uma confusão do cacete mesmo! Mas, no fim das contas, conseguimos reunir todo mundo e quem tomou a frente naquele momento foi o Ruy Guerra, que era um cara que queria botar para quebrar contra os militares."

O cineasta, poeta e letrista Ruy Guerra reuniu os compositores com a intenção de se apresentarem todos juntos ao general, logo em seguida. No entanto, no decorrer daquela reunião acalorada, após muita discussão, aconteceu um inesperado desvio de rota. Guerra mudou de ideia e, segundo Marcos Valle, disse: "Não vamos nesse troço, não. Esses caras são uns filhos da puta! Vamos tomar uma cerveja ali no Zeppelin." E assim, aquele grupo de cerca de 40 compositores, muitos dos quais são hoje considerados lendas da música popular brasileira, sentaram-se e começaram a beber no Zeppelin, um bar que ficava na Rua Visconde de Pirajá, em Ipanema, e que na época era um famoso reduto de artistas e intelectuais cariocas.

"A gente estava ali no bar, bebendo e conversando quando, de repente, entra a Marieta Severo, que era a mulher do Chico, com a filha no braço, e diz: 'Chico, pelo amor de Deus! Nós estamos sendo ameaçados lá em casa! Vocês têm que ir para o Dops, senão vamos receber muitas represálias.' Naquele momento, pagamos a conta e fomos todos até lá: Edu Lobo, Paulinho da Viola, Milton Nascimento, Vinicius de Moraes, eu, meu irmão, Capinam, um monte de gente... Foi aí que o pau quebrou. Na verdade, o que eles queriam era que nós voltássemos para o Festival, para mostrarmos que não havia problema com o governo. A gente avisou que ninguém voltaria, de jeito nenhum. Eles queriam ainda que assinássemos um documento dizendo que não tínhamos nada contra o governo e nós nos recusamos a assinar. O pessoal reiterou o que eu havia dito antes, que aquele manifesto era contra a Censura. Uns e outros, mais exaltados, disseram que era contra o governo, sim. E eu disse ao general: 'Olha, cada um aqui vai ter a sua própria ideia, mas o senhor não pode prender a gente por isso.' E fomos debatendo, dialogando, até que, finalmente, o general deve ter pensado: 'Como é que eu vou sumir com 40 compositores?' No fim das contas, ninguém assinou porra nenhuma, ficou por isso mesmo. Saímos de lá e foi dissolvida a possibilidade de participarmos do Festival."

O episódio do FIC de 1971 e do manifesto ficou para trás, mas as lembranças daqueles dias de tensão, truculência e prisão, aliadas aos vários anos de censura à sua obra deixariam marcas profundas no cantor e compositor. Abalado psicologicamente, ele enfrentaria problemas para se apresentar ao vivo e acabaria indo embora do Brasil, alguns anos depois. "Quando aconteceu essa prisão, para mim foi a gota d'água. Eu ainda continuei no Brasil até 74 ou 75, mas fiquei cada vez mais abalado. A voz não saía. Não digo nem a voz cantada, mas a voz falada mesmo. Ficava uma coisa para dentro. E eu comecei a me sentir tão mal com aquilo que resolvi parar de me apresentar em público. Então, gravei meus discos e realmente chegou um ponto em que decidi sair do Brasil. Eu não tinha a mínima ideia de quanto tempo ficaria lá fora, mas precisava ir embora. Fui para os Estados Unidos, sem data para voltar." Marcos só voltaria a se apresentar normalmente em público depois de seu retorno ao Brasil, no início dos anos 80.

Nascido no Rio, em 1943, Marcos Kostenbader Valle lançou seu primeiro disco, *Samba Demais*, em 1963. No ano seguinte, sua música "Samba de Verão" estourou nos Estados Unidos e ganharia mais de 80 versões de diferentes intérpretes ao longo dos anos. A música era mais uma parceria de Marcos com seu irmão e eterno parceiro, Paulo Sérgio Valle. "Basicamente, eu fazia as músicas e o Paulo Sérgio, as letras. O que não quer dizer que não houvesse pitacos de lado a lado", ele explica.

Os parceiros começaram a enfrentar problemas com a Censura em 1968, ainda antes do AI-5, quando foi lançado o disco *Viola Enluarada*. A faixa-título trazia uma das primeiras letras da dupla com cunho claramente político-social, e tinha versos como: "A mão que toca um violão / Se for preciso faz a guerra / Mata o mundo, fere a terra / A voz que canta uma canção". Com participação de Milton Nascimento, a faixa teve sua execução nas rádios proibida por um ano após o lançamento.

Em 1971, mesmo ano em que foi preso por causa do manifesto, Marcos Valle lança o álbum *Garra*, que teria outras duas músicas censuradas. A faixa de abertura, "Jesus Meu Rei", segundo o compositor, antes se chamava "Pobre do Rei", e era de fato uma crítica endereçada ao presidente Médici. Os censores captaram a mensagem e vetaram imediatamente a canção. Ela só foi liberada depois de ter o título e alguns trechos da letra alterados. Seguem alguns dos versos da versão final, que entrou no álbum: "Jesus meu rei / Lê os jornais / Pedem que faça e Ele faz / ... / Sabe Jesus, tudo mudou / E Ele tem que mudar". Estas alterações fizeram com que a letra parecesse uma mera exaltação a Jesus Cristo. Porém, a crítica ainda está ali, exposta aos olhos e ouvidos mais atentos.

A outra faixa proibida de *Garra* foi "Black Is Beautiful", uma exaltação à raça negra e uma homenagem ao movimento negro brasileiro, que ganhava força naquele período. No entanto, durante a ditadura, os militares barravam qualquer manifestação de cunho racial. Até porque, eles defendiam e difundiam a falácia da "democracia racial" no Brasil. E alguns versos da letra, como: "Eu quero uma dama de cor / Uma deusa do Congo ou daqui / Que melhore o meu sangue europeu", passavam dos limites, na visão dos censores.

Segundo o compositor, "A letra não era política, mas eles achavam que toda manifestação de comportamento ou que falasse de algum preconceito era, no fundo, uma coisa política. Então, censuraram a música e nós fomos até lá conversar com os censores, que disseram: 'Vocês estão trazendo um problema racial que não existe no Brasil.' E nós explicamos que não era nada disso e que, como naquele momento estava surgindo o movimento negro, que estava recuperando suas características, a gente queria fazer uma homenagem. E eles responderam: 'Mas tem um verso aqui que mostra tudo: 'Que melhore o meu sangue europeu.' Vocês estão dizendo que o sangue negro é melhor que o sangue europeu!' Para tentar acabar com o problema, nós dissemos que aquilo era uma linguagem poética. Mesmo assim eles não engoliram. Como vimos que esse era o ponto que poderíamos alterar para que o resto da letra fosse liberada, dissemos que iríamos mudar aquele verso. Tivemos que mudá-lo para: "Que se integre ao meu sangue europeu." Só assim a música passou.

A capa e a contracapa de *Previsão do Tempo*, cultuado disco de Marcos Valle, lançado em 1973, ilustra bem a angústia vi-

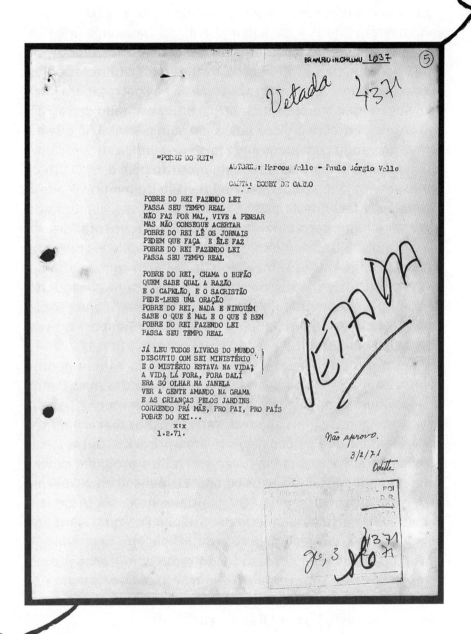

DOCUMENTO DA DCDP

vetando a letra de "Pobre do Rei", antes das modificações

vida pelo compositor naquela época de repressão. Os irmãos Valle tiveram juntos a ideia de mostrar, na capa, uma imagem de Marcos sugerindo que ele estivesse sendo torturado por afogamento, uma das formas de tortura mais utilizadas pelos militares durante aqueles tristes anos. Já na contracapa, a imagem sugere que Marcos está morto, como resultado da sessão de tortura. "Embora o disco tenha um suingue total, já que eu estava gravando com meus amigos do Azimuth, as letras caminham realmente para esse lado do protesto", ele diz. "O título, por exemplo, já era isso: qual é a previsão do tempo? O que é que vai acontecer neste país? E, em função disso, começamos a pensar em que capa faríamos. A ideia foi exatamente trazer a temática das letras do disco. Eu gosto muito dele exatamente por isso, por juntar esse meu lado do balanço com a coisa do protesto. Inclusive, o disco está sendo relançado e estou até pensando em remontar um show em torno dele. Só que, se ele saísse hoje, o título teria que ser: *Previsão do Tempo: Instável*, por tudo o que estamos vivendo atualmente no Brasil."

Apesar das referências à tortura, a capa não enfrentou problemas com a DCDP. Já a faixa "Mentira", uma das mais famosas do álbum, sim. Segundo o compositor, a letra original era mais abrangente e mais objetiva. Vários trechos precisaram ser cortados para que se conseguisse a autorização. Outra faixa, "Samba Fatal", teve sua execução nas rádios proibida, provavelmente por causa de versos como: "Ele pensou entre morrer de medo / Ou salvar o pelo / Ou guardar segredo / Ou cortar o cabelo". Por outro lado, a letra de "Tira a Mão", que os irmãos achavam que seria vetada, já que o "tira" da letra se referia aos tiras da polícia, acabou passando, mesmo com trechos como este: "Mas tira a sua presença / Se manda de vez / Vou falar francamente / Não vou com você / Tira-se, retira-se, tira daqui / Não entendo essa língua / Não entendo não".

Previsão do Tempo trazia ainda a faixa "Flamengo até Morrer", cuja letra também fazia críticas à ditadura, porém mais sutis. O sarcasmo dos versos, segundo Marcos Valle, era melhor compreendido durante suas apresentações ao vivo. Mas, escutando a versão do disco, muita gente não entendeu a mensagem. Alguns, inclusive, classificaram a letra como "adesista", "patrioteira" ou uma suposta exaltação ao regime militar. Este foi o caso do autor Paulo Cesar de Araújo, em seu excelente e essencial livro *Eu Não Sou Cachorro, Não*, lançado em 2002. "Fiquei muito surpreso quando ele escreveu aquilo, porque é lógico que é uma letra sutil, que precisa ser analisada com cuidado", afirma Marcos. "Quando eu cantava essa música, exagerava na interpretação. Então, ao vivo, a intenção da letra ficava mais clara. Quando a gente cantava: 'Rogério na direita / Paulinho na esquerda / Dario no comando / E Fio na reserva / E o resto a gente sabe mas não diz', estávamos falando do Exército. E nós achávamos que a coisa estava absolutamente clara, que as pessoas perceberiam facilmente. Mas, quando o Paulo Cesar de Araújo escreveu aquilo, eu disse: 'Meu Deus do céu, ele entendeu exatamente o contrário...' Tenho certeza que não foi por má vontade, mas ele interpretou aquilo ao pé da letra e eu fiquei muito chateado, claro."

Curiosamente, algumas das canções de protesto mais contundentes da parceria dos irmãos Valle passaram sem problemas pela censura. Foi o caso de "Terra de Ninguém", "Gente" e "Réquiem". No entanto, quando alguma música da dupla era vetada, os dois irmãos iam sozinhos, sem advogados ou pessoal da gravadora, até a sede da DCDP, no Catete, para que a conversa com os censores ficasse mais leve e não se parecesse com um embate entre autoridades. "Muitas vezes eles censuravam as letras lendo", conta Marcos. "Depois, começaram a ficar mais malandros e passaram a querer ouvir as gravações, já que, às vezes, a gente adicionava coisas ou dava uma ênfase maior em algum verso na hora de gravar. Normalmente, eram dois caras com quem falávamos. Sempre esses dois, mas não me lembro dos nomes deles. Para falar a verdade, para nossa sorte, eles não eram muito inteligentes. Por isso, a gente conseguia inverter, mudar a coisa a nosso favor, convencendo-os de alguma maneira, no papo."

MORDAÇA

Para concluir, Marcos Valle nos conta sobre o ambiente na classe artística que ele vivenciou tão de perto durante aqueles anos de ditadura militar e censura e finaliza com um comentário sobre o cenário político atual do Brasil, em 2018 (ano em que concedeu entrevista para este *Mordaça*):

"Quando eu comecei na música, durante a Bossa Nova, não havia ditadura. Era um tempo de Juscelino, de otimismo no país, tudo estava dando certo. Havia o Cinema Novo, o teatro, todo mundo estava brilhando. Mas tudo mudou com o golpe de 1964. Lancei meu primeiro disco em 63. Quando veio o segundo, em 64, começamos a mudar alguns temas de letras. Não é que houvesse uma cobrança de outras pessoas ou de outros artistas. Havia uma cobrança de nós mesmos, porque sofremos um impacto forte naquele momento do país. Eu pensava muito em música, melodias, ritmos e harmonias. Mas, quando percebemos a importância que nós realmente teríamos que ter para o país quando veio o golpe, que achávamos que seria uma coisa que duraria pouco tempo, mas não acabava nunca, a gente começou a fazer umas reuniões, entre vários tipos de artistas, de música, cinema, teatro, todo mundo. E os mais politizados, não é que eles cobravam alguma coisa, mas eles nos botavam a par da importância de tudo o que estava acontecendo. Aí, nós realmente começamos a fazer algumas músicas com esse tema também, como 'Gente', 'Terra de Ninguém' e outras. Nenhum de nós, que vivemos a ditadura, poderia desejar e nem imaginar que ela pudesse nos assombrar de novo. Acho que vivemos uma outra época, diferente, mas não é como um golpe militar, em que o Congresso Nacional foi fechado. De qualquer maneira, é um momento muito apavorante com essa possibilidade da volta de um autoritarismo. É um problema, uma situação perigosa. E é óbvio que eu sempre estarei contra qualquer ditadura ou a possibilidade de censura. Inclusive, por conta desse nosso momento político complicado, estou gravando um novo disco em que as letras voltaram a ser muito de porrada."

ETERNAMENTE GRÁVIDA
(JOYCE MORENO)

Joyce Silveira Moreno tinha apenas 16 anos em 1964. Estudante do Colégio São Paulo, em Ipanema, e moradora do Posto Seis, em Copacabana, ela se diferenciava um pouco da turma dourada pós-Bossa Nova da Zona Sul carioca. Não por renegar a geração que anos antes havia eternizado a música brasileira mundo afora, mas por não ter uma vida tão abonada quanto seus colegas de praia e escola. Filha do que na época se chamava, de forma pejorativa, "mãe solteira", já que Dona Zemir criou sozinha os seus três filhos, desde cedo Joyce compreendeu que seu padrão de vida era diferente do resto de sua turma.

"Minha mãe tinha um trabalho no Ministério da Fazenda, que conseguiu por uma indicação. Depois, fez concursos e cresceu ali dentro. No fim, se aposentou muito bem. Os dois ex-maridos a deixaram na mão, mas ela batalhou muito para nos dar o melhor possível, tanto que meus dois irmãos estudaram no Santo Inácio, um dos melhores colégios do Rio de Janeiro. Eu não tenho certeza, mas acho que eu era bolsista, porque ela conhecia as freiras do meu colégio, que iam receber na pagadoria do Ministério", lembra Joyce. "A vida era pobre, de classe média baixa mesmo, mas rica em bens culturais, já que ela tinha uma coisa forte de dar cultura para a gente."

A mãe e os três filhos moravam em um pequeno apartamento de setenta metros quadrados, em um edifício de oito apartamentos por andar. Conservadora em um bairro de natureza conservadora – a Princesinha do Mar ainda mantém esta característica –

MORDAÇA

Dona Zemir até achou bom quando houve o golpe de 1964. "Ela, os vizinhos e a torcida do Flamengo", lembra Joyce. Longe de ser um pensamento apenas da elite, os muitos funcionários públicos do bairro, herança do período em que o Rio era a capital federal – até quatro anos antes – comungavam do medo das reformas propostas por João Goulart. Temiam que uma família de camponeses surgisse do nada para dividir seus apartamentos e que o Brasil se transformasse na Rússia de 1917.

"Eles tinham esses medos. Lembro que, no dia do golpe, os vizinhos acenderam velas em apoio aos militares e as famílias brindavam com vinho do porto. Engraçado como o Brasil não muda mesmo. Eram pessoas de classe média, bem média mesmo, em prédios grandes, simples, com muitos apartamentos. Apesar de viverem em Copacabana, era muito barnabé, funcionários públicos que ganhavam 'aquele ordenadozinho, aquele certinho todo o mês', como dizia o Tom Jobim."

Na flor de seus 16 anos, Joyce não estava nem aí para os soldados armados, amados ou não. Estava era ouvindo seus LPs de Bossa Nova, namorando, preocupada com os estudos e lendo muito. Não tinha o menor tipo de interesse por política. Mas isso mudou em menos de um ano. Um namorado ligado ao CPC (Centro Popular de Cultura) da UNE (União Nacional dos Estudantes) – organização intelectual de esquerda que tinha como objetivo "criar e divulgar uma arte popular revolucionária" –, o ingresso no curso de jornalismo da PUC (Pontifícia Universidade Católica) e o convívio mais intenso com outros artistas transformaram a menina do Colégio São Paulo: "O meio artístico abre a cortina do passado. Faz a gente vislumbrar novos horizontes. Em 1968, quando veio o AI-5, eu já era outra pessoa."

O dia 13 de dezembro de 1968, o da entrada em vigor do Ato Institucional Número 5, durante o governo do General Costa e Silva, é um marco negativo para a classe artística. Foi um dia tão decisivo na história da música popular brasileira, que ele é lembrado por boa parte dos que viriam a sofrer suas consequências. Da mesma forma que quase todos os músicos se lembram do momento exato em que ouviram, pela primeira vez, a voz e o violão de João Gilberto, na gravação de "Chega de Saudade", de Tom Jobim e Vinicius, lançada de 11 de julho de 1958, a data do fatídico AI-5 também não passou em branco. A diferença é que os menos de dois minutos da mítica gravação marcaram profunda e definitivamente a história do nosso cancioneiro, revolucionando nossa forma de compreender a música, abrindo os olhos do mundo para a nossa produção artística, enquanto os quase dez anos de vigência do AI-5 representaram o endurecimento do regime, a cassação dos direitos individuais e as trevas da censura e da perseguição política. Com nossa personagem não foi diferente. Ela lembra muito bem daquele dia de 1968.

"Eu estava na casa do Nelson Motta, esperando ele chegar, porque tínhamos planos de ele produzir o meu segundo disco, *Encontro Marcado*. Nelsinho já havia trabalhado comigo no primeiro, *Joyce*, de 1968. Ele chegou da redação, não sei se do JB ou da *Última Hora*, e veio com as notícias que iriam sair no dia seguinte. E eram as piores possíveis. Ele estava neste mundo jornalístico e eu, voltada para a música, já tinha largado o estágio que fazia no JB. Neste momento, fiquei sabendo que dali pra frente tudo seria diferente."

E foi mesmo. Curiosamente, o disco lançado em 1968, meses antes do AI-5, era mais político do que o disco do ano seguinte. Com pouquíssima interferência da gravadora Philips, Joyce surge no cenário musical brasileiro já se impondo como uma voz feminina ativa, dando à mulher o papel de protagonista em suas letras:

"Isso me marcou logo de cara. Tive a liberdade de fazer o disco que queria. No máximo, me davam uns toques: 'Tem música sua demais; as pessoas vão estranhar esses temas; chama alguns amigos compositores.' E foram bons toques, porque acabei gravando Paulinho da Viola, Caetano Veloso, Marcos Valle e outros. Mas foi um disco revolucionário mesmo por ter uma mulher falando em primeira pessoa. Isso não existia. Eu era uma garota de 19 para 20 anos dizendo 'não dou para essa vida burguesa' e 'se eu quisesse arranjar um marido, não estava com você'. Política, para mim, se dá em vários níveis, e eu sempre fui muito politizada neste sentido da busca da independência feminina. Eu sempre soube o que não queria como mulher. Isso sempre foi claro."

JOYCE MORENO

(Acervo: Museu da Imagem e do Som)

Já o disco seguinte, o que, teoricamente, poderia ter um conteúdo mais politizado, teve um repertório mais diluído do que a cantora queria. "Teve muita interferência do André Midani, presidente da Philips, que queria uma coisa mais comercial. Então o repertório foi muito variado, indo para um lado 'olha como eu sou bonita e gostosa e sei que você me gosta e me quer', tipo uma pré-Frenéticas. E isso não ia dar certo porque eu, nas minhas músicas anteriores, estava negando tudo isso."

Apesar de revolucionária na essência, Joyce nunca gostou das canções de protesto. Para ela, se por um lado foi uma forma de reação à ditadura militar, por outro, a música ficava em segundo plano. "Estava se jogando fora uma coisa riquíssima que vinha acontecendo musicalmente: as amizades, os encontros, em nome de um 'isso não vai ficar assim não!' Tinha muito esse lado. E a gente via pessoas vaiando um Quincy Jones no Festival da Canção, vaiando 'Sabiá' porque preferiam o Vandré. Nunca gostei dessa exacerbação. Depois, o Chico, com toda a sua genialidade, fez obras-primas realmente revolucionárias."

HISTÓRIAS DE MÚSICA E CENSURA EM TEMPOS AUTORITÁRIOS

Curiosamente, Joyce passou pelo período do AI-5 sem grandes problemas com a Censura. Apenas a canção "Please, Garçon", gravada por Luiz Eça e A Sagrada Família, foi vetada. A música, feita de brincadeira para um garçom do bar Sachinha's, numa tarde em que Joyce festejava os 18 anos de seu então namorado Lô Borges, não tinha nada de conspiratória, nem aos olhos do menos inteligente dos censores, a não ser o fato de ter uma letra em inglês. Como o censor presenteado com "Please, Garçon" não sabia patavinas do idioma, achou por bem proibi-la.

"Certamente tinha alguma mensagem sub-reptícia naquelas palavras estranhas...", ironiza, Joyce. A música com letra nunca foi gravada por Joyce, mas uma versão instrumental entrou para a trilha do filme *Roberto Carlos e o Diamante Cor-de-Rosa*. "A censura foi tão absurda que durou pouco tempo. No mesmo ano, o trio Umas e Outras, formado por Regininha, Dorinha Tapajós e Malu Ballona, gravou uma versão para o LP *Poucas e Boas*, produzido pelo Nelson Motta. Eu mesma fiz os arranjos vocais."

Em 1975, Joyce gravou, na Itália, a convite do compositor e produtor Sergio Bardotti, o disco de voz e violão *Passarinho Urbano*. Sem um repertório próprio consistente, no momento, gravou um disco apenas com canções de autores brasileiros censurados. No repertório, "Pesadelo", de Paulo César Pinheiro e Maurício Tapajós; "De Frente pro Crime", de João Bosco e Aldir Blanc; e a "Marcha da Quarta-feira de Cinzas", de Carlos Lyra e Vinicius de Moraes. O disco só saiu no Brasil em 1977, de forma muito discreta, curiosamente sem grandes complicações com a Censura.

Três anos depois do fim do AI-5, em 1981, no disco *Água e Luz*, a faixa "Eternamente Grávida" foi censurada. Dois trechos foram considerados inaceitáveis pela Censura. O primeiro não era nem um trecho, mas uma palavra (grávida), por ser considerada "imoral". O outro era a frase "parir para mim é um prazer". Joyce comparava o parto de uma criança ao parto de uma ideia, de uma canção:

> *É bom viver eternamente grávida*
> *De filhos, de ideias, de sons*
> *Em plena criação no meio de uma festa*

> *Que é sempre essa função de dar à luz*
> *Parir para mim é um prazer*
> *Uma eterna explosão de vida e música*
> *Pipocando de dentro para o mundo*

Para a sorte de Joyce, desde 1979, já estava em atividade o Conselho Superior de Censura, criado em 1968, mas que ficou 11 anos inativo por conta do AI-5. O CSC tinha como missão coibir a ação devastadora da Divisão de Censura de Diversões Públicas (DCDP) acolhendo recursos de muitos artistas, fazendo com que diversas canções escapassem incólumes do esquartejamento que ainda persistia, apesar da agonia do regime. Um desses censores da Censura era o produtor musical, pesquisador e advogado Ricardo Cravo Albin.

"Na época, o Ricardo Cravo Albin, que era do Conselho Superior de Censura, fez um parecer defendendo a canção, dizendo que o parto era um momento grandioso na vida de uma mulher e que, ao contrário do que entenderam os censores, eu estava sendo a favor da família. Ele conseguiu que a música saísse no disco, mas a execução pública foi proibida."

O parecer de Cravo Albin, cuja função como conselheiro era driblar os censores com argumentos dos mais argutos, é uma pérola de convencimento. Eis uns trechinhos:

> *A honestidade das intenções de Joyce, em nenhum momento, constrange consciências nem provoca pudores indisfarçados. Até porque a gravidez que ela apregoa não é apenas de filhos. E se o fosse, já seria ótimo. Mas não, Joyce avança e multiplica sua gravidez. É gravidez 'de filhos, de ideias e de sons' (...).*
>
> *(...) Ora, o ato de parir, de dar à luz, é o ato supremo da criação. Criação em todos os níveis, desde a vida até uma ideia. É o ato de continuidade, o único que justifica a espécie.*
>
> *(...) Ora, ora, como se ousa fazer-se abortar pela censura tão nobre desejo?*

EMI-ODEON
Fonográfica, Industrial e Eletrônica S.A.

Rua Mena Barreto, 151 – CEP 22.271
Caixa Postal 2752
Rio de Janeiro – RJ – Brasil
Telefone: 286-1212
Endereço Telegráfico: Turntable

ETERNAMENTE GRÁVIDA
AUTOR: Joyce
CANTA: JOYCE

É BOM VIVER ETERNAMENTE GRÁVIDA
DE FILHOS, DE IDÉIAS E DE SONS
EM PLENA CRIAÇÃO NO MEIO DE UMA FESTA
QUE É SEMPRE ESTA FUNÇÃO DE DAR A LUZ
PARIR PARA MIM É UM PRAZER
UMA ETERNA EXPLOSÃO DE VIDA E MÚSICA
PIPOCANDO DE DENTRO PARA O MUNDO
HÁ QUEM DIGA QUE DOI, MAS EU, NO FUNDO
ME ENVOLVO E MERGULHO DE CABEÇA
RELAXO E APROVEITO O PRIVILÉGIO
DE SER QUEM GERA A VIDA E O FUTURO
POR MAIS ESCURO QUE ELE NOS PAREÇA.

VETADO

x.x
10.01.81.

Associada ao Grupo EMI.
A liderança internacional em música, eletrônica e entretenimento

DOCUMENTO

vetando a letra de "Eternamente Grávida"

Joyce lembra que neste momento, no início dos anos 1980, já começava um protagonismo feminino na MPB: "As mulheres já começavam a compor coisas como 'vou te caçar na cama sem segredos'. A partir daí foi diminuindo esse poder todo da Censura."

Para Joyce, o absurdo da censura no período do regime militar se reflete nos dias de hoje de forma oposta: "Pensando no que ficou de herança desta época para os dias de hoje, vou dizer algo que pode parecer chocante saindo de mim. Acho que o medo da censura também é uma tremenda censura. Esse medo de agirmos como aqueles censores nos tornou muito permissivos com relação a certos conteúdos de música popular, nos tornamos reféns da pornografia, da violência que vem sendo tão glorificada. Certa vez, estava numa festa de criança e começaram a tocar uma música escrota demais que dizia: 'taca bebida, depois taca a pica e abandona na rua...' ('Surubinha de Leve', de MC Diguinho). Isso toca em festa de criança, o que esperamos para elas no futuro? Você não precisa dizer 'tu és divina e graciosa, estátua majestosa', mas, por outro lado a coisificação da mulher se tornou uma coisa de uma agressividade muito grande. E isso é um efeito deletério, paradoxal da censura."

Esse reflexo dos Anos de Chumbo, para a artista, ainda vai perdurar por algum tempo, oprimindo gerações de criadores, mudando os caminhos naturais da arte: "A gente criou gerações de brasileiros animalizados. Não existe mais o componente espiritual na criação musical. Todos os grandes músicos da atualidade estão no *underground* e ali vão ficar. Nenhum vai chegar ao *mainstream*. E a perspectiva é assustadora. A gente teve um Século XX de ouro e agora estamos em plena marcha da decadência a passos largos. O medo de ser censor faz com que você aceite qualquer coisa. Ou não, né? Proíbem a exposição Queermuseu (Cartografias da Diferença na Arte Brasileira, perseguida por integrantes do Movimento Brasil Livre - MBL com campanhas na internet, no final de 2017), se sentem ofendidos, mas ninguém reclama da festa infantil que toca o funk pornô. A gente vive um momento bem esquizofrênico nesse sentido."

PATRIOTAS OU IDIOTAS?
(NELSON MOTTA)

"Acho muito perigoso saber que, em 2018, há gente pedindo a volta de um regime militar no Brasil. Isso é coisa de quem não conhece o passado, a história. Os meus netos, por exemplo, não acreditam nas histórias que conto sobre aquela época. Eu explico que nos sentíamos vigiados e que, às vezes, víamos um sujeito na rua e suspeitávamos que ele fosse um agente dos militares, sem motivo para isso. Mas os meus netos acham que estou exagerando... Era horrível viver naquele clima de paranoia", diz Nelson Motta, que viveu o período mais pesado da ditadura militar – de 1968 até meados da década de 70 – trabalhando como letrista, produtor musical e teatral e jornalista.

Nascido em São Paulo, em 1944, mas fortemente identificado com o Rio de Janeiro, Nelson Cândido Motta Filho trabalhava no jornal *Última Hora* no dia em que foi decretado o AI-5. Estava na redação do jornal, na Praça da Bandeira (Zona Norte do Rio), ao lado de Samuel Wainer, Luiz Carlos Maciel e Tarso de Castro, entre outros jornalistas, que ficaram perplexos e apavorados com aquela notícia, já que, na verdade, àquela altura eles achavam que a ditadura estava acabando. Mal sabiam que o pesadelo duraria ainda quase duas décadas.

Em 1966, dois anos antes do AI-5, Nelson já começara a obter reconhecimento por suas letras de música. Naquele mesmo ano, foi vencedor do primeiro Festival Internacional da Canção (FIC), com a música "Saveiros", parceria com Dori Caymmi, interpretada por Nana Caymmi. Mais conhecido pelo público brasileiro por seus trabalhos como jornalista, escritor e produtor, Nelson é autor de mais de 300 letras de música, com parceiros como Lulu Santos, Rita Lee, Roberto Menescal e Marcos Valle, para citar apenas os mais famosos. Como aconteceu com grande parte dos compositores de música popular naqueles anos, ele também teve alguns de seus versos interditados pela censura.

No ano de 1971, em parceria com Luiz Carlos Sá – do trio Sá, Rodrix & Guarabyra –, Nelson escreveu a letra de uma música chamada "Boa Viagem", que continha versos como: "Pra quem fica, tudo fica como antes / Dia a dia, noite a noite, passo a passo / E eu não quero nada disso / Quero o mundo, quero ir, boa viagem". Provavelmente, a letra foi interpretada pelos censores como uma alusão ao exílio político, tema quase inevitável naqueles dias, já que muitos brasileiros – entre eles Caetano Veloso e Gilberto Gil – estavam exilados, vivendo longe do Brasil. Ou ainda, a interpretação pode ter sido no sentido de que a palavra "viagem" se referia à morte, aos assassinatos políticos tão comuns naquele período.

Recentemente, com a abertura dos arquivos e a revelação de documentos produzidos pelo aparelho repressivo da ditadura militar, uma carta que Nelson Motta escreveu para a Censura ressurgiu. "Não sei como essa carta apareceu", diz ele. "Eu nem lembrava que a tinha escrito." Segue um trecho da carta, na qual o autor tentava a liberação da música: "Trata-se, óbvia e dignamente, da grande viagem da vida, do salto para o futuro, da vontade de, a cada dia, assumir os riscos maravilhosos de uma vida... Trata-se da viagem que leva para a vida e, mais que isto, no meu entender, é a própria vida. E nunca a 'viagem' que leva para a morte." Porém, em entrevista ao jornal *O Globo*, em 2016, Nelson finalmente admitiu: "É claro que a 'viagem' que eu falava era de ácido lisérgico."

Como a carta não foi suficiente para conseguir a liberação da música, Nelson foi até a sede da Censura para apresentar seus argumentos. Só assim conseguiu a liberação. No mesmo ano, "Boa Viagem" foi lançada em um *single* pelo cantor e ator Eduardo Conde. Mas a experiência de ter seu trabalho proibido pelos militares foi traumática para o autor: "Eu não me arriscava muito nas letras porque não era o meu estilo. Minhas letras eram mais sobre sentimentos, não tinha nada panfletário. Mas, no início dos anos 70, fiquei tão desanimado com a questão da censura que parei completamente de fazer letras. Não queria me aborrecer."

Nelson Motta só voltaria a trabalhar com letras de músicas na segunda metade daquela década. Em 1976, escreveu a letra de uma música composta por Rita Lee e Roberto de Carvalho para as Frenéticas, grupo das garçonetes da Dancin' Days, a discoteca que ele havia inaugurado no Rio. Já vacinado contra os procedimentos da DCDP, Nelson armou uma estratégia para lá de malandra, com o objetivo de burlar a censura.

O refrão da música "Perigosa" tinha os versos "Eu vou fazer você ficar louco / Dentro de mim". Para ludibriar a interpretação dos censores, quando enviou o papel com a letra da canção, ele colocou o verso "Dentro de mim" não como o último, mas como primeiro verso. Ficou assim: "Dentro de mim / Eu sei que eu sou bonita e gostosa". Desta forma, alterou o sentido da letra, que tinha clara conotação sexual e correria grande risco de ser vetada caso fosse enviada em seu formato original. "Isso foi genial", ele conta, rindo. "Foi um drible que eu dei na Censura. Depois, quando escutaram a gravação, os censores ficaram muito putos, mas já era tarde. Em duas semanas a música já estava na boca do povo. Acho que foi a única vez em que usei esse truque, porque era um caso específico da letra, só servia para essa música."

Alguns anos mais tarde, no entanto, outra letra sua que tinha conotação sexual não passou pela peneira da censura, pelo menos inicialmente. Parceria com Lulu Santos, a música "Mais Uma Vez" foi composta para ser lançada no LP *Fullgás*, da cantora Marina, em 1984. Os seguintes versos fazem parte da letra: "Eu desejo o desejo / E quero sempre, sempre mais querer / Ou amor ou tesão". Segundo Nelson: "A música foi censurada por causa da palavra 'tesão'. Fiquei tão puto que pedi que a Marina riscasse a faixa na matriz do LP. Por isso, a agulha pulava várias vezes na hora desse verso."

MORDAÇA

BR DFANBSB NS.CPR.MUI.LMU.1895⁹/p.9

MJ – DEPARTAMENTO DE POLÍCIA FEDERAL
DIVISÃO DE CENSURA DE DIVERSÕES PÚBLICAS
GABINETE DA DIRETORA

DESPACHO Nº 266/83-SO   DCDP/DPF   DATA: 23/12/1983

REFERÊNCIA:

PROTOCOLO Nº 10128/83-DCDP

ASSUNTO:

Pedido de exame de letra musical

INTERESSADO:

Polygram do Brasil Ltda.

DESPACHO:

I - Acolho o pronunciamento do Sr. Chefe do Serviço de Censura, ratificando proposta dos Pareceres Censórios nºs 8166, 8167 e 8168/83, de folhas 04, 06 e 07 deste processado.

II - Em consequência, decido pela não liberação da letra musical "MAIS UMA VEZ" com respaldo no artigo 77 do Regulamento aprovado pelo Decreto nº 20.493/46, considerando o emprego de linguagem imprópria à boa educação do povo.

III - Comunicar ao interessado.

SOLANGE MARIA TEIXEIRA HERNANDES
Diretora da DCDP

DESPACHO ASSINADO

pela diretora da DCDP, Solange Hernandes (Dona Solange), vetando a liberação da letra de "Mais uma Vez"

Mas não foi somente como letrista que Nelson Motta enfrentou problemas com a censura. Em 1969, foi convidado por André Midani para trabalhar como produtor de discos na gravadora Philips, que era a maior do Brasil naquela época e contava com o maior time de estrelas da MPB. Na Philips/PolyGram, Nelson assinou a produção musical de alguns clássicos, como os álbuns *Encontro Marcado* (1969), de Joyce, *Em Pleno Verão* (1970) e *Ela* (1971), ambos de Elis Regina.

"A censura fazia parte do dia a dia da Philips, as notícias circulavam pelos corredores", ele conta. "Lembro que o André Midani era muito valente. Ele comprava as brigas dos artistas, como quando a peça *Calabar*, do Chico, foi proibida. Até por conta disso, tinha gente que dizia que o Midani era agente da CIA... Um absurdo." Os discos produzidos por Nelson na Philips não tiveram grandes problemas com a Censura, mas ele conviveu de perto com outros produtores e artistas da gravadora que sofreram com a proibição de seus trabalhos. "Os artistas meio que já sabiam quando uma música seria censurada. Eles mandavam a letra para a Censura já contando com o veto. Não havia um prazo para que as músicas fossem analisadas pelos censores, por isso, às vezes, ficávamos meses esperando uma resposta. Mas a gente tinha que gravar os discos e tocava o barco... E, por excesso de zelo, comicamente, muitas músicas que não tinham nenhuma mensagem metafórica acabaram sendo proibidas. Por outro lado, parte do público desenvolveu o patético hábito de 'ler nas entrelinhas' de tudo, mesmo daquilo que não tinha nada, em busca de alguma coisa, algum protesto, alguma esperança."

No início dos anos 70, Midani, o presidente da gravadora, deu a Nelson Motta a tarefa de criar as primeiras trilhas sonoras para novelas da TV Globo – uma ideia do próprio Midani, que se revelaria uma mina de dinheiro para a Philips, a Globo, os artistas e o produtor. No entanto, em 1975, a Censura proibiu a primeira versão da telenovela *Roque Santeiro*, escrita por Dias Gomes. Como a novela foi censurada, a trilha sonora produzida por Nelson foi totalmente perdida; acabou proibida junto com a novela.

Contudo, foi como produtor de teatro que Nelson Motta viveu sua melhor (ou pior) experiência com a Censura. O ano era 1971, o auge da repressão, e a peça chamava-se *Apareceu a Margarida*. A protagonista era a atriz Marília Pêra, então esposa de Nelson, e ela interpretava uma professora tirana. Os alunos eram a plateia e, segundo Nelson, a peça era uma metáfora da ditadura e foi proibida quatro vezes antes de estrear.

Em uma das ocasiões em que a peça foi interditada, Nelson foi até a sede da Censura a fim de tentar sua liberação. "Fui falar com um coronel, num departamento da Censura, aqui no Centro do Rio, e ele era um boçal completo. Então, deu para enrolar o cara. Prometi que tiraria um monte de palavrões etc., mas não fazia a menor diferença porque eles não entendiam nada. Na maioria das vezes, os censores eram uns boçais. Tinha uma frase que era muito repetida naquele tempo: 'não se sabe se o censor é um patriota ou um idiota'. E, às vezes, o que acontecia era o seguinte: uma mulher de algum general ia ver uma peça, achava alguma coisa obscena e reclamava com o marido. Aí, mandavam fechar a peça no dia seguinte", ele diz.

Na quarta vez em que a peça foi interditada, Nelson precisou ir a Brasília, acompanhado por um advogado, para falar com o poderoso general Antônio Bandeira, que mandava na Censura. "O Bandeira era um cara atarracado e mal-encarado, intimidante mesmo, que depois chefiou as tropas que combateram a Guerrilha do Araguaia", conta o produtor. "Tanto o coronel do Rio quanto o general Bandeira eram pessoas completamente toscas, que não tinham noção. Nunca deviam ter ido a um teatro na vida. E o problema não era o conteúdo da peça, porque se eles tivessem entendido do que se tratava, teriam proibido a peça de estrear."

Finalmente, depois de conseguir mais uma liberação, começaram os ensaios. Porém, na véspera da estreia, foi necessário fazer um ensaio prévio para os censôres, para que eles avaliassem se suas ordens e alterações seriam respeitadas. Foi aí que Nelson e o autor da peça, o dramaturgo Roberto Athayde, tiveram uma ideia que afinal salvaria o espetáculo. Roberto era filho de Austregésilo de Athayde, então presidente da Academia Brasileira de Letras, e o avô de Nelson, Cândido Motta Filho, também era membro da ABL e havia sido ministro do Supremo Tribunal Federal. Portanto, autor e produtor resolveram pedir a ajuda dos parentes.

"Atendendo ao nosso pedido, eles juntaram dez ou doze velhinhos da ABL na plateia, para constranger os censores, que estavam sentados na primeira fila no dia da estreia. Nós montamos aquela 'conspiração' a nosso favor, e assim eles liberaram a peça pela pressão daqueles acadêmicos, que davam um aval de qualidade literária. Os censores não sabiam do que se tratava a peça e tenho certeza que, se os velhinhos não estivessem lá, a peça não teria sido liberada. Essa foi minha pior e melhor experiência com a Censura", conclui Nelson Motta.

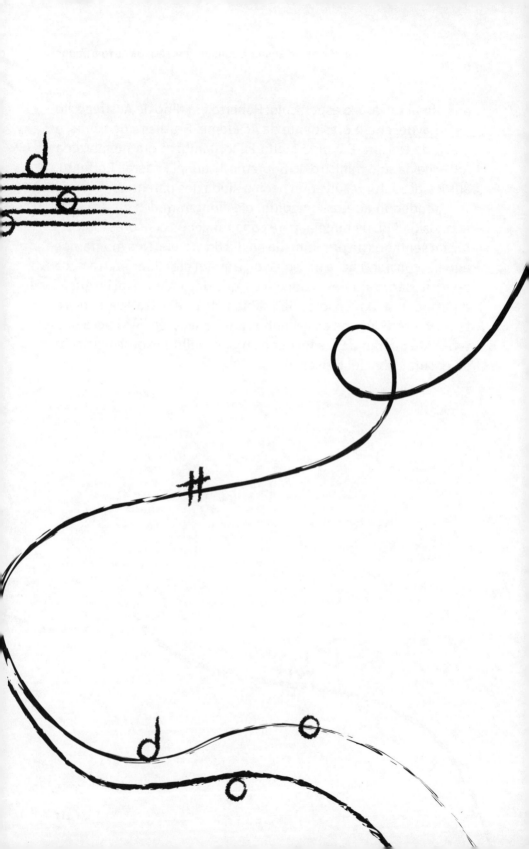

O SABOROSO E APIMENTADO BANQUETE DOS MENDIGOS
(JARDS MACALÉ)

O jornalista e escritor Ivan Junqueira, então diretor do Centro de Informações das Nações Unidas no Rio de Janeiro, subiu ao palco montado para o show *Banquete dos Mendigos*, no segundo andar do Museu de Arte Moderna (MAM), e leu o artigo primeiro da Declaração Universal dos Direitos Humanos: "Todos os seres humanos nascem livres e iguais em dignidade e direitos. São dotados de razão e consciência e devem agir em relação uns aos outros com espírito de fraternidade."

Em seguida, Paulinho da Viola, escolhido por sorteio, sobe ao palco para cantar o samba de partido-alto "No Pagode do Vavá". Neste momento, o medo do sambista era maior que a sua conhecida timidez. Na plateia, com um espírito nada fraternal, agentes infiltrados se dividiam entre as missões de registrar o que acontecia ali e de provocar tumulto. Mas nem eles, nem a produção do show esperavam a quantidade de gente que apareceu no MAM, naquele 10 de dezembro de 1973. Cerca de quatro mil pessoas saíram de casa, em plena segunda-feira, com um apetite enorme para aquele banquete.

O cardápio era saboroso, variado e apimentado pelo momento que vivia o país. No palco, Chico Buarque, Edu Lobo, Gonzaguinha, Raul Seixas, Luiz Melodia, Milton Nascimento, Toninho Horta, Jorge Mautner, Nelson Jacobina, Danilo Caymmi, Johnny Alf, Dominguinhos, Gal Costa e MPB4. Coisa de comer lambendo o prato. E o chef dessa orgia gastronômica e musical era Jards Macalé.

MORDAÇA

O *Banquete dos Mendigos* foi a mais corajosa resposta da classe artística ao período de endurecimento covarde da ditadura militar. Mas esse desafio ao regime, em pleno governo Médici, por incrível que pareça, foi obra do acaso. E da cabeça de Macalé, é claro.

Em um momento em que não se podia falar nada, sequer andar em grupo — pois qualquer evento virava manifestação política —, cerceados pela tesoura da censura e com dificuldades financeiras, os artistas logo perceberam que a união era a ferramenta principal da sobrevivência. Então muitos shows eram realizados em benefício de colegas. Depois de participar de uma apresentação em prol do marido de Clementina de Jesus, Albino Pé Grande, que necessitava de dinheiro para realizar uma cirurgia, Macalé, na fase mais dura de sua vida, resolveu que era hora de fazer um show em benefício próprio:

"Na realidade eu estava duro e puto com a questão dos direitos autorais, não suportava mais a sacanagem que era a política das gravadoras. Então pensei em reunir meus amigos para essa ação política. Tinha dois lados, um mais sério, que era a denúncia dessa relação entre artistas, editoras e gravadoras, e outro que era uma piada, a coisa do autobenefício."

Com uma ideia na cabeça, faltava um lugar para pôr a mesa do banquete. Mais tar-

JARDS MACALÉ
segurando o LP de O Banquete dos Mendigos (Acervo: Museu da Imagem e do Som)

118

de, ele pensaria nos aperitivos musicais. Macalé havia feito no MAM, com bastante repercussão, o show *Sorriso Verão*, em que cantava sentado em um vaso sanitário, vestindo um pijama listrado. Então, resolveu tentar novamente aquele espaço privilegiado para reunir seus mendigos geniais.

Procurou o amigo Cosme Alves Netto, diretor da Cinemateca do Museu, uma figura fundamental para a história do cinema brasileiro e que não corria do pau quando o assunto era enfrentar a ditadura militar. Cosminho, rapidamente, achou uma maneira de viabilizar a ideia de Macalé.

Estava em fase de produção uma celebração dos 25 anos da Declaração dos Direitos Humanos. Haveria uma exposição e um ciclo de debates. A solução encontrada pelo amigo era simples: tentar agregar o show às comemorações.

Cosme apresentou Macalé a Heloísa Lustosa, a diretora do museu, que adorou a ideia. Os dois, Macalé e Heloísa, foram conversar com o espanhol Antonio Muiño, diretor do Centro de Informações das Nações Unidas Para o Brasil (UNIC Rio), que gostou mais ainda. Pronto, a mesa estava posta.

"Neste momento eu percebi que o show em autobenefício já não importava mais e que o que seria um protesto contra os direitos autorais virou uma coisa muito maior. A gente teria uma chance de falar de direitos humanos em plena ditadura militar. Eu, que não tinha nada a ver com a comemoração da ONU, virei um grande líder", lembra Macalé.

O grande líder, então, chamou seu fiel escudeiro, o artista plástico e compositor Xico Chaves, para dividir as tarefas de produção do show. Missão essa facilitada pela ONU, que cedeu uma limusine para a dupla: "Do ponto de vista de uma limusine, o mundo é outro. Então ficamos passeando pelo Aterro naquele carrão, com bandeirinhas do Brasil e da ONU, usando o telefone do carro para marcar uma reunião com os artistas na casa do Chico Buarque, na Lagoa. Quando a rapaziada percebeu que o show era uma boa possibilidade de nos expressarmos, de termos visibilidade, comprou o meu barulho."

Na primeira reunião, ficou decidido que apenas alguns dos trinta artigos seriam lidos e que cada artista faria dois números musicais. Agora, imagina uma reunião, regada a cerveja, com Jards Macalé, Raul Seixas, Chico Buarque e Gonzaguinha. "Chegou uma hora que as pessoas batiam na mesa e gritavam: 'Esse artigo não, é muito burguês!' Então fomos editando a Declaração e o que sobrou demos para o Ivan Junqueira, autor da ideia de usar o texto, ler no dia do show."

Só que esse "resto" da Declaração continha os artigos mais importantes a serem lidos naquele momento de exceção, de tortura, de perseguições políticas, de cassação dos direitos individuais. A noite prometia...

A cada artigo lido, a multidão, que se espremia em um espaço incompatível com o seu tamanho, delirava. Em tempos sombrios, a Declaração dos Direitos Humanos era um texto mais que subversivo. "Ninguém será submetido à tortura"; "ninguém será arbitrariamente preso, detido ou exilado", bradava Ivan Junqueira, enquanto chegavam notícias de que a Polícia do Exército já cercava o MAM.

"Felizmente nada aconteceu. Eles foram pegos no contrapé. Como eles iriam baixar o cacete nas pessoas em um ato da ONU pelos Direitos Humanos? Na realidade, ninguém esperava aquela multidão, aquele *happening*", conta Macalé.

Tudo isso teria virado só memória não fosse a perspicácia do engenheiro de som Maurice Hughes, um inglês que havia trabalhado com Macalé no disco *Transa*, de Caetano Veloso, gravado em Londres. Maurice, que se apaixonou e fixou residência no Brasil, sem avisar a ninguém, levou seu próprio equipamento para fazer um registro histórico.

"Coisa de inglês gravar aquela maluquice, mas ele armou a jogada sem avisar para a gente. Depois o Maurice contou que os caras da polícia perguntavam que equipamento era aquele, se ele estava gravando o show, ele disse que respondia em inglês que aquilo era uma câmara de eco. O maluco ia fazendo as fitas e entregando para uma outra pessoa que escondia sabe-se lá onde."

Depois do show, Macalé, de posse das fitas, tentou vender o projeto para as gravadoras, mas ninguém queria se meter naquela história. Os diretores de multinacionais, como André Midani e Roberto Menescal, responderam com cartas delicadas e desinteressadas. Mas o compositor Vitor Martins, que trabalhava na editora da RCA-Victor, ficou curioso para ouvir o conteúdo das fitas.

"Eu até hoje não sei o que ele fez, mas o disco nasceu. Só a capa é que foi trocada, porque a foto de um caminhão da ONU distribuindo comida para um monte de miseráveis era barra-pesada demais", lembra Macalé.

O músico não se lembra de ter música alguma censurada, no entanto, o escritor e pesquisador Fred Coelho, autor da biografia *Eu Só Faço o Que Quero*, conta que "Revendo Amigos", parceria com Waly Salomão, teve sua letra alterada pelo poeta depois de um primeiro veto. Macalé era perseguido mais pelo que falava e por algumas atitudes em cena como no episódio da prisão em Vitória, em 1976, depois de cantar em um show com Moreira da Silva uma paródia sobre o governador Magalhães Pinto. Já o seu *Banquete dos Mendigos* foi inteiramente vetado.

"Tinha um advogado babaca na RCA que implicou com o disco de cara. Ele pegou um exemplar e mandou para a Censura. Não sei por que, mas os censores liberaram. Talvez por ter a chancela da ONU. Não satisfeito, ele mandou o material novamente para lá. Acho que ele queria que tivéssemos mesmo algum problema. Na terceira tentativa, ele conseguiu, o disco não voltou. Aí eu e Chico Buarque fomos até lá. O funcionário, o menino do balcão, era um conhecido do Chico. Quando chegamos, ele disse que era melhor a gente sair de fininho. Ainda conseguimos ver, em uma sala, uns caras da Polícia Federal em volta de uma vitrolinha, ouvindo o *Banquete*."

Em 1974, o *Banquete dos Mendigos*, cuja capa, feita por Rubens Gerchman, remete à Santa Ceia, de Leonardo da Vinci, foi proibido de ser vendido e tocado em todo o território nacional. O disco só seria liberado, em 1979, depois de uma polêmica ida de Macalé a Brasília.

MORDAÇA

MINISTÉRIO DA JUSTIÇA
DEPARTAMENTO DE POLÍCIA FEDERAL
DIVISÃO DE CENSURA DE DIVERSÕES PÚBLICAS

CSO. 547, nº 5/16

PARECER Nº 22263 / 74

TÍTULO: "DIREITOS HUMANOS NO BANQUETE DOS MENDIGOS"

CLASSIFICAÇÃO ETÁRIA: NÃO LIBERAÇÃO

ANÁLISE: Produção da RCA VICTOR, reunindo em dois discos 22 composições musicais de vários autores brasileiros, de agrado popular, como Luiz Gonzaga, Paulinho da Viola, Raul Seixas, Maurício Tapajós, Gilberto Gil e / Chico Buarque de Hollanda, além de outros. É uma obra / de valor artístico e, segundo os objetivos apresenta- / dos pelos interessados, se destina à beneficência internacional, sob a apanágio da ONU...
Mas, infelizmente, a burla e má fé pejudicaram a obra / e envolveram a muitos com mensagens agressivas e subliminares, tornando-os coparticipantes e coresponsáveis / pela propaganda subversiva da ordem de qualquer país , onde se propague, pois, mesmo interpondo artigos dos / DIREITOS UNIVERSAIS DO HOMEM, o faz de maneira negativa e instigadora das massas para uma revolta emocional, explosiva, e ao mesmo tempo se tornando presa fácil dos / que se apresentam salvadores. É mais uma manobra internacional, tentando deixar os responsáveis pelos destinos de um povo no chamado "DILEMA CORNUDO" em que qualquer solução apresentada determina a ruina de quem a toma.
Das composições, apenas uma (PESADELO) fere as normas / vigentes, além de afrontar as autoridades brasileiras e principalmente a DCDP:"você corta um verso, eu escrevo outro"..."olha eu de novo, perturbando a paz"...
Entre uma composição e outra são lidos 18 artigos da / DECLARAÇÃO UNIVERSAL DOS DIREITOS HUMANOS, dirigidos / aos jovens do Brasil e o XXX Artigo é dirigido aos pais brasileiros. O Art. V é lido após irritar o auditório, preparando-o subliminarmente para ridicularizar com uma vaia o conteudo do artigo. Sob o estado psicológico em que a platéia é colocada e a intenção subversiva comuni

DPF-742

ANÁLISE DA DCDP

a respeito de O Banquete dos Mendigos

cada pela voz do locutor, até a CONSTITUIÇÃO seria //
ridicularizada. É o maior ato de ousadia no gênero//
tentando envolver a todos, sob o apanágio de cari- /
dade, abençoada pela ONU, cujo Secretário se apre-//
senta como bandeira e principal responsável, inocen/
temente, é bem verdade...
Se os discos se destinam à beneficência dos povos fa/
mintos da África e Ásia, por que os 17 Artigos se //
destinam aos jovens brasileiros e só o 30º se preo-/
cupa com os pais brasileiros? Mesmo assim não orien/
tando, mas criticando-os veladamente, maliciosamente.
É lamentável que se brinque ainda com a ordem e o //
bem-estar de um povo e, agora, dos povos necessitados
Em vez de se dar um pão ou ensinar-lhes a pescar, tri-
pudia-se de sua miséria, dando-lhes uma pedra. Será /
que a subversão é a única solução; revoltar, irritar
é o único método para se matar a fome do mundo?...
CONCLUSÃO: Pelo exposto e firmado nas alíneas "b,d,e,
g,h"do Art. 41, das Normas regulamentadas pelo Decreto Nº 20.493/46, e Art. 1º do Decreto Nº 1.077/70 e /
Portaria Nº 209/73, somos pela NÃO LIBERAÇÃO.
         Brasília, 02 de dezembro de 1974.
         A. Gomes Ferreira (Tec. Cens.)

"A Heloísa Lustosa era filha do Pedro Aleixo (vice-presidente da República, impedido de assumir quando Costa e Silva teve uma trombose, em 1969). Ela, certo dia, me perguntou se eu topava ir a Brasília tentar a liberação do disco com o Golbery do Couto e Silva, então chefe da Casa Civil do governo Geisel. Disse que conseguiria, com o pai, marcar este encontro. E eu fui acreditando que conseguiria a liberação e voltaria como um herói. Quando cheguei ao Rio, fui tratado como o traidor que entregou os direitos humanos para a ditadura. Não fui puxar o saco do Golbery, jamais faria isso, fui apenas tentar a liberação do LP. Fiquei 11 anos na geladeira por causa desse episódio. O único disco que consegui gravar, com o Naná Vasconcelos, saiu do meu próprio bolso."

Considerado uma raridade, o *Banquete dos Mendigos* foi lançado de forma integral, em 2015, pelo selo Discobertas, em uma caixa com três CDs, a partir dos originais guardados por 42 anos por Jards Macalé. Produzida pelo pesquisador Marcelo Fróes, a caixa é uma preciosidade e um registro histórico do dia em que a nata da música popular brasileira decidiu colocar em pratos limpos o que se passava nos porões da ditadura.

"Os artigos e a música eram os acepipes do banquete. Os mendigos, os miseráveis éramos todos nós: músicos, artistas, perseguidos políticos, clandestinos, brasileiros", reflete Macalé.

CONTEÚDO ALIENADO E EXTRATERRESTRE
(JORGE MAUTNER)

A história de Jorge Mautner com o regime militar e a censura começa bem antes de 1968 e do AI-5. Na verdade, ela tem raízes antes mesmo do golpe civil-militar de abril de 1964.

Aos 17 anos de idade, o carioca Henrique George Mautner, filho de um austríaco judeu e de uma iugoslava católica, escreveu os seguintes versos para uma música que viria a se tornar o hino do Partido Comunista do Brasil (PCdoB), em 2017: "A bandeira do meu partido / É vermelha de um sonho antigo / Cor da hora que se levanta / Levanta agora, levanta aurora! / ... / Mas a bandeira do meu partido / Vem entrelaçada com outra bandeira / A mais bela, a primeira / Verde-amarela, a bandeira brasileira".

O ano era 1958, o mundo vivia a Guerra Fria e, num Brasil politicamente alinhado com os Estados Unidos, o comunismo já era visto como uma "ameaça" a ser combatida pelas autoridades. Por isso, a música de Mautner, intitulada "A Bandeira do Meu Partido", foi censurada naquele mesmo ano e só seria liberada em 1985, após o fim da ditadura, o que faz dela uma provável recordista em tempo de interdição (quase 30 anos) entre todas as músicas censuradas na história do Brasil.

Filiado ao PCdoB desde sua fundação, em 1962, o compositor, cantor e escritor Jorge Mautner, hoje (2018) aos 77 anos, garante que soube, no ano anterior, do golpe que aconteceria no país. Isto porque, em setembro de 63, Mautner foi testemunha de um telefonema revelador, ocorrido durante a chamada "Revolta dos

Sargentos", na qual centenas de sargentos, cabos e suboficiais da Aeronáutica e da Marinha, que eram favoráveis às reformas de base propostas pelo governo de João Goulart, invadiram o Supremo Tribunal Federal em protesto contra a declaração de inelegibilidade de sargentos eleitos no ano anterior para órgãos do Poder Legislativo. Em seguida, os revoltosos prenderam vários oficiais das Forças Armadas na base aérea de Brasília. Algumas horas depois, a rebelião foi sufocada por tropas do Exército e, no ano seguinte, 19 sargentos foram condenados a quatro anos de prisão. O tal telefonema testemunhado por Mautner se deu entre Mário Schenberg (físico, crítico de arte e membro do Partido Comunista) e Darcy Ribeiro (o então chefe da Casa Civil do governo de João Goulart).

"Me lembro que o Mário Schenberg telefonou para o Darcy Ribeiro e disse: 'Darcy, são ordens de Moscou! Vocês têm que libertar imediatamente os oficiais presos, pedindo perdão de joelhos e prender os soldados revoltosos. Vou repetir: perdão de joelhos! São ordens de Moscou. Se não, está tudo acabado!'", conta Mautner. "Foi uma minoria de oficiais que se rebelou. Nós do PCdoB não queríamos isso. Era uma loucura, por conta do entusiasmo gerado pela Revolução Cubana. O Darcy não acreditou muito naquilo, acabou não acatando a ordem. Por isso, a coisa se estendeu tanto. São acidentes da História, muitos cérebros, muitos pensamentos, muitas paixões... O golpe de 64 só aconteceu porque quebraram a hierarquia do exército brasileiro, que era 90% legalista. E eu soube que aconteceria quase um ano antes, por conta desse telefonema."

Jorge Mautner foi preso logo após o golpe e mandado para uma fazenda em Barretos, no interior de São Paulo, onde passou três meses convivendo com oficiais de alta patente do exército. "Um dia cheguei em casa dirigindo meu jipe e minha mãe estava agitada, dizendo que tinha gente do II Exército ali, para me levar", ele recorda. "Eles disseram a ela: 'Fique tranquila, nós vamos salvar o seu filho. Ele está na lista da caça aos comunistas para ser morto e nós vamos protegê-lo.' Assim, fiquei três meses em

Barretos e os oficiais do II Exército ficavam ouvindo todas as minhas palestras sobre a história do nazismo, sobre o Kaos (partido criado por Mautner aos 14 anos de idade)... E eles adoravam. Queriam também fazer experiências comigo. Queriam que eu tomasse ácido (LSD), mas eu me recusei. No final, quando estava sendo liberado, eles disseram que eu deveria falar que a democratização aconteceria em breve, que Castelo Branco era passageiro e tal... E completaram: 'Você é um grande escritor, será libertado e não vai acontecer nada contigo. Mas, quando for entrevistado, se não disser a verdade, nós iremos perceber, pelos seus gestos, que você está mentindo. Temos técnicos da Gestalt para isso.' Muitos daqueles oficiais que tinham simpatia pelos intelectuais e humoristas depois foram para o lado da tortura."

Quando foi solto, os militares fizeram mais uma recomendação a Mautner: que ele passasse a "se expressar com mais cuidado" em suas obras. No entanto, pelo menos do ponto de vista dos militares, a recomendação não foi cumprida. Em 1965, censuraram seu livro, *Vigarista Jorge*, e pouco importava que Mautner tivesse ganhado o prêmio Jabuti, três anos antes, por uma obra que havia escrito aos quinze anos de idade: *Deus da Chuva e da Morte*. Além do livro, no ano seguinte interditaram também o primeiro compacto lançado por Mautner, que trazia as faixas "Radioatividade" e "Não, Não, Não". Por isso, naquele ano de 1966, ele decidiu partir para um autoexílio nos Estados Unidos, país que, como hoje sabemos, apoiou e teve participação fundamental na arquitetura do golpe de 64.

Em Nova York, trabalhou por dois anos como tradutor de livros brasileiros para a UNESCO e, depois, tornou-se secretário literário do famoso poeta Robert Lowell. Durante os cinco anos em que viveu nos EUA manteve-se engajado, ativo politicamente, participando, inclusive, de reuniões com os Black Panthers. Talvez por isso, segundo o próprio Mautner, os militares brasileiros tenham enviado um agente secreto do SNI (Serviço Nacional de Informações) para vigiá-lo de perto durante o exílio. "Ele fingia ser meu fã, mas era agente do SNI, um espião mesmo", assegura Mautner.

"Uma vez por semana ia ao apartamento onde eu morava com a Ruth, minha esposa na época, e a gente ficava conversando sobre literatura. Ele estava fazendo um trabalho de relatório, é claro, mas eu não sabia de nada disso e falava sobre tudo. Muitos anos depois, em um show na Bahia, ele apareceu e disse: 'Você não se lembra de mim? Eu sou teu fã, li toda sua obra.' Só então eu me lembrei do sujeito e ele mesmo confessou que era agente do SNI naquele período."

Quando o AI-5 foi decretado, Mautner ainda estava nos Estados Unidos. Naquele ano de 1968, ele escreveu argumento e roteiro para um filme de Neville d'Almeida chamado *Jardim de Guerra*. O filme foi censurado. Em 1970, foi para Londres, onde conheceu Caetano Veloso e Gilberto Gil, que também estavam exilados. Na capital inglesa, Mautner dirigiu um filme de longa-metragem chamado *O Demiurgo*, que contava com a participação dos baianos e também foi censurado no Brasil, segundo o próprio diretor, "porque tinha Caetano, Gil e eu, em Londres, cabeludos e barbudos... E, principalmente, porque eles (os censores) não entendiam aquelas obras. Havia, digamos, uma estreiteza de pensamento. Eles pensavam: se eu não entendo, é perigoso. E, realmente, eu falava em linguagem metafórica, treinada."

Durante a estadia na Europa, Mautner foi até a França para visitar Violeta Arraes, socióloga, psicanalista, ativista política e irmã do governador deposto de Pernambuco, Miguel Arraes. Expulsa do país quatro meses após o golpe de 64, Violeta morava num apartamento próximo ao parque Bois de Boulogne, em Paris, que servia de abrigo para os perseguidos pela ditadura. "Ela era maravilhosa", diz Mautner. "Em Paris, quando chegavam as meninas torturadas do Brasil, a primeira coisa que ela fazia era tirar os jornalistas de lá. Depois, levava as meninas para uma massagem, tratar do cabelo, tudo para se sentirem bem novamente. Violeta me disse: 'Eu tenho que falar com você e os meninos não podem saber.' Os meninos eram Caetano e Gil." O assunto era uma carta que Violeta recebera, assinada pelo Estado-Maior do Exército.

Segundo Mautner, Violeta Arraes mantinha contato permanente com o comitê central do Partido Comunista e os militares sabiam que ela exercia certa influência sobre os exilados políticos brasileiros. Por isso, enviaram a ela uma carta em que recomendavam a sua volta e dos artistas ao Brasil, afirmando que aquilo seria indispensável para o início da redemocratização do país. "Ela me mostrou a carta, que dizia claramente: 'Sem a vossa volta não haverá democratização. A luta armada tem que acabar para que a minoria de radicais seja removida.' A carta falava sobre Gil e Caetano, e eu incluído, mas eles eram muito mais importantes. Então, a Violeta queria que eu endossasse o pensamento dela de que a luta armada não podia continuar. E eu disse: 'Sou totalmente a favor, isso é imediato! Chega de sangue.' Então, ela falou para os meninos que os militares haviam dito que eles já podiam voltar, mas não mostrou a carta. Só eu e ela sabíamos disso, porque nós é que fazíamos esse trabalho. Tanto que, tempos depois, Caetano disse: 'Se eu soubesse dessa carta dos militares, não teria voltado.'"

Em 1972, Mautner finalmente voltou ao Brasil e começou a preparar seu primeiro LP, que se chamaria *Para Iluminar a Cidade*. Uma das canções compostas para o disco, intitulada "Papoulas e Arco-íris", tinha versos como: "Tua alma foi bordada / Num veludo furta-cor / Com papoulas e arco-íris / Num tapete persa voador". A música foi vetada pela DCDP sob a justificativa de que a letra teria conteúdo "alienado e extraterrestre". A censora prosseguia, alegando que "a letra leva a interpretações conhecidas como: papoulas (ópio) e arco-íris (sonhos coloridos). Além do mais, durante toda a letra o autor se mantém em constante vibração extraterrena, com frases usuais entre os 'viajantes'". "Olha, que loucura!", reage Mautner, após ouvir a justificativa da censora. "Isso é poesia. Imaginação não é isso? Simultaneidade? Eu só soube dessa justificativa muitos anos depois. Passava 25 horas por dia trabalhando nessas coisas. Então, isso era relegado por nós, claro. Nosso esforço era contínuo, puxando o tempo todo." "Papoulas e Arco-íris" jamais foi lançada em disco.

MORDAÇA

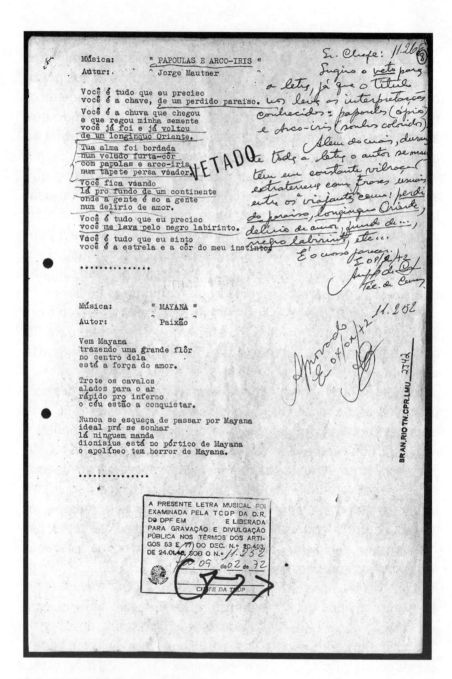

DOCUMENTO DA DCDP

mostrando parecer sugerindo o veto à letra de "Papoulas e Arco-íris"

No ano seguinte, ele foi convidado por Jards Macalé a participar do show *O Banquete dos Mendigos*, que aconteceu no Museu de Arte Moderna do Rio, em dezembro, como comemoração do 25º aniversário da Declaração Universal dos Direitos Humanos. O show, que contou com as participações de artistas como Chico Buarque, Raul Seixas, Milton Nascimento, Gonzaguinha e Luiz Melodia, entre outros, acabou se tornando um evento político, um manifesto contra a ditadura. Segundo Mautner, aquele show foi "o primeiro grande sinal da democratização". E sua realização só foi possível pelo fato de o evento contar com o apoio da ONU, o que transformou o MAM numa espécie de território neutro.

"O ambiente era de muita alegria e muita tensão. Havia censores e agentes do exército observando tudo. Mas era uma coisa das Nações Unidas, então nenhum dos artistas do show foi perseguido nem nada. Eles estavam lá apenas para anotar informações ao vivo", explica Mautner. De fato, a presença dos agentes da repressão foi notada durante a apresentação em diversas ocasiões: havia tanques do exército no entorno do MAM, censores na primeira fila da plateia e agentes cercando a mesa de som. No entanto, apesar da marcação cerrada, o show foi gravado e transformado em disco pela gravadora RCA, que chegou a distribuir os LPs para divulgação, em 1974, mas teve o produto censurado, conforme o relato de Jards Macalé no capítulo anterior. O então diretor da DCDP, Rogério Nunes, alegou o seguinte: "As músicas do disco, interpretadas por vários nomes, entre os quais Chico Buarque, Paulinho da Viola, Raul Seixas, Edu Lobo e Gal Costa, têm conotações políticas desfavoráveis ao governo."

"O disco foi proibido porque eles cismaram com as letras. Mas aquele foi um ato fractal, mínimo, porque não havia unidade de pensamentos entre os artistas. Lembro que teve alguém que, lendo a Carta dos Direitos Humanos, descobriu uma cláusula que dizia que todos tinham direito ao capital, a sua casa etc. Essa pessoa disse: 'Eu vou riscar isso aqui.' E eu falei: 'Não risca, não!' Quer dizer, tinha um estrelismo ali...", diz Mautner. O lançamento do álbum *O Banquete dos Mendigos* só foi autorizado em 1979, após várias tentativas de liberação por parte de Jards Macalé, o idealizador do projeto.

Jorge Mautner seguiria enfrentando problemas com a Censura. Duas faixas de seu segundo álbum, *Jorge Mautner* (1974), foram inicialmente censuradas, mas acabaram fazendo parte do disco. Uma delas, "Nababo Ê", trazia os seguintes versos de encerramento: "Andando triste, sozinho e com cuidado / Por coisas outras do que estas coisas que eu falo / Mas que se encaixam direitinho / Com jeitinho nesse embalo". A censora, que assinou o veto utilizando apenas seu primeiro nome, Maria, escreveu a seguinte justificativa: "O autor deixou transparecer nas últimas linhas toda a sua filosofia de protesto, que se encerra na primeira frase: 'Nababo na Babilônia é rei'. Política". Já a faixa "Pipoca à Meia-noite" foi censurada por causa de um único verso: "Te segura meu benzinho, que eu vou cair de boca". Maria, a censora, interpretou aquilo como: "Uso de pornografia. Chula."

"Você imagine a loucura dos censores", reflete o autor. "Imagine essa censora, uma senhora muito religiosa, muito boa, ela vai à missa toda semana e, de repente, vê essas coisas como uma missão de Estado. Eu não só perdoava como compreendia. Você tem que compreender os adversários. Era sempre assim, descentralizado, individual, da cabeça de cada um. Então, imagine a censora pensando: 'Até agora não censurei nada. Preciso censurar alguém.' Ela também precisava alcançar metas, subir dentro da sua categoria... Eu não ficava com raiva da proibição, não. Achava mais que natural. Já esperava, é lógico. Eles eram totalmente caretas, tinham medo da liberdade sexual, que estava explodindo no mundo."

Mautner garante que o começo do fim da ditadura no Brasil se deu a partir da morte do jornalista Vladimir Herzog, torturado e assassinado pelos militares nas instalações do DOI-Codi (Destacamento de Operações de Informação – Centro de Operações de Defesa Interna), em São Paulo. Mas, além disso, ele faz questão de apontar outra personagem crucial para o início da redemocratização no país – a música popular brasileira: "O Brasil teve a mais original redemocratização do planeta; ela se deu pela música popular, pelo teatro, pelas artes plásticas e pelas religiões unidas. Pela arte brasileira. E a mais profunda, de Caetano, de Gil, dos tambores do candomblé, do teatro também, mas com a música popular brasileira à frente, e o centro dela sendo a Bahia de Todos os Santos."

Perguntado se sentia medo durante aquele período de sua vida, Mautner afirma: "Havia, sim, um receio, mas, fazer esse tipo de coisa, a resistência através da arte, desfazia o medo, entende? Era uma necessidade."

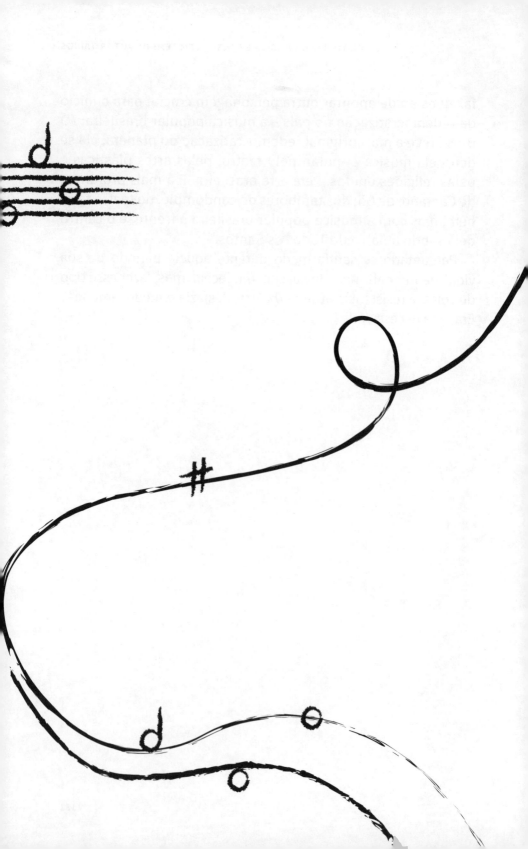

HÁ ALGO DE RIDÍCULO NA CENSURA
(CAETANO VELOSO)

"A ditadura foi um gesto saído de regiões profundas do ser do Brasil, alguma coisa que dizia muito sobre o nosso ser íntimo de brasileiro." Esta frase de Caetano Veloso era pronunciada durante os shows da turnê do disco *Circuladô*, no início dos anos 1990, e serve como um convite à reflexão.

O brasileiro acostumou-se a ouvir estrangeiros afirmarem, com alguma frequência, que somos um povo essencialmente alegre, cordial, pacífico e bom. Uma noção que talvez seja influenciada por aspectos culturais marcantes como a nossa música, o carnaval, o futebol, ou mesmo pela imagem de país tropical ensolarado, de belezas naturais deslumbrantes. No entanto, foi o lado sombrio de grande parte deste mesmo povo brasileiro, em seu "ser íntimo" ou público, que apoiou a ditadura e o golpe de 1964 – não por acaso também chamado de golpe civil-militar. E foi esse mesmo povo, ou pelo menos uma grande e conservadora parcela dele, que elegeu presidente, em 2018, um ex-capitão do Exército que se diz favorável à tortura. Além disso, a censura, tema central deste *Mordaça*, costuma ser uma prática de viés conservador e, conforme demonstrado no texto de introdução do livro, esteve presente ao longo de praticamente toda a história nacional, sempre com apoio dos setores mais tradicionalistas da sociedade. Portanto, estaria Caetano Veloso se referindo ao conservadorismo dos brasileiros naquela frase do *Circuladô*?

MORDAÇA

"Acho um pouco simplista chamar o povo brasileiro de conservador", diz Caetano, aos 77 anos, em novembro de 2019. "Eu não acho o povo brasileiro especialmente conservador. Isso é uma coisa que eu não gosto muito e tenho ouvido repetidas vezes agora, por conta da eleição do presidente atual e do grupo ideológico que o cerca, que é mais do que conservador. É reacionário, de extrema-direita. Mas a ditadura militar apareceu quando eu ia começar o segundo ano na Faculdade de Filosofia, em Salvador, e a minha impressão era de que aquilo era uma coisa má, que não tinha nada a ver com a vida brasileira ou com a mente coletiva brasileira. De certa forma, era o contrário do que eu imaginava porque, como vim de um ambiente progressista em casa, a ideia era de que o normal fosse querer justiça e que só pessoas más teriam atitudes ligadas à direita. Era como se a ética normal brasileira fosse como a de meu pai. Então, a ditadura ficava parecendo um acidente que veio de outro planeta. Foi difícil eu chegar a admitir que aquilo, na verdade, era uma expressão da sociedade brasileira, que vinha de dentro, e não de outro planeta."

Muito já foi dito em livros, filmes e programas de TV sobre os acontecimentos que resultaram na prisão de Caetano Veloso e Gilberto Gil, duas semanas após o decreto do AI-5, no final de 1968. Mas vale lembrar que, no dia seguinte ao do show que fizeram juntos com Os Mutantes na boate Sucata, no Rio, os compositores baianos foram praticamente sequestrados pelos militares e colocados em solitárias separadas num quartel da Polícia do Exército por terem supostamente desrespeitado a bandeira e o hino nacionais naquela apresentação. Seus parentes passaram longos dias sem saber onde estavam. Ao todo, eles ficaram dois meses presos no Rio, quatro meses confinados em Salvador e mais dois anos e meio exilados em Londres. Caetano não se constrange ao lembrar da tristeza que sentia naquela época, entre o AI-5 e o fim do exílio: "Considero aquele o período mais triste da minha vida. Para mim, foi terrível. Uma das coisas que dificultavam muito que eu pudesse suportar era o fato de eu estar exilado, com uma saudade enorme do Brasil, amando

HISTÓRIAS DE MÚSICA E CENSURA EM TEMPOS AUTORITÁRIOS

CAETANO VELOSO
chegando ao Brasil após exílio em Londres (Acervo: Infoglobo -11/01/1972)

o Brasil, mas sabendo que era o próprio Brasil que me exilava e reconhecendo que aquilo não era por causa de *uns caras* que não tinham nada a ver com a gente. Não, era o Brasil mesmo que estava fazendo aquilo. Isso era uma dor enorme."

Curiosamente, antes da prisão, Caetano Veloso não teve nenhuma música censurada. Há algumas possíveis explicações para isso. O Tropicalismo, movimento cultural do qual ele foi um dos fundadores, não gozava de muito prestígio junto à esquerda brasileira. A estética inovadora e a ideia de unir influências da cultura pop estrangeira a manifestações tradicionais da cultura nacional, em um movimento de vanguarda, encontrava grande resistência por parte da esquerda, que considerava os tropicalistas alienados ou mesmo "vendidos" ao imperialismo norte-americano. É possível que essa falta de conexão com a esquerda, na cabeça dos censores, tornasse o líder dos tropicalistas uma ameaça menor ao governo ou mesmo um alvo de baixa prioridade. Fora isso, havia o fato de muitas vezes os censores e a própria esquerda não serem capazes de captar as mensagens embutidas nas canções de protesto compostas por Caetano naquele período.

Um bom exemplo disso está na letra da música "Enquanto Seu Lobo Não Vem", lançada no clássico álbum *Tropicália ou Panis et Circensis*, em 1968, que traz versos como: "Vamos passear na floresta escondida, meu amor / Vamos passear na avenida / Vamos passear nas veredas, no alto, meu amor / Há uma cordilheira sob o asfalto". Ainda hoje não é fácil para o autor compreender o motivo pelo qual a mensagem contra o regime militar passou batida pelos olhos dos censores e pelos ouvidos de muitos dos que eram contra a ditadura. "A letra é na cara, é óbvia", afirma Caetano. "É uma incitação às passeatas com ameaça de guerrilha, porque diz: 'Há uma cordilheira sob o asfalto'. Mas eles não sacaram. Na verdade, a esquerda também não sacou. Deve ser porque eu nunca fui muito facilmente classificável, politicamente. Tenho muita determinação pessoal, mas não sou sectário de alguma coisa que todo mundo já saiba o que é. Eu tô vivendo, procurando, olhando, pensando, falando... Assim, eles não me classificam facilmente. Mas as músicas do Tropicalismo que eram de protesto são muito fortes. Além de 'Enquanto Seu Lobo Não Vem', tinha 'Divino Maravilhoso' e 'É Proibido Proibir', que era também um recado direto para a Censura."

De fato, há poucos títulos mais diretos que "É Proibido Proibir" para uma canção de protesto. Mesmo assim, ela nunca foi censurada. Ou melhor, nunca foi censurada pelo governo militar. Já o público do Festival Internacional da Canção daquele mesmo ano de 1968 promoveu uma espécie de censura ao vaiar os músicos e virar as costas para o palco durante a apresentação de Caetano com Os Mutantes, que não economizaram na psicodelia e nas distorções de guitarra do arranjo musical. Isso numa época em que guitarras eram consideradas símbolos do imperialismo. Aquela atitude da plateia, que pode ser interpretada como uma demonstração de conservadorismo da própria esquerda nacionalista, gerou uma reação de Caetano Veloso que ficaria marcada na história dos festivais. Em tom de desafio e extravasando a raiva que sentia, ele iniciou um discurso dirigido ao público presente, em que dizia, entre outras coisas, o seguinte: "Mas é isso que é a juventude que diz que quer tomar o poder? É a mesma juventude que vai sempre matar amanhã o velhote inimigo que morreu ontem. Vocês não estão entendendo nada, nada, nada, absolutamente nada!"

Ainda sobre as canções de protesto, Caetano já disse que considera a canção brasileira de protesto a mais bonita do mundo. "Foi por causa do começo, com Nara Leão, Vinicius de Moraes, Carlos Lyra, e de músicas como 'Maria Moita' (dos versos: 'Nasci lá na Bahia / De mucama com feitor / Meu pai dormia em cama / Minha mãe no pisador'). Falei dos três porque 'Maria Moita' (interpretada por Nara e composta por Vinicius e Lyra) é uma precursora da canção de protesto. As canções de protesto chilenas e cubanas daquela época eu achava chatas. Hoje tem coisas que eu adoro, acho lindas as músicas da Violeta Parra, mas naquele momento eu achava chato aquele tom de grupo de esquerda cantando aquela coisa lenta, com um ar sério, meio hino, pra baixo. Era parecido com o que fazia o Geraldo Vandré, ele imitava a coisa chilena. Mas a gente teve aquelas coisas de Vinicius, como a 'Marcha da Quarta-feira de Cinzas', com o Carlos

Lyra. Tiveram coisas muito importantes também do Sérgio Ricardo. Ele escrevia canções de protesto, mas era uma coisa mais suingada, mais variada. No entanto, eu disse que a canção brasileira de protesto era a mais bonita do mundo porque naquela altura eu me sentia meio esmagado pela canção de protesto", ele explica, referindo-se à quase obrigatoriedade de se escrever canções de protesto que era imposta por grande parte do público e da própria classe aos compositores, naquele período inicial da ditadura.

Mais do que censurado, Caetano Veloso foi preso e exilado. Ainda que tenha sido obrigado a se afastar do país, a obra do baiano de Santo Amaro da Purificação não passou ilesa pelos tempos de censura oficial. Assim que retornou do exílio, em 1972, ele iniciou uma turnê do hoje cultuado disco *Transa*, que foi gravado quando ainda vivia em Londres, e tinha a maior parte das letras cantadas em inglês. Os shows passaram por Rio, São Paulo e Recife, sem nenhum problema. Foi em Salvador que Caetano recebeu uma intimação da Censura para que se apresentasse antes do espetáculo. "Quando cheguei lá, para minha surpresa, o censor-chefe, que foi quem me interrogou, tinha sido meu professor de Metafísica na faculdade de Filosofia, o Padre Pinheiro", conta Caetano. "Ele era um professor meio chato, muito conservador. Era padre quando foi meu professor e tinha deixado a batina e se tornado censor. Ele me pediu: 'Por favor, não me chame de padre.' Mandou me intimar por causa do show. Eles faziam censura prévia e pediram as letras de todas as músicas. O problema foi que a música 'Nine Out of Ten' tinha na letra a palavra 'reggae', e ele não sabia o que era aquilo. Ele queria suspender o show por causa da palavra 'reggae' numa música com letra em inglês que eu fiz sobre Portobello, em Londres."

"Nine Out of Ten" é a segunda faixa de *Transa*, e o imbróglio com o padre/censor foi causado pelo primeiro verso da letra: "I walk down Portobello Road to the sound of reggae" ("Eu desço a Portobello Road ao som do reggae"). A seguir, um trecho do diálogo travado entre Caetano Veloso e o Padre Pinheiro naquela ocasião, segundo o relato do compositor:

— Essa palavra aqui nós não encontramos em nenhum dicionário – disse o ex-padre, referindo-se à palavra "reggae".
— Mas, professor, essa palavra não está dicionarizada. É um ritmo novo que ainda nem é conhecido fora de Portobello Road. É jamaicano – respondeu Caetano.
— Como é que você pode me provar isso?
— Olha, eu não tenho como provar, mas posso dar a minha palavra ao senhor.
— Eu procurei, inclusive, em dicionário de gíria. E nem ali encontrei – insistiu o Padre Pinheiro.
— Mas não houve tempo de ela ser dicionarizada. É uma coisa nova...
— Então, eu vou lhe dar uma oportunidade. Vou permitir o show. Mas, se depois eu descobrir que você está mentindo, você será preso de novo.
— O senhor pode ficar tranquilo porque eu não estou mentindo.

"Assim foi o meu primeiro caso com a Censura, e é um tanto cômico", ele lembra. O show em Salvador aconteceu e não houve nenhum impedimento posterior com a palavra que dá nome ao ritmo caribenho. O Padre Pinheiro deve ter percebido que o ex-aluno falava a verdade quando, ao longo dos anos 1970, a música de Bob Marley e outros jamaicanos tornou-se conhecida no Brasil.

Pouco tempo depois, Caetano Veloso teria sua primeira letra de música vetada de fato. Na verdade, mutilada. Sua irmã, Maria Bethânia, havia lhe pedido uma canção para incluir no álbum *Drama*, que ela lançaria ainda em 1972, e ele entregou uma música chamada "Negror dos Tempos", cuja letra terminava assim: "Sinto todo o amor / Sinto todo o terror / Do negror desses tempos".

"Bethânia gravou a música, mas o problema é que eles faziam censura prévia também nos estúdios de gravação, nas gravadoras", recorda Caetano. "Eles passaram a ouvir as gravações antes de liberar ou não. Isso está documentado até hoje porque a música foi gravada com os cortes. Me intimaram e eu fui até lá pensando que o problema era com a coisa do 'negror dos tempos'. Achei que eles fossem considerar isso uma crítica contra eles.

MORDAÇA

E há algo disso na letra. É político mesmo. Pensei que fosse ter que me virar lá para explicar isso, mas, quando cheguei na sede da Censura, no Rio, eles nem tocaram nesse assunto. O problema foi com a primeira estrofe da letra, que era: 'Quando eu vejo você / Com seus olhos de vaca / Sua vaca / Com seus grandes olhos de vaca / Sua grande vaca / Com seus olhos de vaca triste / Menina triste do meu amor'. Aliás, isso veio por causa de uma vaca que tinha na fazenda de meu amigo Pedrinho Novis. Aquilo, a imagem da vaca, ficou na minha cabeça e, quando fiz a música, pensei nessa vaca, no olhar dela, e escrevi esses versos. Os censores disseram: 'É um desrespeito à mulher brasileira chamá-la de vaca!' Então, na gravação de Bethânia, os versos 'Sua vaca' e 'Sua grande vaca' foram cortados. Eles ouviram no estúdio e mandaram cortar da gravação. Por isso, Bethânia cantou, mas os finais das frases não entraram na versão do disco."

Basta escutar a versão de "Negror dos Tempos" que faz parte do álbum para confirmar o relato de Caetano: há silêncios prolongados entre um verso e outro, logo nos primeiros segundos da faixa, nos momentos em que as palavras censuradas deveriam entrar – o que pode causar certo estranhamento aos ouvidos mais atentos ao andamento musical. Temos aqui um caso em que a Censura efetivamente calou a boca de uma cantora (e do compositor); a mordaça se materializava em um disco chamado *Drama*.

As vacas, coitadas, seriam motivo de outras encrencas para o compositor baiano no futuro. Em 1984, já no apagar das luzes da ditadura e da Censura oficial, foi a vez de Gal Costa receber de Caetano uma canção para o disco que ela iria lançar. A música chamava-se "Vaca Profana", e o LP ganhou o título de *Profana*. Na letra, repleta de simbologia e imagens sobrepostas, num estilo cubista, há coisas como: "Dona das divinas tetas / Derrama o leite bom na minha cara / E o leite mau na cara dos caretas / ... / Deusa de assombrosas tetas / Gotas de leite bom na minha cara / Chuva do mesmo bom sobre os caretas". A DCDP proibiu que a música fosse executada em público, alegando que a letra feria a moral e os bons costumes com seus versos "semipornográficos".

Voltando ao tempo das vacas gordas da Censura, em 1973, a marchinha "Deus e o Diabo" foi outra composição de Caetano a gerar atrito com os censores, que muitas vezes se colocavam na condição de educadores, tutores da sociedade – como se esta fosse uma criança indefesa que precisa ser protegida da realidade. A música foi vetada e, no verso do documento oficial com o parecer do censor, há a seguinte justificativa: "Conteúdo desrespeitoso à imagem da pátria (por conta do verso 'Dos bofes do meu Brasil'); figura semântica insurrecional ('A Rua Chile sempre chega pra quem quer'); possível distorção da pronúncia em 'Quem pode, pode'." Além da justificativa, estão marcados com um X os versos "Dos bofes do meu Brasil", "A Rua Chile sempre chega pra quem quer" e "O carnaval é a invenção do Diabo que Deus abençoou". Neste último caso, não é difícil supor que o verso tenha se tornado antipático aos censores por motivos de religião. Já no verso da Rua Chile, a suposta "figura semântica insurrecional" estaria ligada ao fato de que a ditadura de Pinochet havia se instalado no Chile no mesmo ano de 73. Portanto, o censor julgava que aquela seria uma metáfora em alusão à insurreição contra a ditadura chilena. Quanto à "possível distorção da pronúncia" em "Quem pode, pode", podemos presumir que havia um receio de que, na gravação, Caetano cantasse o verso no passado, mudando a conjugação do verbo de "pode" para "pôde", ou, quem sabe, trocando a letra *p* pela letra *f*...

Conversando sobre a censura a "Deus e o Diabo", Caetano se lembra do contratempo com a palavra "bofes", mas não com os outros versos: "Eles falaram que não poderia ficar o verso 'Os bofes do meu Brasil', e eu disse: 'Mas 'bofe' quer dizer pulmão. Eu estou dizendo que são os pulmões do Brasil.' Eles achavam que "bofe" era uma palavra chula. As atrizes de teatro rebolado chamavam os homens, os caras que elas pegavam, de bofes e as bichas adotaram essa gíria das vedetes. Eu botei 'Os bofes do meu Brasil' na letra, que tem um ar de conversa de bicha, mas, ao mesmo tempo, era porque eu estava dizendo: 'Rio de Janeiro / Cidade de São Salvador / os pulmões do meu Brasil'. Então, eu falei: 'Se vocês estão grilados com a palavra 'bofes', eu boto 'pulmões' mesmo... E tem uma vantagem: do ponto de vista da prosódia, 'pulmões' fica até melhor, porque 'bofes' tem um defeito de prosódia. Sobre os outros versos nunca me disseram nada. Pode ser que eles tivessem essas questões lá entre eles, mas nunca chegaram até mim. Só chegou o 'bofe'. Eu mudei para 'pulmões' e a música foi liberada. Agora, 'O carnaval é invenção do Diabo que Deus abençoou' é uma coisa subversiva para o lado católico que eles tinham, mas não me pediram pra mudar isso, não."

Antes de estabelecer sua carreira de músico, Caetano Veloso pensava em ser cineasta ou pintor. A fim de exercitar sua aptidão para o desenho e a pintura, em 1975, quando iria lançar o disco *Jóia*, decidiu que ele mesmo cuidaria da capa do LP. Fez uma fotografia em que apareciam ele, de pé, sua mulher Dedé e o filho pequeno, Moreno Veloso, sentados no chão. Todos nus, sendo que Dedé tinha um pano em volta do corpo. Depois, com um lápis de cor, ele pintou uma paisagem, pássaros e também as suas peles sobre a imagem da fotografia. A capa foi proibida e os discos foram recolhidos das lojas. "Eles me chamaram, junto com o André Midani, que era o presidente da PolyGram, e fizeram milhões de perguntas. Disseram que iam recolher os discos e que era para mudarmos a capa. Fizeram uma grande repreensão e o Midani disse: 'Tudo bem, nós recolheremos tudo das lojas.' Mas o Midani tentou me ajudar a defender a capa. Eu disse: 'Não há nada de imoral nisso. Não é um nu erótico. É como se fosse uma família primal, uma família indígena, uma família da idade da pedra polida.' E eles disseram: 'Não! Você não nos engana com esse negócio. Essa capa não fica.' Aí, o Midani combinou com eles e recolheram os discos. Depois tiraram tudo da capa. Tinham uns pássaros desenhados por cima de onde seria o meu sexo, aí ficou só esse grupo de pássaros. Uma capa branca com um grupo de pássaros."

É irresistível observar: parece que os censores tinham problemas com as vacas, mas não com os passarinhos. E mais: é quase inacreditável que uma capa como a de *Jóia* tenha sido censurada.

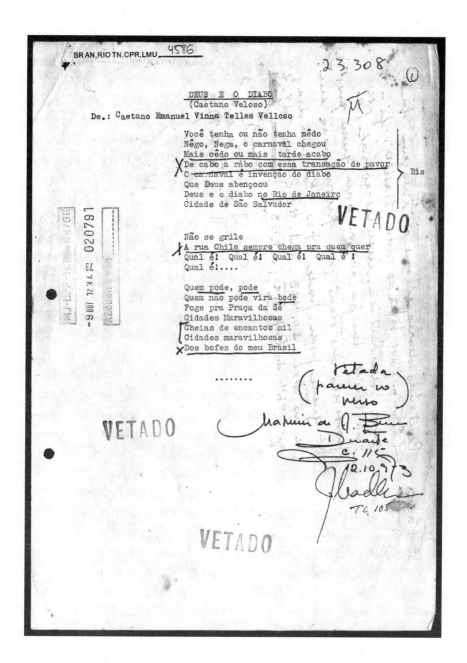

DOCUMENTO

vetando a letra de "Deus e o Diabo", com parecer manuscrito no verso

MORDAÇA

Com uma rápida pesquisa na internet, o leitor que não conhece a imagem original poderá verificar que a arte concebida por Caetano era carregada de ternura e, até mesmo, de inocência.

Não foram muitos os encontros entre Caetano Veloso e os censores, mas os que ocorreram serviram para que o artista formasse sua opinião sobre o cargo. Opinião que, aliás, é compartilhada por grande parte dos entrevistados para este livro. "A tendência é mais para burro, mesmo", diz ele, referindo-se aos censores em geral. "A censura é um negócio arriscado. As pessoas mais inteligentes não entram na atividade da censura porque é uma atividade bastante ridícula. Muita gente pode dizer que respeita o período do governo militar, mas, se você conta uma história de censura, há algo de ridículo nisso, como na história da palavra 'reggae' em minha música. É uma situação burra dentro da máquina de repressão. É o lugar mais ridículo. Por exemplo, quando saiu o filme *Laranja Mecânica*, de Stanley Kubrick, eles botaram umas bolinhas pretas para tapar o sexo da atriz que estava nua. O filme é incrível, o cinema ficava lotado e as pessoas riam muito daquelas bolinhas, que ficavam correndo de um lado pro outro. Enfim, a censura tem uma vocação bem dominante de tiro que sai pela culatra."

Em novembro de 2019, poucos dias após o depoimento para este livro, Caetano participou, ao lado de vários atores e atrizes, de uma audiência pública no Supremo Tribunal Federal contra um decreto da Presidência da República que alterava a estrutura do Conselho Superior de Cinema. Foi um ato em defesa da liberdade artística e cultural e contra os casos de censura que recomeçavam a surgir com frequência cada vez maior pelo Brasil. Em seu discurso, Caetano disse, entre outras coisas: "O Brasil não pode deixar que seja castrada a potência da nossa expressão artística" e "O artista, no fundo, é coadjuvante de uma história maior, pois o maior valor da liberdade de expressão é o público. É mais sobre o direito de escutar do que sobre o direito de dizer." Esta última frase, sobre o direito do público, foi justamente um dos temas finais de nossa conversa no fim da tarde do dia 1º de novembro de 2019. Foi mais ou menos assim que Caetano Veloso encerrou a entrevista:

"É preciso lembrar que existe o lado do direito do espectador. Isso é terrível porque eles impedem certas coisas de serem produzidas e, assim, as coisas não chegam ao alcance do espectador, seja de teatro, cinema ou televisão. Há o direito de quem se expressa, mas há também o direito de quem consome, de quem vai ver. É preciso haver diversidade no que se consome. Inclusive, tem que se ver coisas das quais se discorda, filmes que defendam ideias com as quais não se concorda. O filme do Marighella (dirigido por Wagner Moura e que teve seu lançamento adiado por tempo indeterminado pelo governo, mas ao qual Caetano teve acesso), por exemplo, não esconde o aspecto de que mais eles acusam a esquerda militante do período da ditadura, que é a tendência para a guerrilha, com atos violentos etc. O filme não esconde que Marighella praticou ou comandou essas coisas. Então, o filme pode ser exibido e uma parte enorme da plateia achar que está vendo uma coisa que confirma isso, e que é bom que haja um governo no poder que seja contra essa gente. O espectador tem que ter a liberdade de escolher o que vai ver. O poder público não pode decidir isso de antemão. Isso é um desrespeito aos direitos da sociedade em geral. A sociedade tem o direito de ver coisas variadas e de opinar e reagir de formas distintas a diferentes expressões artísticas. Tudo isso que está acontecendo é um movimento mundial reacionário, no sentido próprio da palavra, de reação aos avanços e direitos conquistados. E eles podem causar muita coisa terrível a muitas pessoas, mas não vão conseguir fazer as coisas voltarem a ser como eram antes de 1967... Eles estão fazendo isso em outro mundo. O mundo já tem uma outra feição."

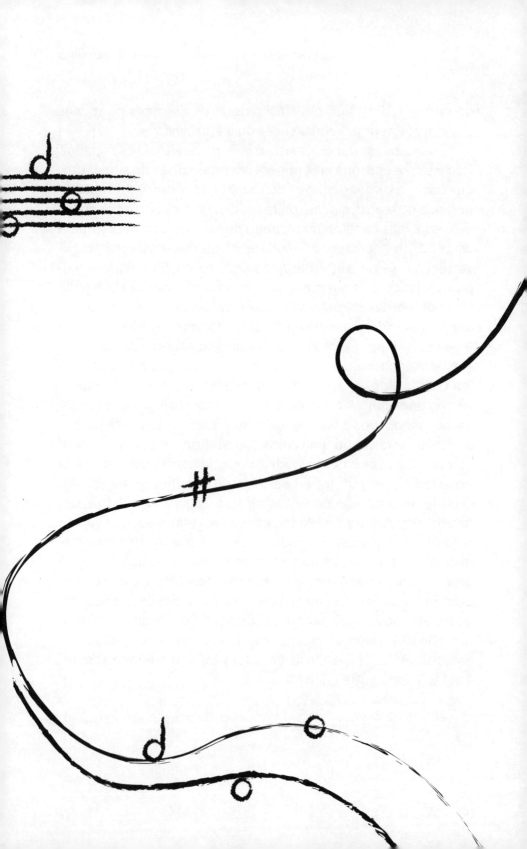

O TERROR DOS HIPÓCRITAS NA CASA DO DRÁCULA
(ODAIR JOSÉ)

Existe um debate antigo entre fãs e pesquisadores da música popular brasileira. É uma espécie de debate olímpico que gira em torno da seguinte questão: Quem teria sido o compositor mais censurado durante a ditadura militar? Chico Buarque, Rita Lee, Gonzaguinha e Taiguara – este último, segundo a jornalista Janes Rocha, autora do livro *Os Outubros de Taiguara*, teve contabilizadas 81 canções vetadas pelos censores – são nomes que costumam fazer parte dessa discussão. No entanto, há um compositor que, apesar de nem sempre ser mencionado na disputa, certamente figura entre os mais censurados de todos os tempos no Brasil. O nome dele é Odair José.

O curioso é que, ao contrário de seus pares campeões de músicas proibidas, Odair José não se tornou alvo constante da Censura por conta de letras impregnadas de protestos políticos, metáforas ou mensagens subliminares "subversivas". Sua música foi perseguida porque, na visão dos militares, as letras frequentemente atentavam contra a moral e os bons costumes, ou seja, contra a caretice que pautava a conduta do governo e de grande parte da sociedade. Em outras palavras, a obra de Odair José foi alvo da hipocrisia do conservadorismo brasileiro.

Nascido na cidade de Morrinhos, interior de Goiás, em 1948, Odair José era muito jovem quando desembarcou no Rio de Janeiro para tentar a sorte na carreira de cantor, por volta de 1966. Sem dinheiro, chegou a dormir na areia da praia de Copacabana, na escadaria do Theatro Municipal (quando acordou, seu violão havia sumido) e numa casa de estudantes, na Lapa. Aos poucos, se envolveu com o movimento estudantil e começou a se apresentar em boates e circos do subúrbio carioca. "Quando foi decretado o AI-5, eu tinha vinte anos e estava nas imediações da Cinelândia, participando de manifestações justamente contra esse decreto", ele afirma. "Estava do lado do movimento estudantil, do qual eu fazia parte, e de tantas outras pessoas de segmentos diferentes da sociedade, contrárias ao que estava acontecendo."

No entanto, aquele engajamento político inicial não se refletiria de forma clara em suas primeiras composições. Aliás, nem na maioria das outras canções que Odair José escreveria ao longo da carreira. Em suas músicas, de letras e melodias simples, a preferência sempre foi pela crônica do cotidiano do povo, pelos aspectos do comportamento social de seus contemporâneos e pelos temas românticos. Esse estilo essencialmente simples, direto e franco contribuiu para criar uma enorme identificação entre o artista e um público considerado "menos sofisticado". O resultado foi um sucesso arrasador nos anos 1970: várias músicas no topo das paradas e milhões de discos vendidos. Por outro lado, toda aquela empatia com as classes mais humildes da sociedade rendeu ao compositor apelidos como "O terror das empregadas" e "Bob Dylan da Central do Brasil". Numa época em que se esperava que os artistas da chamada MPB fizessem canções de protesto, a música de Odair José foi rotulada de alienada, brega e cafona pela elite intelectual do país. Talvez seja esse o motivo para a recorrente exclusão de seu nome quando vem à tona aquela discussão sobre os compositores mais censurados durante a ditadura.

A primeira vez da relação entre Odair José e a censura aconteceu no início de 1972, por conta da faixa "Vou Tirar Você Desse Lugar" – um clássico da música nacional que ganharia inúmeras versões (de Caetano Veloso ao grupo carioca Los Hermanos) e trazia um refrão poderoso: "Eu vou tirar você desse lugar / Eu vou levar você pra ficar comigo / E não me interessa o que os outros vão pensar". A letra conta a história de um homem que se apaixona por uma prostituta, o que bastou para incomodar os defensores da castidade brasileira.

"Recebi uma carta através da Editora Euterpe, quase que me intimando a comparecer ao Departamento de Censura, que, na época, ficava na Rua Senador Dantas, no centro do Rio", ele conta. "Lá, me informaram que a canção – que, naquele período, era o maior sucesso em execução no país – tinha uma frase imprópria para aquele momento, justamente o título. Eles disseram que a música não havia passado pela observação do órgão ao ser gravada e, portanto, iria continuar como estava, liberada. No entanto, fizeram a seguinte orientação: que eu tivesse mais cuidado ao escrever as minhas letras dali para frente, para evitar vetos, já que a partir daquele instante meu trabalho teria um acompanhamento mais severo. Me lembro de ter explicado que a letra falava sobre o amor de um homem por uma prostituta, o que deixou o censor enfurecido. Ele disse que o que eu estava propondo era um desrespeito à família brasileira." A justificativa para a intimação do artista era de ordem moral, porém, nas mentes paranoicas dos censores, o título "Vou Tirar Você Desse Lugar" poderia ser interpretado como uma sugestão de deposição do então presidente Médici, o que, obviamente, não era a intenção do autor.

Ainda em 72, Odair José havia acabado de se transferir para a gravadora Polydor (Philips) e estava preparando seu terceiro LP, *Assim Sou Eu*. O sucesso e o alcance de suas músicas cresciam e, com isso, também as dificuldades com a Censura, que tinha mais motivos para se incomodar. "Foi então que tive a primeira música proibida: 'As Noites Que Você Passou Comigo', que só pude lançar no disco seguinte, após ter participado com ela de um festival em Porto Rico", diz o cantor. É provável que os motivos da proibição tenham sido versos tão perigosos e pornográficos quanto: "Não tem graça pois teu corpo já foi meu" ou "Quantas noites em minha cama você dormiu". "No ano seguinte a canção passou sem problemas. Coisas do sistema. Outro censor teve uma opinião diferente do primeiro, o que era comum acontecer, já que quem censurava não era a instituição, mas os censores, individualmente", ele afirma.

O ano de 1972 ainda não havia terminado quando ele gravou uma faixa em um LP chamado *Orações Profanas*, que contava com a participação de vários artistas da gravadora como Chico Buarque, Jorge Ben e Rita Lee, e cujas canções abordavam as relações de cada autor com os seus sentimentos religiosos. A música escolhida por Odair José tinha o título de "Cristo, Quem É Você?" e foi gravada com acompanhamento do grupo Som Imaginário. A letra, que foi vetada pela Censura, tinha versos como: "Minha mãe dizia, 'Filho pode esperar / Ele um dia volta e o mundo vai salvar' / Pra onde você foi? Cadê a sua cruz? / Venha me dizer, quem é você, Jesus". "A faixa tinha o Zé Rodrix ao piano, arranjos do maestro Waltel Branco, era um puta som e fez um sucesso incrível nas rádios! Mas os meus questionamentos na letra não agradaram. Foi quando recebi uma intimação para ir conhecer a sede da DCDP, no Catete, que ficava numa casa que parecia a casa do Drácula. Naquele tempo, ser 'convidado' a comparecer a um órgão dessa natureza para prestar esclarecimentos não era algo tranquilo, mesmo que fosse sobre letras de músicas. O ambiente era assustador pois a gente pensava sempre no pior... A imagem da casa do Drácula vem um pouco por isso. A arrumação do ambiente, de propósito ou não, assustava, pois era um clima de inquisição", recorda, referindo-se à atmosfera do Palácio do Catete.

De todas as músicas escritas pelo compositor goiano, a que enfrentou a maior quantidade de problemas com a Censura foi – talvez por isso mesmo – aquela que se tornou seu maior *hit*: "Uma Vida Só (Pare de Tomar a Pílula)", do disco de 1973, composta em parceria com Ana Maria. Inicialmente aprovada pela Censura, em uma semana a música chegou ao primeiro lugar das paradas, mas, três semanas após o lançamento, foi censurada. Naquele ano, os militares patrocinavam uma campanha nacional de controle de natalidade que tinha o seguinte slogan:

"Tome a pílula com muito amor". Por isso, quando a Censura se deu conta do sucesso alcançado com aquele refrão, que repetia "Pare de tomar a pílula porque ela não deixa o nosso filho nascer", voltou atrás: retirou o disco de circulação e proibiu a execução da música até nas apresentações ao vivo do cantor. Odair José estava finalmente metido na política, já que o veto não se deu por questões morais, mas sim pelo fato de a letra provocar um choque direto contra uma política do regime.

Caso raro na história da censura musical, a canção foi proibida até mesmo em outros países em que o artista costumava se apresentar. "Em quase todos os países de língua latina em que o meu trabalho tinha muita penetração e onde o regime de governo era semelhante ao do Brasil, a música da pílula foi censurada. Eles seguiam os mesmos conceitos, muita hipocrisia e uma enorme falsa moral", ele diz. Como veremos, não é exagero afirmar que a música da pílula foi responsável direta por seu autoexílio de quase um ano na Inglaterra. Até a Igreja Católica, que normalmente é contra o uso de contraceptivos, torceu o nariz para "Uma Vida Só".

Em uma das tentativas de liberação da letra, na "casa do Drácula", Odair José travou um diálogo acalorado com um alto oficial do Exército. Sugeriu que poderia fazer mudanças na letra, mas acabou sendo praticamente expulso da sala e saiu de lá assustado. De acordo com o historiador e jornalista Paulo Cesar de Araújo, em seu livro *Eu Não Sou Cachorro, Não*, o oficial chegou a dizer o seguinte ao cantor: "Está proibida a ideia" e "Se não está satisfeito que se mude do país". Pouco depois, o presidente da Philips, André Midani, recebeu uma carta que deixava claro que Odair José e suas músicas não eram boas influências para os jovens do Brasil e que "não gravar com ele seria algo mais do que sensato para o bem de todos". Sobre a tal carta, eis o que o cantor tem a dizer: "Passei um bom tempo perguntando sobre a existência desse documento e as pessoas sempre desconversavam, dizendo que não passava de boato. Recentemente, numa entrevista para o documentário *Cale-se* (dirigido por Belisário Franca e Marcus Fernando), fui perguntado pelo conteúdo dessa carta e eu disse que nunca tinha visto, que achava não ser verdade. O entrevistador me entregou alguns papéis e pediu que eu lesse... Gelei! Era a carta, assinada por algum departamento do governo, e o que estava escrito nela me assustou um pouco, mesmo tantos anos depois."

Como se vê, o clima estava ficando pesado demais para Odair José. Os próprios executivos da gravadora sugeriram que seu artista saísse do Brasil por um tempo, e ele topou. Assim, partiu para uma temporada em Londres, onde viveu por quase um ano, em 1973, justamente o ano de maior sucesso em sua carreira – em que era um dos recordistas de vendas de discos no país.

Quando gravou seu quinto LP, intitulado *Lembranças* (1974), o compositor e o pessoal da gravadora decidiram apostar numa música que achavam muito boa e se chamava "A Primeira Noite de um Homem". O título fazia referência ao filme de mesmo nome, lançado em 1967, que era estrelado por Dustin Hoffman e Anne Bancroft. A letra, como o filme, contava a história de um jovem que perde sua virgindade. Ainda segundo o livro de Paulo Cesar de Araújo, a letra original continha passagens como: "A primeira noite de um homem / É uma noite tão confusa / É uma noite tão estranha... / ... / Meu desejo era tanto / Que eu nem sabia por onde começar". São versos que hoje parecem inocentes, mas que, naquela época, atentavam contra o pudor dos homens da censura. A letra foi proibida logo de cara. O advogado da gravadora, João Carlos Muller, fez uma tentativa de liberação, mas a DCDP vetou a letra novamente usando os seguintes argumentos: "A composição trata de um assunto totalmente inconveniente" e "Como a música é de índole popularesca e seria consumida por um público jovem, torna-se ainda mais contraindicada a sua liberação."

O lançamento do disco acabou sendo adiado por conta daquele impasse. Mas, como a música era o carro-chefe do álbum, a gravadora sugeriu que o próprio autor fizesse mais uma ten-

BR DFANBSB NS.CPR.MUI.LMU. 33427, p. 4

M. J. - DEPARTAMENTO DE POLÍCIA FEDERAL
DIVISÃO DE CENSURA DE DIVERSÕES PÚBLICAS

TÍTULO: A PRIMEIRA NOITE
ESPÉCIE: LETRAMUSICAL
CLASSIFICAÇÃO : NÃO LIBERAÇÃO

PARECER 14678/74

A presente letra musical trata de um assunto totalmente inconveniente para um público menor. O autor descreve suas experiências de uma primeira noite de amor, expressando com detalhes as emoções por que passa e todo o condicionamento físico experimentado.

Como a música é de índole popularesca e seria consumida por público jovem, principalmente, torna-se ainda mais contra-indicada sua liberação.

Portanto, sugerimos seja não liberada, pois o modo pelo qual o assunto é exposto, torna a letra musical moralmente imprópria para público jovem.

BRASÍLIA, 23 de abril de 1974

JACIRA FRANÇA

ZULEIKA DOS SANTOS ANDRADE

MARIA LUIZA BARROSO CAVALCANTE

PARECER
sugerindo o veto da música "A Primeira Noite"

tativa de liberação da faixa, indo pessoalmente à capital federal para conversar com os censores. "Eu tinha um show em Brasília e um amigo que era quase um protetor se ofereceu para ajudar, pois dizia ter acesso a uma pessoa bem influente que ele havia conhecido no passado. Disse que se eu o levasse junto, ele tentaria agendar esse encontro", explica o cantor. "Assim foi feito. Ele viajou comigo, fiz o show e fiquei com ele para essa conversa na segunda-feira de manhã, fora da agenda. Seria um encontro de amigos, me levando de carona. Eu não sabia exatamente quem seria a tal pessoa, só fiquei sabendo na hora: era o general Golbery (Golbery Couto e Silva era o então Ministro-Chefe da Casa Civil). Recebi a recomendação de falar o mínimo possível, para não atrapalhar. A conversa entre os dois estava bem amistosa até que se tocou no assunto da minha música... O general até que deu atenção e chegou a olhar uns papéis que tínhamos levado, referentes ao veto. Ele pediu que trouxessem outros papéis de uso interno deles, analisou e disse que não tinha como ajudar. Foi quando tentei argumentar com a ideia de alguma mudança nos versos e o clima ficou meio tenso. Com isso, a conversa foi encerrada, mas não houve nenhuma descortesia. Existia muito carinho entre o general e o meu protetor, só que não foi o bastante para ajudar. Voltei para o Rio, mudei a letra e troquei o título para 'Noite de Desejos'. O disco foi para a fábrica e a música perdeu bastante a sua força, mas teve que ser assim."

Em 1977, Odair José lançou um controverso álbum conceitual que já foi chamado pelo jornalista Mauro Ferreira de "A primeira ópera-rock do universo pop nacional". Era um disco muito diferente de todos os seus trabalhos anteriores e tinha como título *O Filho de José e Maria*. As letras são narradas por uma espécie de Jesus Cristo contemporâneo, que relata seu nascimento, casamento, viagens psicotrópicas, a dúvida sobre sua sexualidade e a morte, aos 33 anos. Na capa do LP, o cantor aparece sem camisa e com o título do álbum aceso em luzes de neon. A Philips decidiu não embarcar no projeto e o artista teve que procurar outra gravadora, a RCA. A Igreja, é claro, deu um chilique e ameaçou excomungar o cantor. "*O Filho de José e Maria* até hoje é malvisto pelos idiotas de plantão, mas, graças a Deus, que também está de plantão, hoje há um grande público que percebe a qualidade do trabalho. Posso afirmar que a minha carreira seria bem comum se não existisse, nela, esse disco. A Igreja também não gostou e se manifestou publicamente através de um bispo, dizendo que eu seria excomungado pelo feito. Nunca me interessei em saber se isso aconteceu ou não. Não vi e não vejo nenhuma importância no fato. Meu deus não passa por religiões e religiosos. Mas aquele foi o meu momento mais importante como projeto. Era para ser um álbum de 18 canções, no entanto, 8 foram proibidas pela Censura e o disco saiu mutilado, com apenas 10. Sem contar que se fez de tudo para me desacreditar como artista e, por estar fragilizado, contribuí com trabalhos menores compondo canções sem relevância nenhuma por um período de 20 anos", desabafa o compositor.

Odair José teve muitas letras com palavras ou frases censuradas e outras completamente proibidas, como "O Motel", "Em Qualquer Lugar" (que, para poder ser gravada, teve o título alterado para "Quando A Gente Ama") e "Amantes". Algumas delas, como "Uma Vida Só (Pare de Tomar a Pílula)" só seriam liberadas em 1979. No entanto, entre 72 e 79, o compositor teve várias canções que se perderam, foram esquecidas ou não puderam ser trabalhadas como deveriam. Sempre devido àquela "parceria" indigesta com os vigilantes da moralidade nacional.

"Posso dizer que tive muita dificuldade com músicas não liberadas e outras tantas com letras alteradas. Infelizmente, isso acontecia com muita gente que tentava ter um olhar mais crítico fosse sobre o que fosse... No meu caso, creio que foi porque desde sempre coloquei nas minhas letras verdades que tentavam bater na hipocrisia e na falsa moral. Só não tinham problemas com a censura aqueles que ficavam em cima do muro, preferindo a omissão, fingindo que nada havia de errado. Mas era uma rotina um tanto chata. Sempre que me preparava para fazer uma música, junto com a ideia vinha também a preocupação de como

MORDAÇA

os censores iriam fazer a leitura – era uma coisa bem desagradável. A censura e a hipocrisia do governo, da sociedade e da mídia me atrapalharam muito. Sou um compositor que fala de fatos do cotidiano e se não posso ser direto e sincero na minha forma de leitura sobre aquilo que vejo, não consigo ser relevante", ele conclui, confessando que sofreu com o mal da autocensura, um problema que afetou vários artistas naquela época.

Nos anos 70, Odair José acabou se tornando um cantor de protesto sem querer sê-lo. No entanto, em 2019, lançou seu 37º álbum, intitulado *Hibernar na Casa das Moças Ouvindo Rádio*, um disco de rock com canções de protesto direto contra o atual governo brasileiro. Um bom exemplo é a faixa "Chumbo Grosso", cujos versos iniciais se referem ao plano do governo de facilitar o porte de armas no país: "Incrível liquidação de armas de fogo / Você pediu, agora chupa / O assunto agora é a cultura da bala / Na falta de argumento a solução é uma vala".

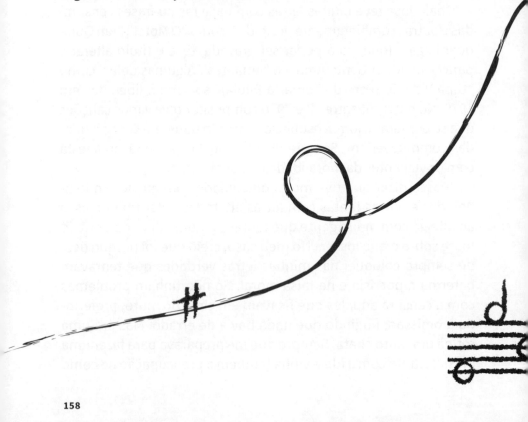

CENSURADO ATÉ NO OLHAR
(NEY MATOGROSSO)

Antes de tornar-se um dos cantores mais famosos do Brasil, Ney de Souza Pereira – o Ney Matogrosso – era *hippie*. Tinha cabelos compridos, confeccionava e vendia peças de artesanato em couro pelas ruas. Como os militares tinham aversão aos *hippies*, cansou de ser revistado. No final dos anos 1960, mudou-se para o Rio de Janeiro, onde passou a dividir um apartamento em Copacabana com um amigo. Ney estava interessado em teatro e música e, certa noite, marcou com o amigo de assistir a um espetáculo na Sala Cecília Meirelles, na Lapa. Naquela noite, foi preso por "vadiagem".

Quando chegou na porta da sala de concertos, teve a impressão de que o show já havia terminado. Por isso, resolveu perguntar a um grupo de homens que estavam por ali se o espetáculo já havia de fato acabado. Ele não sabia que aqueles homens eram policiais militares vestidos à paisana.

Na mesma hora, os homens começaram o baculejo. Cercaram-no e revistaram seus bolsos, onde encontraram somente o dinheiro para a passagem do ônibus da volta. Ney nunca fez questão de esconder a sua sexualidade e podemos supor que isso, aliado ao visual *hippie*, com os cabelos longos e calça apertada, tenha contribuído para despertar a antipatia dos meganhas. Eles pediram uma carteira de trabalho, que Ney não tinha. Em seguida, referindo-se ao pouco dinheiro encontrado no bolso, perguntaram: "Você não tem vergonha de andar só com isso?" A resposta do impávido Ney Matogrosso foi: "Não. Vou ter vergonha por quê?" Foi o suficiente para que os policiais o colocassem dentro de um camburão que estava parado ali perto, na Praça Paris. "Eles alegaram que eu estava sendo preso por vadiagem, mas, na verdade, me levaram porque eu não tinha dinheiro para suborná-los", afirma o cantor.

De dentro do camburão, Ney assistia e escutava enquanto os policiais recolhiam das ruas outros suspeitos de "vadiagem". Em pouco tempo, uma prostituta estava sentada ao seu lado na parte traseira da viatura. Em seguida, os homens tentaram prender um bicheiro, que se safou com a seguinte alegação: "Eu não posso ser preso porque já paguei vinte mil cruzeiros ao comandante da polícia." A prostituta começou a chorar sem parar e acabou sendo liberada também. Portanto, Ney foi levado, sozinho, até a delegacia do bairro de Santa Teresa.

"Quando cheguei lá, eles começaram a me ameaçar. Não me bateram, mas disseram que iriam me dar aos presos para que eles 'brincassem' comigo", recorda Ney. "Então, eu disse: 'Tudo bem, vocês façam o que quiserem, mas depois terão que prestar contas porque o meu pai é militar e quem está mandando no Brasil são os militares, não é?'" O pai de Ney era militar da Aeronáutica e, depois daquela afirmação, os policiais afinaram. Deixaram-no sentado numa sala da delegacia até o dia amanhecer. Um dos homens que circulava por ali perguntou se ele queria telefonar para alguém e Ney passou o número de uma amiga cujo namorado era almirante da Marinha. Mesmo assim, de manhã cedo ele foi colocado numa cela junto a um homem que estava morrendo. "Deviam ter batido muito naquele homem", ele conta. "Eu disse a eles: 'Olha, tem um cara morrendo aqui dentro!' Mas os policiais me mandaram calar a boca, e eu obedeci." Algumas horas depois, o namorado da amiga apareceu para tirá-lo da prisão.

Aquele foi o primeiro de muitos episódios de enfrentamento envolvendo o artista e os militares durante os anos da ditadura. A personalidade destemida e a ousadia das suas apresentações nos palcos fizeram dele um dos alvos prediletos de censores e outros agentes da repressão. Nada melhor para ilustrar esta afirmação do que o fato de uma censora ter sido designada exclusivamente para acompanhar o cantor dentro dos camarins, durante o início dos anos 70, no curto período de duração da carreira dos Secos & Molhados, grupo que o projetou no cenário musical brasileiro.

Em 1974, durante uma temporada da banda no Teatro Tereza Rachel, no Rio, Ney chegou ao seu camarim e deu de cara com aquela senhora, que disse:

– Sou da Censura e estou aqui para lhe acompanhar durante toda a temporada.

– Como assim me acompanhar durante a temporada? – perguntou Ney.

– Tenho ordens para te acompanhar.

– Então a senhora me dá licença que eu tenho que me arrumar.

Ela não deu licença e o cantor resolveu trocar de roupa na frente da censora.

"Tirei a roupa e fiquei nu na frente dela, logo de cara, para situar a criatura. Ela ficava tentando puxar conversa, perguntava coisas sobre o conteúdo e as intenções das letras, mas eu me fazia de tolo. Não me envolvia. Eu não estava a fim de trocar ideias com aquela mulher. E o negócio era comigo. Não havia censores no camarim dos outros membros da banda."

Uma das músicas do grupo sobre a qual a censora fazia perguntas era justamente um de seus maiores sucessos, "O Vira", do famoso refrão: "Vira, vira, vira homem, vira, vira / Vira, vira, lobisomem". "As pessoas sempre quiseram dar intenções ao 'Vira' que nunca existiram", afirma Ney. "Aquilo não era nada demais. A Luhli (autora) dizia que a ideia da letra surgiu numa mesa de bar, quando as pessoas pegam um copo e fazem aquela brincadeira do 'vira, vira, virou?'. Vira homem, vira lobisomem era só uma palhaçada."

Os Secos & Molhados – grupo formado por Ney Matogrosso e pelos músicos Gerson Conrad e João Ricardo – tiveram várias músicas censuradas, sendo que algumas nunca foram gravadas e acabaram sendo esquecidas. Uma delas era uma versão musicada do poema "Vou-me embora pra Pasárgada", de Manuel Bandeira. Segundo Ney, os censores implicaram com o verso que diz que em Pasárgada "tem alcaloide à vontade". Geralmente, os alcaloides têm nomes terminados com o sufixo *ina*, como cafeína, psilocibina ou cocaína. Os censores miravam, então, vetar uma possível apologia às drogas. "A versão do Pasárgada era maravilhosa. Disseram que era apologia às drogas, mas, porra, olha o poema que a gente estava cantando! Gente idiota", desabafa Ney, ainda revoltado com a proibição, antes de completar: "Algumas músicas ficaram perdidas. E, ao mesmo tempo, deixaram passar 'Primavera nos Dentes', que era claramente uma música de protesto. Não dava para entender."

Outra canção censurada do grupo foi "Tem Gente com Fome". No auge dos Anos de Chumbo, os militares tentavam vender a imagem do Brasil como um país em franca ascensão, onde não havia mazela ou sofrimento. Por isso, não é surpresa que uma letra com esse título e versos como "Se tem gente com fome / Dá de comer" tenha sido interditada pela DCDP. A mesma letra traz ainda os seguintes versos, que provavelmente chamaram a atenção da ditadura: "Mas o freio de ar / Todo autoritário / Manda o trem calar". Ney só conseguiu gravar a música muito tempo após a dissolução da banda, e, mesmo assim, porque passou vários anos enviando a letra para aprovação dos censores. A faixa entrou em seu disco solo de 1979, *Seu Tipo*.

Na primeira vez em que os Secos & Molhados se apresentaram na televisão, em São Paulo, havia agentes da Censura dentro da emissora. Enquanto o grupo se maquiava nos bastidores, seu empresário, Moracy do Val, foi abordado pelos homens. Eles disseram que o cantor não poderia usar rabo de cavalo porque aquilo era "coisa de mulher". Disseram também que ele não poderia se requebrar diante das câmeras e implicaram com as tatuagens. Coube ao empresário fazer o papel de mensageiro e transmitir as ordens dos censores a Ney, que respondeu o seguinte: "Eu uso o rabo de cavalo porque os cabelos são valorizados demais e eu não quero valorizar o cabelo. Estou querendo fazer uma máscara na minha cara e, por isso, não posso ter cabelo comprido. E, se não posso me requebrar, então, não me mostrem na televisão, ou me mostrem da cintura pra cima."

Como se todas aquelas imposições fossem insuficientes, os censores resolveram questionar o olhar do vocalista. Ney cantava olhando nos olhos da plateia ou diretamente para a câmera da TV.

Aquele olhar desafiador, mirando de frente, sem demonstrar medo, incomodava os representantes da ditadura. "Mandei o Moracy dizer que eles estavam falando de ficção, que eu não sabia em que estava pensando quando jogava aqueles olhares", ele recorda.

O olhar traria novos problemas para o artista algum tempo depois, quando o grupo foi lançar seu primeiro disco na TV Globo, no Rio. Durante o ensaio das marcações de palco, escutaram uma voz dizendo: "Ninguém olha para as câmeras." Aquilo era uma norma da emissora: o artista podia ser visto, mas não podia se comunicar com os telespectadores. Como de costume, Ney não estava disposto a receber ordens, e gritou de volta: "Eu vou olhar, sim!"

A carreira dos Secos & Molhados (1971-1974) foi tão meteórica que Ney Matogrosso sofreu mais com a censura e a repressão ao longo de sua carreira solo do que no período em que fez parte do grupo. Logo no primeiro disco, *Água do Céu – Pássaro*, de 1975, mais uma vez os censores vetaram um poema. Desta vez, o autor era Jorge Luis Borges e o título da faixa/poema: "1964". Não é difícil imaginar o motivo da censura, já que foi em 1964 a deflagração do golpe militar contra o governo de João Goulart. No entanto, o autor era um argentino e o tema do poema passava longe de qualquer alusão ao golpe brasileiro. Trata-se de um poema de amor, sobre a perda de uma amante que partiu. No fim das contas, a faixa não demorou a ser liberada.

Em 1976, durante a turnê nacional do segundo álbum, *Bandido*, o cantor foi abordado antes das apresentações em Recife. O show era inspirado no teatro de revista e tinha toda uma atmosfera de malícia. Ney usava um espelho oval para refletir sua imagem na parede do teatro através do foco de luz. Ele tinha vários adereços pelo corpo, coisas penduradas na cintura e no quadril, além de um suporte de metal coberto de penas. Quando balançava aquilo tudo, a sombra na parede levantava e descia, à frente do seu quadril, projetando uma imagem insinuante e provocadora... "Cheguei em Recife vindo de Teresina e me disseram que havia várias pessoas da Censura, do lado de fora do teatro, querendo falar comigo", ele conta. "Pedi para eles esperarem, já que eu estava trocando de roupa e depois os atenderia. Eu também era muito

folgado... Não sei como escapei. Quando mandei eles entrarem, estava sentado numa cadeira, com uma toalha que caía pelos braços da cadeira. Eu estava nu. Os caras tomaram um susto, mas, mesmo assim entraram, eram uns cinco ou seis homens, e eu me cobri para conversarmos. Eles me disseram:
– Você não pode fazer aquela coisa de ficar se mexendo e jogando a sombra na parede.
– Por quê? - eu perguntei.
– Porque isso é muito malicioso.
– Mas isso é teatro de revista. E teatro de revista é malicioso.
– Pode ser que lá pelo Sul as pessoas encarem isso com naturalidade. Mas nós, aqui, não.
– Pois é, engraçado. Porque eu estou vindo do Piauí, onde fiquei uma semana fazendo esse show e não tive problema nenhum...
Aí eles ficaram sem graça porque aquilo era uma demonstração de que eles eram mais atrasados que o Piauí.
– E quantas vezes você faz isso durante o show? - um deles perguntou.
– Ah, não sei... Umas sete, oito vezes.
– Então, corta pela metade.
Eles não sabiam nem o que queriam. Me permitiram fazer aquilo quatro vezes. E quatro, seis ou sete vezes não fazia nenhuma diferença."

Já em Brasília, a coisa foi ainda pior. Durante dois anos, Ney Matogrosso foi proibido de pisar na capital do país. Quando esteve lá, ainda com os Secos & Molhados, muita gente achou um absurdo aquela apresentação ousada do grupo, que precisou fazer ensaios prévios para os censores. A mulher de um general reclamou publicamente do fato de o cantor se apresentar sem camisa no palco. Assim, quando Ney voltou a Brasília para fazer seu primeiro show solo, foi impedido de se apresentar nos teatros da capital. Ofereceram a ele o ginásio do colégio Dom Bosco, que jamais havia recebido um show. Além disso, o artista não poderia sequer anunciar o espetáculo e estava proibido de aparecer em qualquer lugar que não fosse o palco. Resultado: o público não compareceu.

Na passagem da turnê de *Bandido* pelo Distrito Federal, foi a mesma coisa: os militares permitiram que o cantor usasse o Iate Clube, mas sem poder anunciar que estava na cidade. "Durante o show, quando olhei para a plateia, vi um monte de homens de terno (agentes militares), me olhando de cara feia. Resolvi passar dançando entre eles. Era um número de plateia, uma música muito atrevida, uma declaração de amor a um senhor chamado Valdir. A música dizia assim: 'Senhor Valdir, o senhor magoou meu coração / Fazer isso comigo, seu Valdir / Isso não se faz, não / Eu falo tudo isso / Pois sei que o senhor está gamadão em mim'", lembra Ney, cantarolando os versos da canção "Seu Valdir", de autoria da banda pernambucana Ave Sangria, que foi censurada pela DCDP, em 1974. "Era uma coisa debochada, de teatro de revista. Depois disso, fui proibido de voltar a Brasília por dois anos. E não era só eu, não. Rita Lee também não podia. Eles tinham uma lista lá."

Ney Matogrosso sempre foi muito mais intérprete que compositor, mas teve censuradas várias das músicas que pretendia gravar. Outras eram liberadas para gravações, porém proibidas de tocar nas rádios, como foi o caso de "Uai, Uai", composta especialmente para ele por Rita Lee. Outra canção vetada para radiodifusão, por um motivo no mínimo curioso, foi "Johnny Pirou" – uma paródia escrita por Leo Jaime e Tavinho Paes para o clássico do rock "Johnny B. Goode", de Chuck Berry, e gravada para o LP *Mato Grosso*, de 1982. A letra conta a história de um sujeito chamado Johnny, que trabalhava numa multinacional e foi ao Maracanã assistir a um jogo do Flamengo. Na hora do gol, ele é agarrado e beijado por outro torcedor. E o Johnny "pirou" com aquilo... "Era tudo galhofa. Mas eles não deixaram a música tocar no rádio porque o filho do Figueiredo (o general João Figueiredo, presidente do Brasil naquele período) se chamava Johnny e também trabalhava numa multinacional. Acharam que aquilo era para o filho do Figueiredo. Imagina se alguém estaria pensando no filho dele... Era uma paranoia total! Então, a gente mandava as músicas e não sabia se elas poderiam voltar com o carimbo de 'vetada'", explica o cantor.

MORDAÇA

TRÊS PARECERES DE CENSORES DIVERSOS

sugerindo o veto à música "Johnny Pirou" e a decisão pelo veto assinada pela diretora da DCDP, Solange Hernandes (Dona Solange)

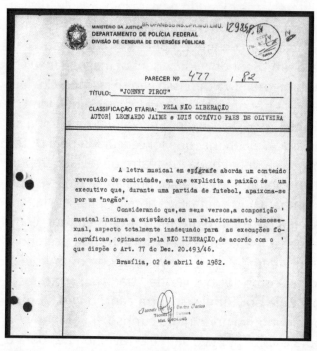

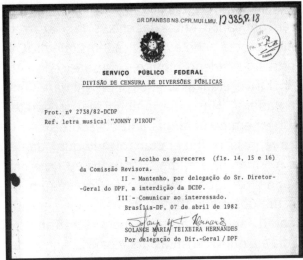

Além de músicas e apresentações ao vivo, Ney também teve algumas capas de discos censuradas, entre elas, a capa de *Feitiço*, álbum lançado em 1978. Para promover o LP, a Mesbla, uma rede de lojas de departamento muito popular naquela época, colocou em suas vitrines o encarte aberto, escancarado, em que o artista aparecia nu. Aquilo atraiu a atenção do público e a Censura ordenou que a loja retirasse a imagem das vitrines imediatamente. A partir de então, o disco só poderia ser vendido dentro de um plástico preto. Mas o tiro dos militares saiu pela culatra: a proibição despertou ainda mais a curiosidade do público e *Feitiço* passou a vender muito, mais ou menos como havia acontecido com o álbum *Índia*, de Gal Costa, cinco anos antes. A capa do disco de Gal apresenta um *close* sensual em sua tanga vermelha. Na contracapa havia ainda uma foto da cantora com os seios de fora, o que fez com que os censores só permitissem o lançamento do álbum com um plástico azul cobrindo a arte.

Não é exagero dizer que Ney Matogrosso foi um dos artistas mais perseguidos durante a ditadura. Como se não bastassem os casos já relatados aqui, ele garante ter sido vigiado por militares à paisana que ficavam estacionados em frente ao seu edifício em São Paulo, na época dos Secos & Molhados. Durante um período, seu nome não podia ser publicado no *Jornal do Brasil* e ele não conseguia nem abrir conta em um banco. Antes dos shows de sua carreira solo, frequentemente recebia bilhetes ameaçadores que diziam coisas como: "Você está se excedendo muito. Não se exceda." Alguns destes bilhetes, inclusive, eram assinados pela Cenimar – Centro de Informações da Marinha. "Mas, olha, também tem o seguinte: eu não vivia apavorado e nem na paranoia", diz ele sobre sua trajetória de resistência à repressão. "Eu era tão folgado que quanto mais recadinhos eles me mandavam, mais absurdos eu fazia em cena. Queria ver até onde iria aquela história. Eles foram aumentando a idade da censura dos meus shows. Primeiro, era censura livre, depois, passou para 12 anos e, mais tarde, para 15 e 18 anos. E eu pensava assim: no dia em que a censura passar para 21 anos, vou entrar no palco com os colhões balançando nas mãos."

Para finalizar, ele deixa um recado para a parte da população brasileira que ainda hoje pede pela volta dos militares ao poder: "Essas pessoas não sabem o que estão pedindo. Elas não sabem do que se tratou, da quantidade de gente que foi torturada, assassinada, jogada viva de dentro de aviões. Essas pessoas não sabem o que estão armando para si mesmas. Não é só para alguns... É para eles também."

DOIS GERALDOS E UMA DESPEDIDA
(GERALDO AZEVEDO)

Pouco tempo depois de ter ficado em segundo lugar na etapa brasileira do Festival Internacional da Canção, de 1968, com a sua "Pra Não Dizer Que Não Falei das Flores", ou "Caminhando", como ficou conhecida na época, Geraldo Vandré sabia que havia se tornado *persona non grata* para os militares. Eles não viram com bons olhos a projeção que sua exibição no Maracanãzinho, mostrada em rede nacional pela TV Globo, havia alcançado. Ele, no entanto, não imaginava que sua afronta ao Exército e a convocação de seus pares para fazer a hora, ao invés de esperarem sentados as coisas se acalmarem, aliadas a outros fatores, pudessem ajudar a desencadear o terrível AI-5.

Tanto é verdade que, acabado o festival, ele, aproveitando-se do sucesso de sua aparição incendiária, decidiu montar um grupo para viajar pelo Brasil. Geraldo Azevedo, então apenas um jovem violonista pernambucano trazido ao Rio por Eliana Pittman, dois anos antes, soube, através do poeta e escritor Ferreira Gullar, que Vandré faria alguns testes. Geraldinho, então, se antecipou, formando o Quarteto Livre, com Naná Vasconcelos, Nelson Ângelo e Franklin da Flauta. Quando Vandré ouviu aquele som, bateu o martelo na hora.

"O show se chamava, é claro, *Pra Não Dizer Que Não Falei das Flores*, e tinha a direção do João das Neves. Lembro que estreamos no Teatro Opinião e que, nas primeiras noites, o público foi bem fraco, era pouquinha gente na plateia. O espetáculo foi ganhando corpo mesmo na estrada. Todo mundo queria ver o Vandré por causa daquela música, que para mim foi mesmo a gota d'água para os militares decretarem o AI-5", conta Geraldo Azevedo.

Pode ter sido mesmo, já que os artistas, depois de fazerem shows em Goiânia e Anápolis, foram alertados para não rumarem para a próxima parada em Brasília. A casa de Vandré e do pai havia sido invadida, no Rio de Janeiro. O dia era 12 de dezembro de 1968, véspera da decretação do AI-5. Vandré se despediu dos amigos de estrada e sumiu.

Dias antes, os dois Geraldos, que rapidamente ficaram amigos por conta dos interesses na música e na política, haviam começado a compor o que viria a ser a primeira e última parceria da dupla. Era uma canção estradeira, falando da vida do artista, do eterno despedir-se, dos sentimentos de quem vai e de quem fica. Mas o repentino sumiço de Vandré interrompeu aquela inspiração.

Além de surpreendidos pela fuga do chefe da excursão, os músicos também se viram na situação de estarem longe de casa e sem dinheiro, já que a missão havia sido abortada. Uma inusitada partilha dos bens do foragido Vandré se deu ali mesmo. Uma câmera fotográfica para um, o velho violão para outro e não se fala mais nisso.

A parte que cabia a Azevedo naquele latifúndio revolucionário só viria umas duas semanas depois, quando ele recebeu um recado de que Vandré precisava encontrá-lo, mas para isso tinha que seguir um protocolo. Três carros diferentes e muitas voltas depois, ele chegou à casa da mulher de Guimarães Rosa, Aracy, no Posto Seis, em Copacabana. Ali estava o amigo, já com outro violão em punho, para terminarem a canção que celebrou o encontro deles, mas que, a partir daquele momento, ganharia um tom político e de despedida.

"Já vou embora, mas sei que vou voltar / Amor, não chora, que eu volto é pra ficar / Amor, não chora, que a hora é de deixar / O amor de agora, pra sempre, ele ficar". Essa era a primeira parte da "Canção da Despedida", feita Brasil afora, nos últimos momentos antes da tesoura da censura picotar, retalhar, desfigurar alguns anos da melhor produção do nosso cancioneiro.

A segunda parte, com letra de um Vandré já foragido, perseguido, a caminho do exílio em diversos países, é um primor de imagens que transitam entre o medo, a tristeza e a esperança. Até uma referência ao marechal-presidente Artur da Costa e Silva, "um rei mal coroado", menção ao britânico Rei Arthur, está nas entrelinhas: "Eu quis ficar aqui, mas não podia / O meu caminho a ti, não conduzia / Um rei mal coroado não queria / O amor em seu reinado / Pois sabia / Não ia ser amado".

A canção marca não apenas a despedida de Vandré do seu parceiro de uma só música ou de seu próprio país. O autor de canções engajadas, como "Pra Não Dizer Que Não Falei das Flores", e brasileiríssimas, como "Disparada", sínteses da Era dos Festivais, também dizia adeus a ele mesmo, o Geraldo Vandré ídolo da esquerda que era torturada nos porões, a voz da resistência à ditadura. Dali em diante e, principalmente, após a misteriosa volta ao Brasil, em 1973, poucas vezes Geraldo Pedrosa de Araújo Dias voltaria a ser Geraldo Vandré, nome artístico derivado do pai, o médico José Vandregísilo.

Mas o Geraldo que ficou por aqui levaria aquela parceria adiante, ou tentaria. A música chegou a ser gravada por Vandré, em 1970, na França, para entrar no disco *La Passion Brésilenne*, mas nem no disco francês, nem no relançamento no Brasil, três anos depois, com o nome "Das Terras de Benvirá", a faixa foi incluída. A explicação é simples, a música foi três vezes censurada. Azevedo mudava o nome da canção, tentou "Despedida" e outras versões, mas nada acontecia.

Quando a Censura, finalmente, liberou a música, Azevedo descobriu que o Vandré que havia voltado para o Brasil já não era o mesmo. Ficou pelas terras do Benvirá...

"Aconteceu uma coisa bizarra. Quando eu consegui a liberação da música, a Amelinha quis gravar. Aí fomos atrás do Vandré. Então ele disse: 'O Vandré não existe mais. Foi criado por mim e, se eu digo que ele não existe, o nome dele não pode sair em disco algum.'"

Azevedo ainda argumentou:

– Mas a música é nossa, como é que eu ponho o seu nome?

– Põe só o seu – retrucou o quase ex-parceiro.

MORDAÇA

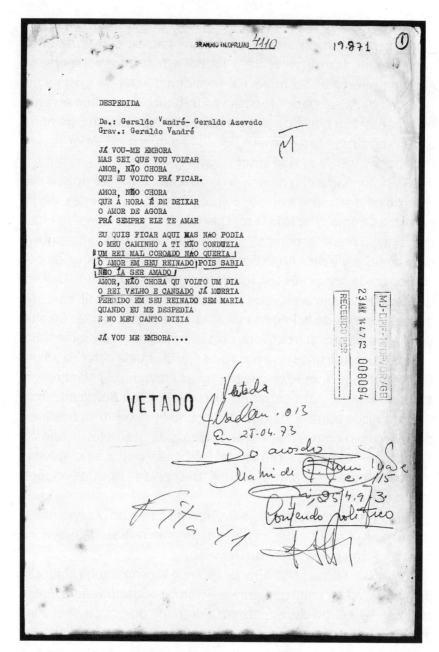

DOCUMENTO VETANDO

a letra de "Canção de Despedida", com os versos considerados problemáticos sublinhados

— Mas a letra é toda sua. Só dei pitaco — insistiu Azevedo.
— Não posso fazer isso — encerrou Vandré.

Amelinha queria uma resposta logo e ele não liberava, ou seja, houve uma segunda censura da música, desta vez do próprio parceiro. Anos depois, quando Elba Ramalho decidiu incluir a "Canção da Despedida" em seu disco *Coração Brasileiro*, de 1983, Geraldo Azevedo contou para a amiga o episódio que havia ocorrido com Amelinha.

"Nós morávamos juntos, nesta época, e ela disse para mim que iria conseguir a liberação porque ambos eram paraibanos. Tinha certeza que ia se entender com ele. Quando chegamos fiquei até assustado. Ele dava gargalhadas sem rir e repetiu o mesmo argumento. Aí eu cansei daquela história e resolvi bancar a inclusão da música. Como tínhamos o mesmo nome, e já que o Vandré não existia mais, tascamos um Geraldo Azevedo e Geraldo na contracapa do disco e ficou por isso mesmo."

Quer dizer, nem tanto. Anos depois, ao ser entrevistado para um jornal de João Pessoa, Vandré disse, ao ser perguntado sobre a música, que depois que havia se tornado famoso, muita gente apareceu dizendo ser seu parceiro. "Fiquei puto com o jornalista. Como é que ele publica um negócio desses sem ouvir o outro lado da história?", lembra Geraldo Azevedo.

O sempre imprevisível Vandré, mesmo após esse episódio, apareceu um dia em um show do parceiro. Depois, foi ao camarim para fazer uma correção na letra. Ao invés de "que eu volto é pra ficar", Azevedo cantava "se eu volto". Para não contrariar, desde esse dia, ele passou a cantar da maneira sugerida. "Ele sempre foi um cara difícil, eu sempre achei ele meio doido, mas era mais simples de lidar. Com o tempo, toda vez que o reencontrava, ele estava diferente."

Nos primeiros tempos de exílio, os dois ainda se correspondiam por cartas, preciosidades que tiveram que ser queimadas por conta das perseguições políticas que se intensificaram após o AI-5. Em 1969, Geraldo Azevedo e sua mulher, Vitória Lúcia Pamplona, foram morar com alguns amigos no bairro do Riachuelo, no

MORDAÇA

Rio de Janeiro. Ela e os amigos eram militantes da Ação Popular (AP), organização política cujo objetivo era "formar quadros que pudessem participar de uma transformação radical da estrutura brasileira em sua passagem do capitalismo para o socialismo". Geraldo Azevedo, que ainda era um músico desconhecido do grande público, adorava desenhar e contribuía com quadrinhos para o jornal *Voz do Morro*, que denunciava, por exemplo, a remoção de moradores do Morro dos Prazeres.

"A minha mulher e a turma dela tinham uma atividade política de resistência. Eu não me envolvia muito. Era só um simpatizante. Já existia um grupo querendo partir para guerrilha e eu sempre fui contra essa coisa de arma. Eu era garotão, sabia que as coisas estavam erradas, mas não sabia qual caminho tomar. Até que a casa em que a gente morava foi denunciada, caiu, foi vista como uma espécie de aparelho."

O músico foi preso pelo Cenimar (Centro de Informações da Marinha) e ficou na Ilha das Flores, em Neves, São Gonçalo, por 41 dias. Lá, um reconhecido centro de tortura, ele apanhou, levou choques elétricos e ficou três semanas na solitária. "Alguém foi torturado e disse que os quadrinhos eram de minha autoria. Eu dizia que era músico, que gostava de desenhar e fiz aquilo sem nenhuma segunda intenção. Até que um dia um cara pegou um violão e me mandou tocar. Impressionante. Aquele cara duro, sádico, que cheirava cocaína antes de nos espancar, chamou os outros e, em pouco tempo, eu tinha uma plateia de torturadores."

O cara em questão, que usava o codinome de Doutor Cláudio, era o inspetor Solimar Adilson Aragão, policial federal disponibilizado ao Cenimar, um dos mais sádicos torturadores da ditadura no Brasil, figura presente em livros como *Torturas e Torturados*, de Márcio Moreira Alves, publicado em 1966, e *Brasil Nunca Mais*, o primeiro grande compêndio sobre torturas, que teve Dom Paulo Evaristo Arns e outros religiosos como idealizadores.

Dar pérolas musicais aos porcos dos porões teve suas compensações. A principal foi se livrar da tortura e ir para uma cela com outras seis pessoas, entre elas o editor Victor Alegria, que tinha lançado, no Brasil, o *Diário de Che Guevara*, e o escritor e autor de novelas Aguinaldo Silva, que havia feito o prefácio.

Aquele show, que representou o fim dos interrogatórios, não seria o último desta detenção: "Certo dia, um sargento me disse que um comandante faria aniversário e queria que eu tocasse para ele. Eu disse que como preso não iria tocar para ninguém. O pessoal que estava comigo na cela disse que se eu não quisesse tocar, eles tinham um jeito de me mandar para a enfermaria. Tinha uma técnica para você ficar com febre, algo como um supositório de alho. Por sorte, à noite, veio a notícia de que o comandante resolvera comemorar em casa."

Vinte dias depois, o mesmo sargento deu a notícia de que Geraldo Azevedo seria solto. Não sem um aviso: "'Você só toca se estiver solto? Então vai tocar para a gente agora.' Vesti a camisa amarela que usava quando fui preso e fiz um pequeno show no almoço dos sargentos, na Ilha das Flores. Minha mulher continuou presa. Eu não tinha codinome, nada, mas ela tinha e tudo isso foi aparecendo na tortura, o que, de certa forma, por incrível que pareça, aliviou minha prisão."

Em 1972, ele gravou, juntamente com Alceu Valença, seu primeiro disco, o LP *Quadrafônico*. E adivinhem? Lá foram os dois para uma conversa com os censores. A primeira encrenca era a faixa "Mister Mistério", de Azevedo, uma música cheia de onomatopeias e, em meio a sons quase psicodélicos, estava a palavra "tupamaro". É, não dava para ter uma citação ao grupo guerrilheiro uruguaio. Palavra retirada, era vez do segundo problema, a linda canção "Talismã", da dupla.

"O verso era: 'Joana me deu um talismã, viajar'. Então o censor ficou puto. 'Você está querendo me enganar com esse negócio de Joana, viajar. A gente sabe que é apologia à maconha.' Pô, eu nem fumava maconha naquele tempo. Resolvemos trocar o nome da mulher. Pensamos em Irene, mas já tinha a música do Caetano. Aí veio Diana, nome de pastora. Então eles deram o carimbo", relembra Azevedo.

Depois do disco, e de uma série de trabalhos, como o filme *A Noite do Espantalho*, de Sérgio Ricardo, no qual Geraldo fez a direção musical e Alceu atuou como o próprio espantalho, os dois decidiram cada um cuidar da própria carreira. Fizeram bons contratos individuais com a Som Livre. Alceu partiu para seu primeiro disco solo, enquanto o parceiro entrou na trilha da novela *Gabriela* com a música "Caravana".

A novela estava no ar quando Geraldo Azevedo foi preso pela segunda vez, em 1975. E, novamente, de gaiato. "A gente foi preso porque um amigo da minha mulher, um cara importante, um informante, havia sido pego. Para ganhar um tempo, para não entregar os dirigentes mais procurados, ele entregou primeiro os nomes de quem tinha uma importância menor. Eu era importância zero. E para explicar isso? Foi difícil."

Geraldo morava na Rua Ipiranga, em Laranjeiras, bairro da Zona Sul carioca. Era dia 7 de setembro. Geraldo e Vitória saíram para passear com a filha Gabriela e com Rodrigo, filho de um amigo, o hoje (2020) deputado estadual Eliomar Coelho. Quando chegaram em frente à vila em que moravam, perto da hora do almoço, eles foram cercados por policiais. "Um grupo foi para cima dela e outro para cima de mim. As crianças correram para vila. Me jogaram dentro de um fusca vermelho, me encapuzaram. Aí não vi mais nada. Rodaram mais ou menos uma hora comigo no carro. Me batiam, pisavam na minha cabeça. Aí fui levado para o DOI-Codi, na Barão de Mesquita."

A segunda prisão, desta vez no Destacamento de Operações de Informação – Centro de Operações de Defesa Interna (DOI-Codi), órgão de inteligência e repressão da ditadura, criado em 1964, foi bem mais complicada. As sessões de tortura eram divididas com outros presos, entre eles Gildásio Cosenza, cunhado de Henfil, e Armando Fructuoso, um importante líder sindical, que chegara ali uma semana antes. O primeiro dia de prisão e castigos de Geraldo Azevedo foi o último dia de vida de Fructuoso: "Ele não resistiu e morreu por lá mesmo, do nosso lado. Estávamos encapuzados, não víamos nada, mas ouvimos a conversa dos torturadores: 'Pô, vocês são incompetentes, mataram um cara importante, que tinha muita informação.' Ouvimos o corpo sendo arrastado. Botaram a gente numa espécie de cela-frigorífico, com uma sirene tocando o tempo todo. Depois me pegaram para dar choque. Aguentei uma vez, na segunda eu simulei um desmaio. O coração estava acelerado. Me devolveram para a cela."

Quando saiu da prisão, ele tomou um susto ao se deparar com cartazes com o rosto de Fructuoso como sendo "procurado". Ou seja, após assassinado, o líder sindical ainda era, ardilosamente, tratado como um foragido. Coisas deste período sombrio.

Desde o momento em que entrou no fusca vermelho, Geraldo Azevedo só tirou o capuz depois de semanas, quando foi levado para identificar possíveis subversivos. Era um livro com centenas de fotos. A maioria de conhecidos dele, como o ator José Wilker, o músico Jards Macalé e o artista plástico e compositor Xico Chaves.

Mais uma vez, o violão, sempre ele, salvou o artista de enlouquecer com os maus-tratos, além de segurar a barra com seus algozes. "Quando percebi que alguém tinha morrido do meu lado, tive a certeza que iria ficar preso por muito tempo, já que eu era reincidente. Eu pensava que se fosse alguém conhecido, como o Chico Buarque, seria mais difícil de me prenderem daquela forma, de me torturarem. Então, quando viram que eu não tinha nada para falar e me deixaram de vez na cela, dei um jeito de arrumar um violão e compor diariamente para ter uma obra quando voltasse a ser livre."

Um ano depois de sair da prisão e de ter mais algumas músicas incluídas em trilhas de novelas, Geraldo Azevedo recebeu um convite de Guto Graça Melo para gravar seu primeiro disco solo. Além de começar a sua rica e única trajetória artística, o autor de clássicos como "Dia Branco", "Bicho de Sete Cabeças", "Moça Bonita" e "Táxi Lunar", preso nos governos Costa e Silva e Geisel, ainda teve que engolir a seco uma ironia do destino:

"Logo depois que o meu primeiro disco foi lançado, o Geisel fez uma viagem para a Alemanha. Ele levou muitos presentes como símbolos da cultura brasileira. Neste pacote tinham dois discos da Som Livre, gravadora da Rede Globo, doados pelo Roberto Marinho. Um deles era o meu."

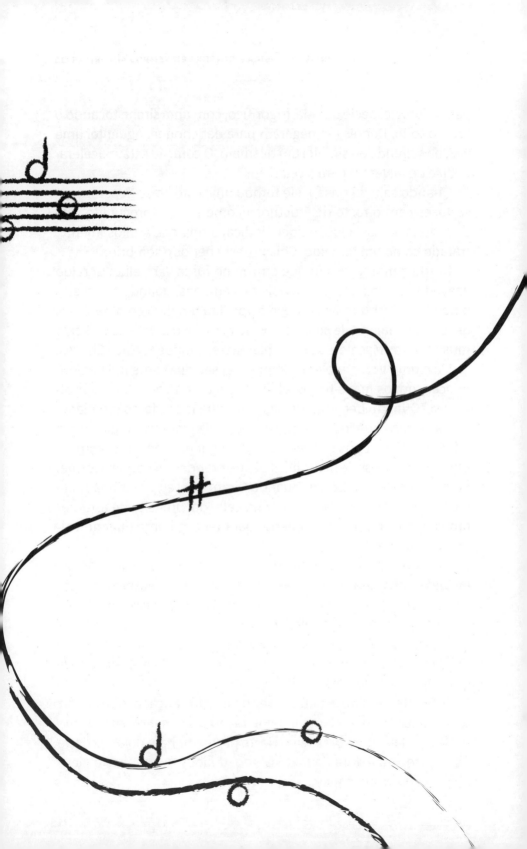

VAI PRA TODA ESSA GENTE RUIM (QUOSQUE TANDEM?)
(ALCEU VALENÇA)

Quando entrou para a Faculdade de Direito do Recife, em 1965, Alceu Valença não era propriamente um cidadão de esquerda. Aliás, nunca teve uma posição política definida. Ele se intitula um perguntador, alguém curioso, que desde sempre quis aprender, entender as coisas. Libertário, o caminho artístico foi sua forma preferida de expressão. No entanto, por seguir em busca da liberdade, ele sempre esteve do lado humanista, das questões sociais e ambientais. Basta ouvir suas canções. Foi assim, impregnado desta curiosidade, que ele adentrou o *campus* do bairro de Boa Vista. Lá, se juntou a poetas, músicos como ele, artistas de todas as áreas. Todos engajados, em maior ou menor grau, em movimentos contra o regime militar instalado no ano anterior. Alceu compartilhava das ideias, simpatizava com a causa, mas não se envolvia muito além do convívio. Preocupado com os amigos, tentava convencê-los a não entrar na luta armada, a encarar o regime de outra forma. Costumava dizer: "Aqui não tem para onde correr, não tem Sierra Maestra em São Bento do Una", referindo-se a sua cidade natal. Mesmo assim, não escapou da confusão, em 1967, quando a sua turma conseguiu tirar do diretório acadêmico um grupo de estudantes reacionários.

"Fizemos uma farra no bar em frente à faculdade. Até que começou a chover e o povo foi se dispersando. Então pedimos ao dono do bar uma mesa emprestada para servir de guarda-chuva. Passamos pela Avenida Visconde de Suassuna e pegamos a Conde da

Boa Vista. Quando chegamos em frente ao Edifício Tabira, o Johnny Melo, um amigo ator, subiu em cima da mesa e declamou: 'Quosque tandem abutere, Catilina, patientia nostra'", conta Alceu.

A frase em latim remete ao clássico *Catilinárias*, uma série de quatro discursos do cônsul romano Marco Túlio Cícero, pronunciados em 63 a.C. Os discursos são um ato de denúncia contra uma conspiração pretendida pelo senador Lúcio Sergio Catilina.

Dos quatro discursos das *Catilinárias*, o primeiro e o quarto foram declamados ao Senado Romano, enquanto o segundo e o terceiro foram proferidos diretamente ao povo de Roma. Cícero foi peça-chave contra o político populista com vocação a ditador que tentava acumular poder perdoando as dívidas dos plebeus. Com sua oratória irretocável e incisiva, Cícero derrotou Catilina, que precisou fugir de Roma, refugiando-se em Pistoia, e seus seguidores acabaram vencidos:

> *Até quando, Catilina, abusarás da nossa paciência?*
> *Por quanto tempo a tua loucura há de zombar de nós?*
> *(...)*
> *Quem, dentre nós, pensas tu que ignora o que fizeste na noite passada e na precedente, onde estiveste, com quem te encontraste, que decisão tomaste?*
> *Oh tempos, oh costumes!*

Naquele momento, o trecho do clássico discurso de Cícero ganhava um significado subversivo, um enfrentamento bêbado e profundo contra o golpe militar do ano de 1964. Mas as palavras ditas a esmo estavam sendo captadas por ouvidos atentos. Os estudantes estavam sendo monitorados. Foram detidos e enviados ao Dops, na Rua da Aurora, também na Boa Vista.

"Eles queriam nos amedrontar. Surgiram com fuzis, nos levaram em um camburão. Passamos em frente ao bar e não pudemos sequer devolver a mesa. Lá no Dops, eles nos ameaçaram. Então o delegado disse para mim: 'Você não é filho do Doutor Décio? Seu pai é um homem de bem e o senhor é um canalha.' E eu respondi: 'Não sou canalha, não.' Ele me mandou para a cela, mas não demorou muito e, no outro dia, soltaram a gente. Mas eles, propositalmente, deixaram vazar o ocorrido. Saiu num programa de rádio e papai soube. Antes que ele me repreendesse, minha mãe falou: 'Décio, nem brigue com ele porque depois que esta ditadura nojenta acabar teremos orgulho do nosso filho.'"

O Doutor Décio de Souza Valença era uma figura muito respeitada em Pernambuco. Havia sido prefeito, eleito por aclamação, em São Bento do Una e, mais tarde, deputado estadual, em Recife, para onde a família se mudou quando Alceu tinha nove anos. Sua influência no pensamento, no jeito curioso e na paixão do filho pela arte foi grande, apesar de querer o filho distante da música.

A mudança para a capital pernambucana aproximou Alceu da cultura da Zona da Mata e também do litoral. Passou a absorver manifestações como o frevo, a ciranda, o maracatu, elementos fundamentais para a construção futura de sua imensa obra. Na casa do pai, conviveu com expoentes artísticos da cidade como o maestro Nelson Ferreira e o poeta Carlos Penna Filho. Além disso, era apaixonado por cinema, pelo neorrealismo italiano e pela Nouvelle Vague francesa. O pai emprestaria a ele, também, uma visão política diferente.

"Papai foi aclamado prefeito em São Bento do Una porque não tinha com quem concorrer, depois foi aclamado novamente. Ele dizia que não gostava de fechar questão, que todo partido tinha várias linhas, que gostava de discutir as coisas democraticamente para definir o caminho a seguir. Mas como ele era perguntador, se sentia constrangido quando percebia que era voto vencido. Assim como ele, sempre fui de olhar para um lado, depois olhar para outro. Acho que isso tem a ver com o senso de justiça."

Antes mesmo do episódio da prisão do filho com os amigos, o próprio Décio já se incomodava com a presença de militares no poder. Alceu lembra perfeitamente do dia 31 de março de 1964, quando se deu o início da movimentação que culminaria no golpe.

"Ele vivia dizendo que não gostava de ditadura, nem mesmo de soldado de chumbo. Ele não era de esquerda, mas era um pensador. Lembro de papai conversando com um amigo, o seu Passos, dizendo que as tropas de Mourão estavam em Minas Gerais e iriam para o Rio de Janeiro. Eu lembro que estava embaixo de um pé de oiti na Rua dos Palmares, na frente do 253, onde morávamos."

O episódio a que Alceu se refere é o da marcha promovida pelo general Olímpio Mourão Filho, comandante da 4ª Região Militar, em Juiz de Fora, que transformou em ação as insatisfações que cresciam nos quartéis com o então presidente João Goulart. Apoiado por políticos e empresários de Minas Gerais, que temiam as supostas ligações do presidente com regimes comunistas, Mourão Filho mandou às ruas, em direção ao estado da Guanabara, 6 mil homens com a missão de destituir Jango do poder. Esta operação foi o ponto de partida da ditadura militar no Brasil.

Depois desses episódios, Alceu passou uma temporada na cidade norte-americana de Fall River, em Massachusetts, por conta de uma história curiosa e rebelde. "Era um concurso para um seminário de Sociologia do Desenvolvimento da América Latina. Tinha um questionário para responder. Eu li, mas não respondi. Mas uma das questões me deixou intrigado. Perguntava sobre a relação entre cristianismo e marxismo. Então minha resposta foi em forma de um poema: 'Quando a senhora de preto me enlaçar docemente nos seus braços gélidos / e o meu corpo for pouco a pouco se consumindo pelo chão que me foi dado / quero evaporar-me e docemente subir aos céus / Os parentes e amigos estarão indóceis na sala de espera / beijarei um a um, trocarei a camisa suada e sairei para uma volta nos arredores / Verei negro americano de braço dado com donzela de descendência nórdica / verei árabes e judeus discutindo amigavelmente sobre a bolsa do Senhor / 'E depois de percorrer todas as dependências do paraíso, chamarei o chaveiro, em particular e mui confidencialmente, lhe indagarei: Pedro, meu velho, aqui tem dedo de Marx?'"

"Acredito que o marxismo vai vencer, mas daqui a milhões de anos. No céu, Deus é o Estado. Já São Pedro vai dando casa, moradia... Acredito que com a tecnologia tão avançada as pessoas vão ficar sem empregos e o caminho natural vai ser uma migração grande para o campo. Acredito em um retorno natural ao campo e que o futuro serão as cooperativas agrícolas, o escambo entre as famílias. Hoje no campo você tem internet, televisão, acesso à cidade. E o homem vai viver uma vida de alegria, muita música e arte. E todo mundo vai cantar como era em São Bento do Una da minha infância", sonha.

Na volta para Recife, Alceu forma-se em Direito, participa de alguns festivais e, em 1970, se muda para o Rio de Janeiro. Dois anos depois, exibiu-se ao lado de Jackson do Pandeiro e Geraldo Azevedo no Festival Internacional da Canção, com a embolada "Papagaio do Futuro". Neste mesmo ano, gravou um disco em parceria com o conterrâneo Geraldo Azevedo, que continha a faixa "Talismã", que lhe rendeu problemas com a Censura por conta da associação das palavras "Joana" e "viagem" com a maconha.

Outra situação em que ele se deparou com a Censura aconteceu em 1974, quando recebeu do produtor Guto Graça Mello a encomenda de uma música para a trilha da novela *Gabriela*, sucesso da TV Globo baseado na obra homônima de Jorge Amado. A canção era "São Jorge dos Ilhéus". Os censores implicaram com a palavra "coronéis":

"Porra, mas eram coronéis do cacau. O Guto me perguntou se eu queria mudar. 'Não, não faço o que eles mandam', eu disse. Então, onde tinha a palavra coronéis, entraram gritos desesperados, de gente oprimida. E passou."

Neste período, Alceu viveu uma situação de terror por conta da proximidade com dois amigos de muitos anos, o compositor Carlos Fernando e seu irmão, Manuel Messias, ativista político que havia sido preso de 1964 a 1969. Alceu morava no Conjunto dos Jornalistas, no Leblon, próximo ao Jardim de Alah. Certo dia, fim de tarde, Carlos Fernando, seu vizinho de prédio, bate à porta perguntando se tinha algo para comer. Alceu revira os bolsos e convida o amigo para ir ao tradicional restaurante Degrau, na Avenida Ataulfo de Paiva. A grana era pouca, mas a solidariedade dos pernambucanos era enorme.

"Quando chegamos no Degrau, o Carlos Fernando disse que tinha que dar um pulo na casa do irmão, que também morava ali por perto. Me ofereci para acompanhá-lo, mas Carlos preferiu ir sozinho, pois resolveriam problemas de família, algo sobre dinheiro, sei lá! Então ocupei uma mesa, pedi um guaraná e fiquei ali lendo o *Jornal do Brasil*. Depois de duas horas e meia, a porção de quibe já gelada, resolvi ir atrás dele, puto da vida."

Acontece que Manuel Messias estava sendo rastreado por agentes da repressão, por conta de seu passado e porque havia encontrado, recentemente, um companheiro de luta cujo apelido era Nego Chico. Justamente naquele dia, a polícia havia descoberto seu paradeiro. Manuel foi preso e assim ficou por dois anos, até conseguir autorização para ir para o exílio no Uruguai, na Argentina e por outros países conforme as ditaduras iam se impondo na América do Sul. Já seu irmão, ao chegar à portaria, foi preso e levado numa Kombi. Alceu ainda cruzou com o amigo que, inteligentemente, fingiu que não o conhecia.

"Neste momento eu me arretei, comi os quibes todos e fui para o Jornalistas. Quando cheguei lá, não encontrei o Carlos Fernando. Ou seja, eles não foram com ele para o conjunto. Depois eu fui saber que ele havia sido levado para o Dops. Ele foi preso e ficou sendo interrogado por quatro dias, se não me engano. Mas eu encontrei o Henrique Feitosa, um outro vizinho, que me contou que a polícia estivera lá, que apontaram uma arma para a cabeça dele e perguntaram por mim. Disseram que eu era um toxicômano de esquerda."

No meio da conversa, outro amigo do Leblon surge com a notícia da prisão de Manuel Messias. Alceu, então, percebeu que também estava no pacote. Mas por qual motivo? "Uns dias antes desse episódio, a gente tinha ido a um bar, eu, o Carlos Fernando e mais uns dois amigos. Tinha um outro barbudinho de cabelos longos, todos tínhamos, que se aproximou, se passou por doidão. Naquele momento percebi que aquilo tinha sido uma investigação. Quando fiz a conexão, dei um pulo, desci nove andares e fui correndo pela praia até a Rua Gustavo Sampaio, 390, no Leme, onde morava a mãe da minha mulher à época. Me escondi lá por três dias, até Carlos Fernando sair e me acalmar. Eles queriam apenas o Manuel."

Ali, o perguntador Alceu percebeu que a ditadura e a prisão não eram mais uma brincadeira de estudantes no Recife. No Rio de Janeiro não haveria Doutor Décio para aliviar a sua barra. Então ele resolveu pegar em armas, nas suas armas possíveis: a música e a poesia.

Mas a poesia de Alceu, assim como ele mesmo, não era linear, direta:

"A música era engajada do meu jeito. Se você olhar para a minha obra, para o começo da minha trajetória em disco, vai perceber que o tempo todo eu falava sobre a ditadura. Mas nunca fui do tipo: vamos caminhar cantando, seguindo a canção, irmão. Falei quase sempre em defesa das pessoas, o que eu fazia era mostrar a língua, mostrar o ridículo que era aquela situação."

A música "Cabelos Longos", do disco *Molhado de Suor*, de 1974, é um bom exemplo. Ali está o barbudinho dedo-duro que quase manda Alceu para a cadeia: "Eu desconfio dos cabelos longos / De sua cabeça / Se você deixou crescer/ De um ano pra cá".

Neste mesmo disco, o seu primeiro individual, Alceu aborda, em "Dente de Ocidente", outra questão muita cara, o meio ambiente: "A questão ecológica também veio do meu pai. Quando ele morreu, deixou 250 hectares de mata intocada. O Doutor Décio criou uma área de proteção em suas terras porque achava que estavam bulindo demais com a floresta. Até hoje está lá, em São Bento do Una, tem até onça. Ele costumava dizer: 'Do jeito que está, vamos viver como no Deserto do Saara, dias quentes e noites glaciais.'"

> *Essa espuma sobre a praia*
> *É um dente de ocidente*
> *É um dente, um osso, um dente*
> *Vomitado pelo mar*
> *Vem em ondas poluídas*
> *Vem em nome da moral*
> *Vem na crista dessa onda*
> *Acultural, ocidental*
> *E a espuma branca se lança*
> *Na força da preamar*
> *Em ondas-curtas, notícias*
> *Na hora do meu jantar*
> *("Dente de Ocidente")*

O disco seguinte, *Vivo*, de 1976, também veio com muitas mensagens subliminares. Vendo com o distanciamento de hoje, atentos às próprias declarações do autor, no entanto, ganham quase um tom de revolta com a situação:

> *Se você pensa que eu não penso,*
> *Lhe asseguro:*
> *Eu estou ficando louco*
> *Mas você pensa que morri,*
> *Quando eu subia*
> *Com a corda no pescoço?*
> *Mas você pensa que eu comi*
> *A sobremesa*
> *Que restou do seu almoço?*
> *Você pensa que eu sofri*
> *A dor na pele*
> *Porque sou de carne e osso?*
> *("Você Pensa")*

O artista ainda fala de si mesmo na terceira pessoa:

> *Alceu Valença já não acredita*
> *Na força do vento*
> *Que sopra e não uiva*
> *Na água da chuva*
> *Que cai e não molha*
> *Já perdeu o medo de*
> *Escorregar*
> *("Descida da Ladeira")*

E, mais adiante, tenta achar um rumo, uma resposta em "Pontos Cardeais":

> *Não quero esse medo*
> *no rosto de Pedro*
> *nem quero pra Paulo*
> *o peso da Cruz*

> *São pontos de vista*
> *de dois olhos cegos*
> *De clara evidência,*
> *são pontos de luz.*

"Eu estava vendo amigos sendo torturados. O Manuel Messias, o Carlos Fernando, o Geraldo (Azevedo). É evidente que aquilo me agoniava profundamente, então muitas músicas eu fazia pensando naquilo que me revoltava tanto. Poderia fazer algo diretamente político, mas não seria natural, pareceria um *jingle*. O fato é que aquela gente detestava a palavra, tinha ódio da poesia, da inteligência, da discussão... E ainda tem."

Em 1991, o Brasil já respirava ares democráticos, mas ainda engatinhava enquanto nação. O presidente da República era Fernando Collor de Mello, que seria impichado em dezembro do ano seguinte. Não vivíamos mais uma ditadura militar, mas sua sombra permanecia presente, se não na repressão, ao menos nas suas consequências: a corrupção, o desprezo pelo meio ambiente, as injustiças sociais. E o Bicho Maluco Beleza, o louco, o perguntador continuava lá, no lado certo do seu ringue genial.

> *A todo inimigo da fauna, da flora*
> *Aquele que promove a poluição*
> *Aos donos do dinheiro, a quem nos devora*
> *Aos ratos e gatunos de toda a nação*
> *Sim, vai pra toda essa gente ruim*
> *Meu desprezo, e será sempre assim*
> *Já não temos nenhuma ilusão*
> *Aos donos da verdade, pobres criaturas*
> *Aos pulhas e covardes sem opinião*
> *A todo populista, traidor do povo*
> *A todo demagogo, todo mau patrão*
> *Sim, vai pra toda essa gente ruim*
> *Meu desprezo, e será sempre assim*
> *Já não temos nenhuma ilusão.*
> *("Desprezo")*

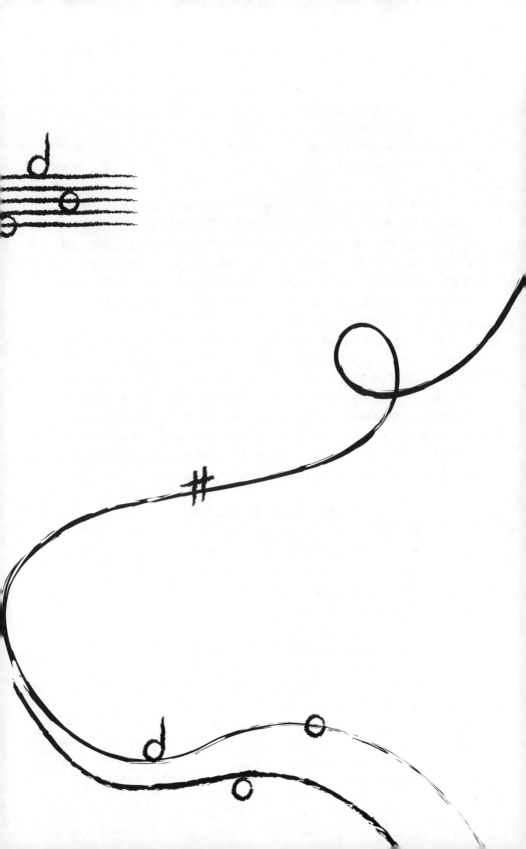

NA HORA ERRADA, NO LUGAR ERRADO
(RICARDO VILAS)

Em maio de 1969, o músico Ricardo Vilas tinha 19 anos e uma vida um tanto quanto agitada. Desde 1966, ainda no Colégio de Aplicação, estava envolvido com o movimento estudantil. Por outro lado, havia conseguido certo sucesso com o Momentoquatro, grupo formado por ele, Zé Rodrix, Maurício Maestro e David Tygel. O quarteto acompanhara Edu Lobo e Marília Medalha na épica apresentação que levou a música "Ponteio", de Lobo e Capinam, à vitória no Festival da Record de 1967. Sua trajetória musical, no entanto, seria momentânea e abruptamente interrompida por conta de sua militância política, ainda embrionária.

O Ricardo que estava na Praça Tiradentes, às cinco horas da manhã, no primeiro dia daquele mês de maio de 1969, já era o estudante de psicologia da Universidade Federal do Rio de Janeiro (UFRJ) e o agora militante da Dissidência Comunista da Guanabara (DI-GB), organização formada por ex-integrantes do Partido Comunista Brasileiro com forte influência no meio universitário. Vilas não era mais apenas um simpatizante da causa, já era atuante e com algumas obrigações. Naquela quinta-feira, sua missão era aproveitar o Dia do Trabalho para panfletar na porta de uma fábrica, em Duque de Caxias. Na base estavam, além dele, Maria Augusta Carneiro Ribeiro, que já era conhecida pelos órgãos da repressão por ter sido presa no congresso da União Nacional dos Estudantes (UNE), em Ibiúna, no interior de São Paulo, no ano anterior; e Sônia Lopes de Moraes, professora que, quatro anos depois, já na guerrilha, seria torturada e morta pela ditadura, além de dois simpatizantes da causa.

"A militância era dividida em frentes de trabalho armado, frentes estudantis e frentes de trabalho operário. Eu estava nessa. A função era ir para as portas das fábricas conversar com os trabalhadores, tentar construir bases operárias. Mas era muito arriscado, claro. A repressão estava muito pesada naquele período posterior ao AI-5. Ser pego era quase sinônimo de tortura, de porrada", conta Vilas.

O grupo chegou cedo. Seguindo o protocolo de segurança, cada um ocupou um lugar estratégico mantendo o contato visual. Esperavam um rapaz que levaria os panfletos para a ação. Mas este demorou cerca de uma hora. Em determinado momento, um agente do Dops reconheceu Maria Augusta, que já estava sendo procurada por outras ações, e lhe deu voz de prisão. A orientação da Dissidência era a de resistência armada em caso de risco de prisão. O que aconteceu, a partir deste momento, retrata bem o abismo que havia entre o poderio e a organização dos agentes da repressão e os de grupos que enfrentavam o regime.

Maria Augusta correu, mas foi alcançada rapidamente pelo policial. Quando viu a cena, um dos iniciantes na organização, que estava na esquina das Ruas da Carioca e Silva Jardim, que liga a Praça Tiradentes à Lapa, onde hoje existe um hotel, começou a atirar a esmo. Sim, a esmo, porque precisa ser uma espécie de *sniper* para acertar um policial agarrado a uma outra pessoa, o que não era o caso do atirador de primeira viagem. Vilas, que estava do outro lado da rua, resolveu também atirar para confundir o agente: "Eu não sabia em quem ele estava atirando e resolvi ajudar. Mas, para se ter uma ideia do nosso preparo, eu tinha feito tiro ao alvo umas duas vezes, como treinamento, e era péssimo na pontaria. Fiquei com medo de atirar para o alto e ferir algum inocente, então atirei quatro vezes para o chão."

Maria Augusta, então, se desvencilhou do policial e saiu correndo pela própria Rua da Carioca em direção à praça, mas era tarde demais. "Já tinha um monte de policiais vindo em nossa direção.

Tentamos voltar pela própria Carioca, mas fomos pegos. Botaram a gente em um carro, sem algemas e nem me revistaram. Achavam que éramos apenas dois estudantes. Eu estava com a arma guardada numa pasta e tentei jogar ela pela janela. Mas um deles viu e aí eu comecei a tomar porrada, a ser interrogado."

Os dois foram levados para o temido prédio do Dops, na Rua da Relação, 40, no Centro do Rio de Janeiro, bem próximo à Praça Tiradentes. Maria Augusta foi inocentada da acusação inicial de tentativa de homicídio e Vilas, que não tinha nenhuma entrada na polícia, contou uma história fajuta de que tinha encontrado a arma em um ônibus e estava ali por acaso.

"Eu era muito novo, então não conseguiam me relacionar a coisa alguma. Na realidade, vendo com o distanciamento histórico, aquilo era uma loucura. Nossas lideranças tinham 21, 22 anos. Mesmo assim, quando nos prenderam, plantaram nas nossas coisas uns panfletos antigos de eleição no DCE (Diretório Central dos Estudantes) para justificar nossas detenções. Foi aí que a coisa pegou para mim."

Na época em que foi preso, o músico e militante tinha acabado de deixar um apartamento que dividira com amigos, pois já conhecera a atriz e cantora Teca Calazans e ambos estavam decididos a morar juntos. A dupla Teca & Ricardo, mais adiante, faria muito sucesso em Paris, realizando, inclusive, uma temporada de quatro semanas no Olympia, juntamente com Baden Powell, a convite do cantor francês Claude Nougaro. A sólida parceria, muito profícua e talentosa, por essas voltas do destino, passou ao largo das barbaridades e da censura que aconteciam em terras brasileiras.

Voltando a maio de 1969, enquanto procurava um novo endereço, o casal estava, provisoriamente, na casa da mãe de Ricardo. Apertado pelos meganhas e com medo de envolver a mãe e a namorada na história, Ricardo acabou dando a direção do antigo imóvel: "Na verdade, eu tinha alugado um apartamento com o (músico) Nelson Angelo e mais dois amigos. A gente tinha 18, 19 anos. Era o ponto onde todo mundo ia transar, fumar maconha. Coisa de garotada mesmo. Eu não tinha como dar o endereço da minha mãe, pois lá eu tinha escondido tudo o que eles queriam: armas, panfletos, documentos da organização. Então dei o do apartamento. Foram lá e ficaram de tocaia. Todo mundo que apareceu, eles prenderam. Alguns até tinham algum envolvimento, mas nada importante. Eles destruíram tudo. As pessoas levadas ficaram presas por seis meses, sem acusação, sem nada. Era a violência total."

Ricardo Vilas e Maria Augusta foram presos juntos, neste 1º de maio de 1969, Dia do Trabalho, e libertados, também juntos, em 6 de setembro do mesmo ano, véspera do Dia da Pátria. Foram trocados, juntamente com outros treze presos, pelo embaixador americano Charles Burke Elbrick, sequestrado por opositores do regime em um dos episódios mais marcantes e conhecidos do período ditatorial brasileiro.

No dia 4 de setembro, quando fazia o trajeto rotineiro entre a sua residência, na Rua São Clemente, no bairro de Botafogo, no Rio, e a embaixada americana, no Centro, Elbrick e seu motorista foram abordados, às 14h30, na pequenina Rua Marques, e, depois, levados até uma Kombi, numa rua próxima. Lá, seu motorista Custódio Abel da Silva foi abandonado, juntamente com o Cadillac diplomático e um manifesto, escrito pelo jornalista Franklin Martins, que deveria ser publicado e lido em rede nacional.

A ação, idealizada por Martins e pelo também jornalista Cid Benjamin, contou com a participação de 12 sequestradores, integrantes da Dissidência Comunista da Guanabara – que adotara também o nome do Movimento Revolucionário 8 de Outubro (MR-8), recém-desarticulado pelo Exército – e da Ação Libertadora Nacional (ALN), liderada por Carlos Marighella.

Por mais de 70 horas, Elbrick ficou em uma casa na Rua Barão de Petrópolis, no bairro do Rio Comprido, alugada pelo jornalista Fernando Gabeira. Mesmo monitorando o local do cativeiro, a polícia não o invadiu para proteger o embaixador. Pressionados pelo governo americano, os militares decidiram ceder às reivindicações dos opositores. Assim como toda a ação, desde o início, a libertação do embaixador pelos militantes também foi espetacular, com direito à fuga em alta velocidade, despiste de policiais e, por fim, o diplomata americano sendo deixado nas proximidades do Maracanã, após um Flamengo x Bangu. Enquanto os sequestradores se dispersavam na multidão, por volta de 18h, do domingo patriótico, e Elbrick pegava um táxi do Largo da Segunda-feira para casa, Vilas, Maria Augusta e seus companheiros já estava em segurança em solo mexicano.

Mas o que levou o jovem de 19 anos, sem grandes batalhas ou ações contra o regime, a figurar numa lista que tinha apenas líderes importantes da resistência como Vladimir Palmeira, grande articulador das manifestações estudantis de 1968, e o comunista histórico Gregório Bezerra?

O próprio Ricardo Vilas não entendeu nada à época. Mas, tempos depois, ouviu da boca do próprio Franklin Martins a explicação: "A Dissidência fez um acordo com a Ação Libertadora Nacional, do Marighella, por conta da maior experiência da ALN em ações de grande vulto, tanto que o comando do sequestro ficou a cargo do Comandante Jonas (codinome de Virgílio Gomes da Silva, capturado e assassinado pela ditadura pouco tempo após o sequestro, em 29 de setembro de 1969)", lembra. "Na hora de fazer a lista, a Dissidência incluiu os nomes do Vladimir, da Maria Augusta e o meu. Houve uma certa discussão sobre o porquê da inclusão do meu nome, se o certo era tirar os presos mais importantes, com mais conhecimento das organizações. Foi aí que o Franklin interveio e salvou a minha vida."

Ao ver que Ricardo Vilas seria deixado para trás, Franklin argumentou que isso seria a sua sentença de morte. Vladimir Palmeira era nome certo na lista, Maria Augusta, idem, mas, apesar de ser figura importante da resistência, não era percebida pela ditadura como tal. Ou seja, a inclusão dela na lista era, praticamente, uma declaração de sua firme atuação na luta contra o regime e isso respingaria em seu companheiro de cárcere.

"Então o Franklin disse: 'Se tirar a Maria Augusta, tem que tirar o Ricardo, se não vão matá-lo.' Mesmo assim, foi uma coisa surrealista, fui embora no mesmo voo de Gregório Bezerra, que tinha

MORDAÇA

mais de 40 anos de militância, um grande nome da resistência brasileira", conta. "Os militares perceberam a manobra, tanto que, quando saiu a lista, eles começaram a dizer que Maria Augusta e eu não queríamos ir embora do país. Até então, eles achavam que estávamos envolvidos apenas com o movimento estudantil. Não queriam deixar a gente ir embora sem falar."

Foi durante o período em que esteve preso que Ricardo teve a sua única experiência com a censura, quer dizer, com um censor: "Quando eu estava preso, um dos caras que me interrogou se vangloriava de ser o cara que estava na TV Globo, que ficava ouvindo as conversas, dedurando as pessoas. Lembro do apelido dele, era Galo. Dizia que era um ator, que tinha feito peças de teatro, que tinha muitos amigos no meio e por isso exercia bem sua função. Mas era mentira, era só um dedo-duro de artistas. Então a minha

RICARDO VILAS

(o quinto homem em pé, da esquerda para a direita) na famosa foto de presos políticos trocados pelo embaixador americano, em 1969 (Acervo: Folha de São Paulo)

estratégia era fazer ele falar. Ficava incentivando, demonstrando interesse. E ele falava tudo, que lia o *script* da novela antes da gravação, essas coisas."

Ricardo diz que antes do AI-5 a censura não era tão organizada e repressora. Um bom exemplo disso, curiosamente, foram os festivais: "Mesmo com a presença de gente infiltrada, com mensagens subliminares que chegavam o tempo todo, as músicas dos festivais não eram censuradas. Não havia um controle prévio até 1968. Se houvesse, 'Pra Não Dizer Que Não Falei das Flores', do Geraldo Vandré, jamais teria chegado onde chegou. Era uma música direta demais."

Se a censura era menos opressora até o quinto ato institucional, por outro lado havia, dentro da própria música brasileira, uma divisão política acentuada com o golpe de 1964. Segundo Vilas, quando a turma da MPB, da música politizada, batia de frente com bossa-novistas e a turma da Jovem Guarda, além das questões estéticas e musicais, havia todo um posicionamento político. "Mesmo antes dos festivais já havia embate político no meio musical. Você tinha um pessoal mais politizado, de esquerda, e também uma ala de direita na música. De um lado tinha toda uma turma oriunda dos movimentos estudantis, dos Centros Populares de Cultura, com uma construção ideológica comunista, da aliança entre os intelectuais, camponeses e operários. Do outro, a turma da Bossa Nova, que de uma maneira geral pregava a despolitização da música e da arte. O que, naquele momento, não deixava de ser uma forma adesista ou, se preferir, alienada."

Os festivais, quando surgiram, ganharam a aura de um grande fórum. "A coisa já fervilhava antes mesmo de 1964. Mas foi a partir deste momento que houve realmente o embate. O pessoal da Bossa Nova não falava de política, era uma turma, em sua maioria, reacionária. O Roberto Menescal, juntamente com a turma mais à direita, criou o Música Nossa, um movimento que pregava uma música apolítica, que falasse do amor, do sorriso, da flor. Mas naquele momento? Tanto que, quando Carlos Lyra e Nara Leão se aproximaram do teatro Opinião, houve uma espécie de racha.

195

E ainda tinha o MCP (Movimento de Cultura Popular), do Miguel Arraes, em Pernambuco, o Leonel Brizola fazendo frente no Sul. Tinha também a Jovem Guarda, taxada de alienada, de americanizada e tudo isso convergiu para o grande fórum de ideias que foram os festivais", conta Vilas.

Para o músico, o racha ideológico representava uma polarização que era compreensível, mas não de toda benéfica para a música brasileira. A performance dos tropicalistas Caetano Veloso e Gilberto Gil no Festival da Record de 1967, apesar de causar estranheza em um primeiro momento, foi decisiva para que os artistas descobrissem uma terceira via, "mais alternativa, moderna, contemporânea e enriquecedora".

"A 'disputa' entre os emepebistas e a turma da Jovem Guarda fazia sentido em um primeiro momento. A MPB levava vantagem entre os estudantes, entre os setores de esquerda, entre a maioria do público que frequentava os festivais. O rock era considerado a música do imperialismo, a música imposta e, na contramão disto, a MPB tinha esse lado de defesa da cultura nacional. Na independência de Angola, por exemplo, eles se utilizaram demais da música popular para construir um cimento ideológico, para um projeto de nação. Por aqui, a MPB teve esse lado de resistência à ditadura", conta. "A indústria alimentava essa divisão porque o debate vendia discos, dava publicidade. Até que todas estas questões foram questionadas pelo Tropicalismo, que quebrou esta lógica, que anteviu o momento seguinte. Por que a gente está parado aqui? Por que não podemos fazer isso ou aquilo? Por isso, este festival de 1967 foi tão importante. A Tropicália não é um gênero musical, foi um movimento que abriu o olho da MPB e permitiu que mais adiante aparecesse um Djavan, um Luiz Melodia."

Ricardo Vilas não teve músicas censuradas. No entanto, o músico sofreu com a maior censura possível, que foi o fato de estar impossibilitado, durante toda a década de 70, de se apresentar em seu país, já que foi banido do território nacional pelos militares.

A MPB NO FRONT: OS FESTIVAIS QUE ASSOLARAM O PAÍS
(SOLANO RIBEIRO)

A Era dos Festivais compreende o período entre 1965, portanto, um ano após o golpe militar, e 1972. Mais que as acirradas disputas e um amontoado de ótimas músicas, o que tornou esse período marcante foi o levante da juventude universitária contra a censura, até então ainda velada, e o encurralamento da democracia brasileira. Usando a música como instrumento de guerrilha e a liberdade como bandeira nas plateias e nos palcos, os estudantes, como em outros momentos da história do Brasil, assumiram as rédeas da oposição àquele estado de coisas. O que já acontecia nas ruas ganhou letra e melodia. Era o início também da chamada MPB, a música brasileira que ganharia forma naqueles anos. O jornalista Luiz Nassif definiu bem, em um artigo para a revista *Carta Capital*, o que significa a sigla: "É comum confundir-se música popular brasileira com MPB. A primeira é muito mais ampla, inclui tudo que é composto e cantado no país. Como sigla, trata-se de um movimento dentro da música popular brasileira."

Um personagem fundamental na história dos festivais, o produtor Solano Ribeiro, curiosamente, não era um cidadão dos mais engajados, apesar de não concordar com a ditadura militar, a censura e seus personagens. Ele lembra que no fim dos anos 1950, ainda no curso científico, chegou a integrar a União da Juventude Comunista (UJC), em São Paulo, influenciado por seus colegas.

"Certa vez eu fui chamado para uma reunião, era num lugar ermo. Fomos ver alguém importante no movimento falar. Não lembro o nome. Quando o sujeito terminou a explanação, todos estalavam os dedos, em substituição aos aplausos. Mas fiquei incomodado com a reverência exagerada, com a subserviência das pessoas. Vi que aquilo não era para mim."

Depois desta primeira e única experiência nos movimentos estudantis, Solano se dedicou às artes dramáticas e, tempos depois, em 1959, foi contratado pelo Teatro de Arena para substituir o ator Flávio Migliaccio na peça *Eles Não Usam Black Tie*, de Gianfrancesco Guarnieri. Nesse meio-tempo, Boni, então diretor da TV Excelsior, o convidou para trabalhar na emissora.

Solano estava envolvido com uma turma de música de São Paulo desde que criara o show *Noites de Bossa*, no próprio Arena, para contrapor os paulistas aos artistas cariocas da Bossa Nova. Por isso, seu primeiro projeto na televisão brasileira seria justamente levar César Camargo Mariano, Geraldo Vandré, Marisa Gata Mansa e outros para a telinha. *Noites da Bossa Paulista* foi gravado em três noites, no Teatro Cultura Artística, da própria Excelsior.

Tempos depois, em 1963, ele produziu o Festival de Primavera Eduardo, patrocinado pela sapataria Calçados Eduardo. Também gravado em três noites e editado em três programas, este evento marcou a estreia de Elis Regina em São Paulo. "Deu audiência, o que me fez sonhar com uma coisa maior. Queria criar um festival de música brasileira, mas não nos moldes das tentativas anteriores. A Bossa Nova já estava se esgotando e muitas coisas surgiam, muitas propostas mais ousadas."

Apesar do sucesso instantâneo do primeiro festival da Excelsior, em 1965, havia um problema. O proprietário da emissora, Mario Wallace Simonsen, já sofria os primeiros sinais de uma perseguição política que culminaria com a cassação da Excelsior no governo Médici. O que aconteceu foi que a música e, de uma forma geral as artes, por si só, estimulavam os questionamentos ao governo e a uma burguesia que o apoiava.

A MPB foi, portanto, na contramão de dois movimentos que a antecederam: a Bossa Nova do barquinho, do banquinho, da juventude da Zona Sul carioca e a Jovem Guarda, urbana, suburbana

HISTÓRIAS DE MÚSICA E CENSURA EM TEMPOS AUTORITÁRIOS

com seus carrões e festas de arromba. A temática agora era outra e o que surgiu, já na TV Excelsior, foi a música politizada, engajada, repleta de preocupações sociais. Essa música já ecoava em diversos lugares, mas ganhou corpo nas ações promovidas pelo CPC (Centro Popular de Cultura), ligado à União Nacional dos Estudantes (UNE), fundado em 1961 (o regimento interno só seria aprovado, em assembleia geral, em março do ano seguinte), cujo objetivo era provocar um movimento de cultura popular relacionado à intensa mobilização política que havia no período anterior a 1964.

No mesmo dia em que aconteceu o golpe militar, a sede da UNE, na Praia do Flamengo, 132, foi incendiada e fuzilada. Pouco depois, a entidade foi colocada na ilegalidade. Alguns de seus criadores se reuniram, então, para dar forma a um espetáculo que marcou época, mas também significou um dos últimos atos do CPC, o show *Opinião*.

No palco, um sambista carioca, interpretado por Zé Kéti, o nordestino João do Vale e Nara Leão, a mocinha da Zona Sul (que depois seria substituída por Maria Bethânia) faziam um verdadeiro manifesto sobre o caminho que a música brasileira deveria seguir naqueles tempos.

Já no texto de apresentação do livro *Opinião – Texto Completo do Show*, os autores, todos oriundos do CPC, Armando Costa, Oduvaldo Vianna Filho e Paulo Pontes resumiam suas ideias: "Este espetáculo tem duas intenções principais. Uma é a do espetáculo propriamente dito. Nara, Zé Kéti e João do Vale têm a mesma opinião: a música popular é tanto mais expressiva quanto mais tem uma opinião, quando se alia ao povo na captação de novos sentimentos e valores necessários para a evolução social, quando mantém vivas as tradições de unidade e integração nacionais. A música popular não pode ver o músico como simples consumidor de música; ele é fonte e razão de música."

O diretor Augusto Boal, em sua autobiografia *Hamlet e o Filho do Padeiro* deu sua visão, tempos depois, sobre o espetáculo, montado então a partir de uma colagem de fontes diversas: músicas, notícias de jornal, citações de livros, cenas esquemáticas e depoimentos pessoais: "Nosso show-verdade era diálogo: João lia a carta que escreveu ao pai ao fugir de casa, menino; lia para Nara, lágrimas rolando, lágrimas que vestiam suas palavras. Nara respondia com ternura, olho no olho, carinhosa: 'Carcará. Pega, mata e come.'"

O Show *Opinião* respondia mesmo aos anseios de uma juventude pronta para a luta. O sucesso foi imediato, reunindo nas primeiras semanas mais de 25 mil espectadores no Rio e, depois, mais de 100 mil em São Paulo e Porto Alegre.

O samba de Zé Kéti, que dava nome ao espetáculo, era a síntese da preocupação social e da rebeldia contra os novos e duros tempos: "Podem me prender, podem me bater / Podem até deixar-me sem comer / Que eu não mudo de opinião".

Voltemos então ao I Festival Nacional de Música Popular Brasileira, da TV Excelsior, de 1965, o que, por conta do nome extenso acabou sendo chamado informalmente de Festival da MPB. Ao espalhar bossa-novistas e jovemguardistas para todos os lados com sua performance no palco, girando os braços e ralentando o andamento para a entrada dos aplausos, Elis Regina trazia duas marcas do que aconteceria em outros festivais: a temática regional, bem brasileira, e a percepção de que subir em um palco, na era da televisão, exigia mais que um número musical. "Arrastão", de Edu Lobo e Vinicius de Moraes, ganhou com sobras. Vinicius ficaria em segundo lugar com a parceria com Baden Powell "Valsa do Amor Que Não Vem", interpretada por Elizeth Cardoso.

No ano seguinte, a Excelsior repetiria a dose na segunda edição do festival, que terminaria com a vitória de Geraldo Vandré e Fernando Lona, com "Porta Estandarte". Mas a coisa esquentaria mesmo na tela de outra emissora, a TV Record, que produziria a nata dos programas musicais nesse período a partir de *O Fino da Bossa*, com apresentação de Elis Regina e Jair Rodrigues. As preferências do II Festival da Música Popular Brasileira se dividiram entre "A Banda", do jovem Chico Buarque, interpretada por Nara Leão, e "Disparada", de Vandré e Theo de Barros, defendida por Jair Rodrigues. O resultado foi um empate entre as duas canções.

HISTÓRIAS DE MÚSICA E CENSURA EM TEMPOS AUTORITÁRIOS

Ao lançar seu *A Era dos Festivais – Uma Parábola*, em 2003, Zuza Homem de Mello, que no período dos festivais era técnico de som da TV Record, revelou um segredo: "A Banda" seria declarada vencedora, mas uma intervenção do próprio autor, Chico Buarque, impediu que isso acontecesse. Chico não considerava a sua canção melhor do que a de Vandré.

Independente do gosto de cada um para canções tão distintas como "A Banda" e "Disparada", Vandré já prenunciava uma nova pauta, repleta de questões sociais e políticas: "Prepare o seu coração / Pras coisas que eu vou contar / Eu venho lá do sertão / Eu venho lá do sertão / E posso não lhe agradar".

O Festival da Record de 1967 seria a prova definitiva de que a música brasileira se transformava, o que não quer dizer que não havia rupturas na mesma trincheira. Na turma que seria reprimida pelo regime militar, e que já lutava com suas armas contra o sistema, havia a ala mais tradicionalista, defensora da "verdadeira" música popular brasileira, e uma outra que entendeu que a mudança comportamental, e também musical, seria um bom protesto. Tínhamos Chico Buarque e Edu Lobo de um lado e Caetano Veloso, Gilberto Gil e as guitarras elétricas do outro. Era o Tropicalismo dando o ar de sua graça. Curioso é pensar que estes gênios da MPB, olha ela aí, um dia estiveram em lados esteticamente opostos.

Apresentado por Blota Jr. e Sonia Ribeiro, com Randal Juliano e Cidinha Campos fazendo as entrevistas, o festival ocorreu nos dias 30 de setembro (primeira eliminatória), 06 de outubro (segunda eliminatória), 14 de outubro (terceira eliminatória) e 21 de outubro (final), no Teatro Paramount, em São Paulo. O evento alcançou 97 pontos no Ibope, ainda em sua fase eliminatória, o que levaria a emissora a bater o recorde mundial de audiência, entrando para o *Guinness Book*, vindo também a ser o programa com maior audiência no Brasil até os dias de hoje.

Mais de 4 mil músicas foram inscritas para participar. Até artistas que transitavam na ala "alienada" da MPB, integrantes da Jovem Guarda defenderam canções engajadas. Ronnie Von interpretou "Minha Gente", de Demétrius; Erasmo Carlos apresentou a sua "Capoeirada"; e Roberto Carlos cantou "Maria, Carnaval e Cinzas".

"Sempre me perguntam se eu tinha a ideia, no início, de que os festivais iriam interferir na música, na televisão e até na política do Brasil. Não, naquele momento eu queria fazer apenas um bom programa. Depois, sim. Quando percebemos o potencial transformador do que acontecia ali, tudo passou a ser pensado, planejado pelos artistas para darem seus recados", explica Solano, que depois de dois anos na Excelsior foi para Record, levado por Paulinho de Carvalho, e lá ficou de 1966 a 1968.

Essa mudança de ambiente foi fundamental para ele e para o futuro do formato das disputas. "Um problema virou uma solução. O estúdio da Record pegou fogo, então restou apenas o Teatro da Record, na Rua da Consolação, para gravarmos. Então os caminhões de externa foram para lá e todos os programas passaram a ser ao vivo, o que foi uma revolução. A presença do público levou a Record ao primeiro lugar em audiência."

Nesse festival, de 1967, Caetano ficou em quarto com "Alegria, Alegria", inaugurando o movimento tropicalista, que ganharia forma definitiva no ano seguinte com o disco *Tropicália ou Panis et Circenses*. O baiano se apresentou de blazer xadrez e uma camisa de gola rolê laranja, quebrando o protocolo dos festivais anteriores, marcados pela obrigação dos trajes de gala.

Chico Buarque ficou em terceiro lugar com "Roda Viva", defendida por ele e pelo MPB4, uma música de versos bem mais contundentes que "A Banda": ("A gente quer ter voz ativa / No nosso destino mandar / Mas eis que chega a roda viva / E carrega o destino pra lá").

"Domingo no Parque", de Gilberto Gil, ficou em segundo lugar. Apresentada por Gil e pelos Mutantes, a canção teve o arranjo moderno de Rogério Duprat, que misturou guitarra e berimbau, se juntando a Caetano no lançamento das bases tropicalistas.

Defendida por Edu Lobo e Marília Medalha, acompanhados do Quarteto Novo, "Ponteio", que remetia ao modo de tocar dos violeiros nordestinos e cuja letra agradou em cheio ao público, foi a grande vencedora do, considerado por muitos, melhor dos festivais.

A esta altura, dois festivais sobressaíam em audiência e disputa, o da Record, o Festival da Música Popular Brasileira, e o da Globo – emissora que já se encaminhava para tornar-se enorme sob os auspícios da ditadura militar –, o Festival Internacional da Canção (FIC). Foi na terceira edição deste festival, em 1968, que a música bateu de frente com a ditadura para valer.

As eliminatórias foram divididas em duas fases: a primeira em São Paulo, realizada no Teatro da Pontifícia Universidade Católica (Tuca), e a segunda, no Maracanãzinho, onde também aconteceu a grande final, no dia 29 de setembro.

Duas canções chegaram à final como favoritas: "Sabiá", de Tom Jobim e Chico Buarque, interpretadas por Cynara e Cybele, e "Caminhando (Pra Não Dizer Que Não Falei das Flores)", de Geraldo Vandré, cantada pelo mesmo. Desde antes, circulavam boatos de que havia uma ordem dos militares para que o hino de Vandré não terminasse em primeiro lugar.

Em sua autobiografia, escrita em 1991, o então diretor da TV Globo, Walter Clark, contou que recebeu uma ordem para que a música de Vandré e também "América, América", de César Roldão Vieira, ficassem fora da disputa. O recado, segundo ele, partiu do ajudante de ordens do general Sizeno Sarmento, na época Comandante do I Exército.

O fato é que o hino de Vandré, ganhando ou não, causaria o mesmo estrago. O recado estava dado, as cartas estavam na mesa.

Por sua vez, "Sabiá" foi, possivelmente, uma das canções mais brilhantes que passou pelos festivais, um casamento perfeito entre letra e melodia. A curiosidade é que, quando convidaram Tom Jobim para participar do festival – logo ele, que detestava festivais –, o maestro já tinha uma melodia pronta, então pediu para Chico fazer algo. Este "algo" seria uma linda letra, incompreendida pelo público, que já abraçara o hino panfletário de Geraldo Vandré. Letra essa que antecipava o exílio, voluntário ou não, de muita gente que estava ali, no palco e na plateia. "Vou voltar / Sei que ainda vou voltar / Para o meu lugar / Foi lá e é ainda lá / Que eu hei de ouvir cantar / Uma sabiá".

Resultado anunciado, vitória de "Sabiá" e uma estrondosa vaia do público, ouvida apenas por Tom Jobim. O maestro, além de "abandonado" por Chico Buarque, que estava em Veneza, na Itália, ainda perdeu uma caixa de uísque para o amigo Vinicius de Moraes, que apostara na vitória da canção. Tom deveria pagar duas caixas para o poeta, já que a música venceu também a fase internacional do festival.

O olhar de Tom e Chico para o que acontecia no país era mais ponderado do que o de Geraldo Vandré, que atacava "soldados armados, amados ou não". Para ele, esperar não era sábio e os estudantes, grande maioria da plateia, pensavam da mesma forma, era hora do embate nas escolas, nas ruas, nos campos e nas construções.

Naquele momento, os festivais eram bem menos das canções. "Este festival foi a gota d'água para os militares. Eu ainda estava na Record, mas um ex-assistente meu que estava fazendo a seleção da fase paulista do FIC me convidou para ajudar na escolha dos finalistas. Nessa, Vandré, Caetano e outros foram para a final. A gente queria dar o recado mesmo. Não tínhamos noção de que viria um ato institucional que transformaria o Brasil numa ditadura para valer", lembra Solano.

Muita coisa já tinha acontecido naquele ano, como a morte do estudante Edson Luís, em 28 de março, e a Passeata dos Cem Mil, em 26 de junho, no Rio de Janeiro. E muita coisa ainda estava por vir, como a batalha da Rua Maria Antônia, em São Paulo, em outubro, quando estudantes da Universidade Presbiteriana Mackenzie, alinhados ao Comando de Caça aos Comunistas (CCC), entraram em choque com a turma da Faculdade de Filosofia, Ciências e Letras da Universidade de São Paulo (USP), dos movimentos de esquerda de resistência à ditadura.

Já por conta da censura, cada vez maior, criou-se, em novembro, o Conselho Superior de Censura, que só bem mais tarde exerceria o seu papel de mediador entre artistas e a Censura. Isso porque, o dia 13 de dezembro chegaria com o AI-5, do presidente Costa e Silva. A partir daí, nem o Brasil, nem os festivais seriam os mesmos.

Solano teria mais uma aventura com festivais em plena ditadura militar. Em 1972, ele estava morando na Alemanha quando foi convidado para dirigir o sétimo – que seria também o último – Festival Internacional da Canção. Uma turma de artistas estava voltando do exílio e os diretores da TV Globo convenceram-no de que seria um evento importante. Mas não foi bem assim.

A nata dos artistas que escreveram a história dos festivais da segunda metade dos anos 1960 já não queria saber mais daquilo. Chico, Caetano e outros estavam pensando em suas carreiras, em como enfrentar aqueles tempos de outra forma.

Mas havia bons artistas querendo espaço como Jorge Ben (mais tarde Benjor), Raul Seixas e outros. E tinha espaço, ainda, para muita confusão. Poucos dias antes da final da fase nacional, Solano Ribeiro foi chamado por Walter Clark: "Ele me disse, sem citar nomes, que os militares exigiam a retirada de Nara Leão do júri, porque ela tinha dado uma entrevista para o *Jornal do Brasil* desancando o regime."

O diretor do festival ficou contrariado e pediu demissão, que não foi aceita. Foi uma noite inteira de pressão, até que Solano teve a polêmica ideia de afastar o júri inteiro, sob o pretexto de escalar um júri estrangeiro, já que dali sairia o representante da fase internacional.

A intenção, segundo o produtor, era causar estranheza, chamar a atenção dos músicos e da imprensa para que houvesse questionamentos. Ribeiro queria criar um fato político. Mas o foco acabou sendo desviado para a questão musical.

"Ninguém entendeu que era uma manobra para neutralizar ou não aceitar o afastamento da Nara. Acharam que fosse uma manobra para beneficiar 'Fio Maravilha', de Benjor, defendida pela Maria Alcina, que acabou vencedora, em prejuízo de 'Cabeça', de Walter Franco, claramente a preferida dos jurados."

Solano diz que a ordem para atender ao pedido dos militares partiu do próprio Roberto Marinho, o todo poderoso dono das organizações Globo: "Por outro lado, de alguma forma, o Roberto Marinho era uma proteção velada. Os militares confiavam nele. Não pediram, por exemplo, para enviarmos as letras das classificadas com antecedência. Mas também não precisava mais. Ali as pessoas já estavam com medo de falar certas coisas."

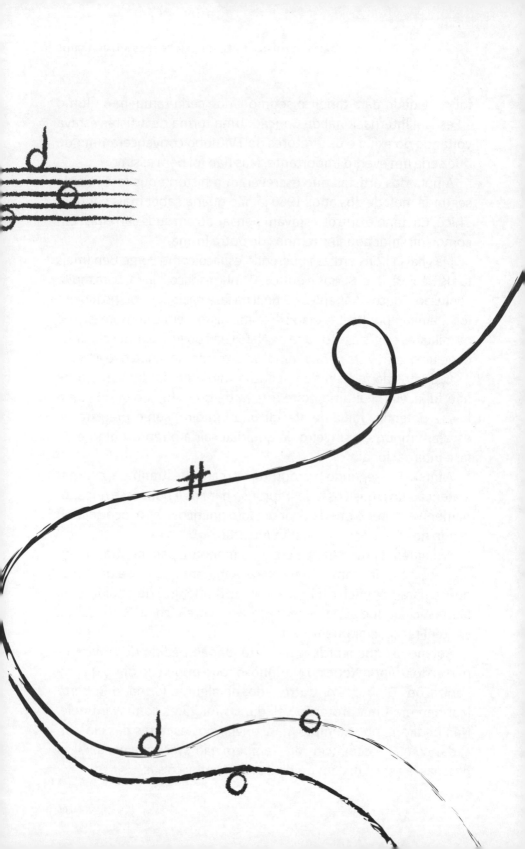

OLÁ, COMO VAI?
(PAULINHO DA VIOLA)

A cena já havia se repetido algumas vezes. Paulinho da Viola chegava em determinado lugar e um conhecido dizia que precisava falar um negócio com ele. Já tinha encontrado o sujeito na rua, no ZiCartola – boteco que o mestre Cartola tinha com a esposa Zica, na Rua da Carioca, em meados dos anos 1960 –, na Portela e por aí vai. Paulinho nunca soube qual era o assunto. Certo dia ele teve um sonho: estava no Aterro do Flamengo, em um ponto de ônibus. Quando o coletivo chega, lotado, ele vê o tal conhecido na frente do veículo, próximo ao motorista. Ele acena, chama o amigo, tenta se aproximar, mas era difícil atravessar a patuleia que se espremia no interior do ônibus. Na altura do Monumento aos Mortos da Segunda Guerra Mundial, popularmente conhecido como Monumento aos Pracinhas, o amigo desce do ônibus e, da rua, vê o sambista suado, esbaforido, tentando fazer contato. Ele acena e, antes de ir embora, grita: "Paulinho, preciso falar um negócio contigo."

Coisa de gênio. Aquela imagem do desespero dele tentando se comunicar com o amigo, a falta de comunicação cotidiana e, principalmente, o momento que o país vivia após o AI-5 foram o ponto de partida para uma das músicas mais representativas daquele momento e do próprio cancioneiro nacional: "Sinal Fechado". "Até hoje eu me pergunto se foi um sonho mesmo, porque as imagens eram tão reais... Quando 'Sinal Fechado' começou a ser feita era mais a imagem de um desencontro que se repetia, mas é claro que foi ganhando um cunho político."

A música, vencedora do V Festival da Música Popular Brasileira, promovido pela TV Record, em 1969, foge ao universo do samba, onde Paulinho foi criado. Influenciado pelos festivais anteriores, ele diz que quando teve o tal sonho, já pensava em fazer uma "música de festival", uma canção dentro da lógica do que passou a se chamar MPB. Mas sua obra-prima quase não foi inscrita. Essa edição do festival, o primeiro desde a decretação do AI-5, foi bastante esvaziada, já que muitos artistas tinham saído – por vontade própria ou não – do país, e os que ficaram resolveram boicotar o evento por conta da censura estabelecida e da curiosa proibição do uso de guitarras elétricas. Por conta disso, essa também foi a última edição produzida pela emissora.

PAULINHO DA VIOLA

(Acervo: Museu da Imagem e do Som)

HISTÓRIAS DE MÚSICA E CENSURA EM TEMPOS AUTORITÁRIOS

O nível da disputa, bem abaixo das edições anteriores, não tira em nada o mérito da canção de Paulinho. Se a concorrência não era grande, "Sinal Fechado" está dentro de qualquer compêndio sobre a Era dos Festivais. O diálogo fragmentado entre dois conhecidos que se encontram no sinal vermelho é uma pérola. A construção da letra, da melodia e o arranjo de cordas dão à música uma tensão crescente, opressora:

– Olá, como vai?
– Eu vou indo... e você, tudo bem?
– Tudo bem, eu vou indo correndo
pegar meu lugar no futuro, e você?
– Tudo bem, eu vou indo em busca
de um sono tranquilo, quem sabe...
– Quanto tempo...
– Pois é, quanto tempo...

– Me perdoe a pressa, é a alma dos nossos negócios
– Oh! Não tem de quê, eu também só ando a cem
– Quando é que você telefona?
– Precisamos nos ver por aí
– Pra semana, prometo, talvez nos vejamos
– Quem sabe?
– Quanto tempo...
– Pois é, quanto tempo...

– Tanta coisa que eu tinha a dizer,
mas eu sumi na poeira das ruas
– Eu também tenho algo a dizer,
mas me foge a lembrança
– Por favor, telefone, eu preciso
beber alguma coisa, rapidamente
– Pra semana
– O sinal...
– Eu procuro você...

209

– Vai abrir...
– Prometo, não esqueço...
– Por favor, não esqueça, não esqueça, não esqueça...
– Adeus

"Sinal Fechado", mesmo sem ser uma clássica música de protesto, afinal isso não combinava com o temperamento do autor, é um marco de um momento em que as coisas não podiam ser ditas diretamente, em que as metáforas superaram o discurso panfletário, em que a inteligência e a sutileza foram percebidas como a melhor forma de se encarar a boçalidade e a truculência. Não à toa, a canção deu nome para o disco de Chico Buarque, lançado em 1974, quando, perseguido pela ditadura, que censurava quase tudo o que ele mandava para a DCDP, foi obrigado a gravar somente músicas de outros compositores.

Curiosamente, a única música censurada de Paulinho da Viola foi "Meu Novo Sapato", lançada no LP *Memórias Cantando*, de 1976, pela Odeon. O samba foi proibido de ser gravado com a seguinte alegação: "alusão ao militarismo".

"Foi um absurdo. A letra tratava de uma maneira jocosa sobre tudo o que a gente estava vivendo em relação à censura, mas era muito sutil, bem-humorada. Era a história de um sapato que sapateava por aí. Vetaram porque falava de uma coisa que se referia a um militar de alta patente. Então eu tirei o que os incomodava, mudei o nome, era só 'Meu Sapato', e a música continuou com o mesmo sentido", lembra.

Mas o samba de Paulinho não era tão inocente assim: "É meu sapato / Que rompe as teias / Que se formaram / Sobre as saídas / Sobre as escadas".

Paulinho, com seu jeito doce e bem-humorado, já tinha dado uma pequena rasteira na censura em seu segundo disco, *Foi um Rio Que Passou em Minha Vida*, de 1970. A décima faixa, "Papo Furado", retrata bem a desconfiança que permeava a vida das pessoas naqueles tempos sombrios de alcaguetes, de dedos-duros. "Existe lá perto de casa / Um cara seu nome eu não quero dizer /

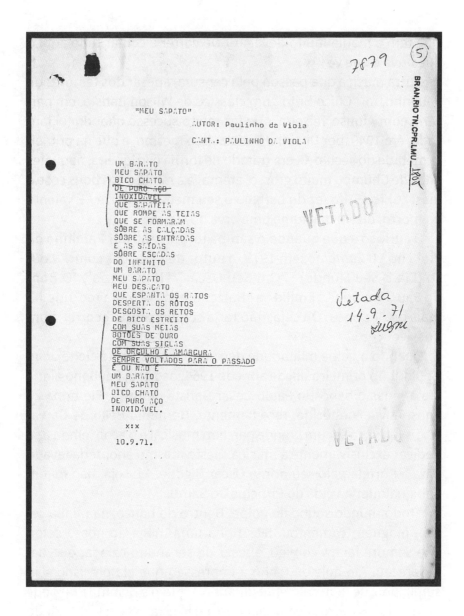

DOCUMENTO VETANDO

a letra de "O Meu Sapato", com os versos considerados problemáticos sublinhados

Que tem a mania muito devagar / De correr e contar tudo aquilo que ouve e que vê".

Outra música que passou pela censura, apesar dos temores de Paulinho, foi "Chico Brito", um clássico de Wilson Batista, em parceria com Afonso Teixeira, que fez muito sucesso quando foi lançada, em 1949, por Dircinha Batista. Isso mesmo, o que na primeira metade do século XX era tratado de forma corriqueira, naqueles Anos de Chumbo muito grosso, atentava à moral e aos bons costumes: "Chico Brito fez do baralho o seu melhor esporte / É valente no morro, dizem que fuma uma erva do Norte".

O curioso é que quando o samba foi gravado por Paulinho da Viola no LP *Zumbido*, em 1979, o autor de clássicos como "Louco (Ela É Seu Mundo)", "Oh! Seu Oscar", "Nega Luzia", "O Bonde São Januário", "Emília" e "Balzaquiana" já tinha morrido há mais de dez anos. Ou seja, não teria sequer como recorrer a um possível veto.

Quando o golpe militar que derrubou o presidente eleito João Goulart, no primeiro dia de abril de 1964, ocorreu, Paulinho ainda era apenas o bancário Paulo César Batista de Faria. Ele tinha 21 anos, havia conhecido, recentemente, Hermínio Bello de Carvalho, que viria a ser um grande parceiro musical e o aconselhou a se dedicar exclusivamente à música. Neste mesmo ano, seria levado para a Portela pelo seu primo Oscar Bigode. Ou seja, não foi um ano qualquer na vida do Príncipe do Samba.

"Todo mundo soube do golpe. Dentro do banco, na minha seção, ninguém comentou. Mas tinha uma moça no nosso setor, que sempre falava comigo, apesar de ser muito calada, que desapareceu. Até hoje eu tenho a impressão que ela precisou sair, sumir, porque, normalmente, quando alguém é demitido ou pede demissão, os outros ficam sabendo. Eu já estava querendo sair do banco quando fui demitido, pouco tempo depois."

No dia do golpe, depois do expediente, ele foi à casa de Hermínio e encontrou o amigo aflito: "Neste dia ele estava muito assustado. Estava preocupado com amigos, com o Carlos Lyra, especialmente. Ele havia me levado, uns meses antes, para conhecer o

ZiCartola e lá tinha muita gente ligada em política, muitos jornalistas, intelectuais. Nesta época eu andava muito com o Elton Medeiros e com o Zé Kéti, que eram politizados, mas ninguém tinha envolvimento direto", conta Paulinho.

Antes de 1969 e do episódio de "Sinal Fechado", o sambista já havia tido algumas experiências em festivais. A primeira delas foi em 1966, com o samba "Canção para Maria", uma parceria com Capinam, que ele havia conhecido no Teatro Jovem. A música ficou em terceiro lugar no ano marcado pela disputa entre "A Banda", de Chico Buarque, e "Disparada", de Geraldo Vandré e Theo de Barros, que terminaram empatadas.

Paulinho já se tornara bastante conhecido, em 1965, por sua participação no *Rosa de Ouro*, espetáculo idealizado por Hermínio Bello de Carvalho a partir das noitadas no ZiCartola. Hermínio queria apresentar expoentes até então quase anônimos do samba de morro. Além de Paulinho, representando a sua Portela, estavam no elenco Elton Medeiros, da Unidos de Lucas; Jair do Cavaquinho, da Portela; Anescarzinho, do Salgueiro; e Nelson Sargento, da Mangueira.

O elenco ainda contava com a participação de Aracy Cortes, artista que reinara absoluta no palco dos teatros da Praça Tiradentes, nas décadas de vinte e trinta, e Clementina de Jesus, que Hermínio conhecera da Festa da Penha. Quelé, como era conhecida, iria revolucionar os conceitos interpretativos tradicionais do samba, mostrando toda uma cadência impregnada de pureza e plena identificação com suas raízes africanas. O espetáculo ficou meses em cartaz no Rio e teve temporada em São Paulo e Salvador.

Sempre que tinha um tempo, Paulinho também aparecia no Teatro Jovem, dirigido por Kleber Santos, que tinha como sede uma casa no Mourisco, no bairro carioca de Botafogo, onde além de espetáculos teatrais e shows, aconteciam reuniões de cunho político.

"No início de 1966, o Kleber tentou fazer algo como no *Opinião*, com o Zé Kéti à frente, mas não vingou. Mas, nas sextas-feiras, a gente se reunia para falar sobre a música popular, seus caminhos, mostrar o que estava sendo criado. Começou com um grupo pequeno. Lembro da Nara aparecer por lá, do Nelson Xavier. Começava tarde, tipo meia-noite. A história cresceu a ponto de, certa vez, o Antônio Houaiss ser o mediador. Ali se discutia a música popular, mas é claro que já era um centro de agitação política, tanto que um dia teve que parar."

Foi numa reunião dessas que Capinam se apresenta a Paulinho. "Sou o Capinam, cheguei da Bahia e quero ser seu parceiro."

"Ficamos conversando. Depois eu fui na casa em que ele morava, em Copacabana, na Chacrinha, por sinal onde meu pai nasceu, e ficamos amigos e parceiros. Logo nasceu 'Canção para Maria'. Ele a inscreveu no festival e só me falou depois."

O sambista, na realidade, não queria nada daquilo. Tímido, ele não lembra sequer de ter assistido à apresentação de Jair Rodrigues no Teatro Record, em São Paulo. Mas, dois anos depois, em 1968, ele foi finalista em dois festivais.

O primeiro, a Bienal do Samba, também promovido pela TV Record, teve a sua única edição em maio e junho de 1968. Todos os grandes compositores do samba foram convidados a participar da disputa. Gente da velha guarda como João da Baiana, Pixinguinha, Wilson Batista e Cartola se misturavam a novos compositores como Chico Buarque, Sidney Miller, Paulinho da Viola e os futuros vencedores Baden Powell e Paulo César Pinheiro, autores de "Lapinha".

Paulinho não havia se classificado na seleção inicial de 36 músicas, mas o samba inscrito por Zé Kéti já havia sido gravado para a trilha de um filme e, por isso, feria o ineditismo proposto pelo regulamento. Foi aí que, numa segunda audição, encontraram uma pérola chamada "Coisas do Mundo, Minha Nega". Pinçada do arquivo morto dos jurados, ela terminaria na sexta colocação, posição mais que honrada, levando-se em conta que na sua frente chegaram – além da já citada "Lapinha" – "Bom Tempo", de Chico Buarque; "Pressentimento", de Elton Medeiros e Hermínio Bello de Carvalho; "Canto Chorado", de Billy Blanco; e "Tive Sim", de Cartola.

Desta vez, Paulinho tomou coragem e foi assistir Jair Rodrigues defender sua música no mesmo Teatro Record. Ele mesmo narra o medo que sentia naquela noite.

"Tinha muito medo de ser vaiado, porque naquele tempo vaiava-se tudo. Estava frio, então fui agasalhado, com uma boina, com medo que alguém soubesse que eu era o autor da música. Era a segunda eliminatória. Tinha uma pilastra e eu fiquei ali, quase escondido, pronto para sair porta afora. Quando o Jair subiu ao palco, um grupo na plateia levantou uma faixa: 'Coisas do Mundo, Minha Nega'. Alguém estava torcendo por mim. Mais tarde fui descobrir que era a família do Chico Buarque."

O segundo festival de 1968, este o último pré-AI-5, já que a final aconteceu no dia 9 de dezembro, quatro dias antes do decreto, foi um problema para Paulinho: "O Hermínio estava preparando um musical, *Fala Mangueira*, e me mostrou algumas letras. Na terceira ou quarta que eu peguei, a música veio junto. Foi o tempo de ele fazer um café. Gravamos a música para não perdermos a inspiração e fui embora. Ele morava ali no Catete."

Pouco tempo depois, o parceiro mandou a música, "Sei Lá, Mangueira", para o festival. Paulinho, que era presidente da Ala de Compositores da Portela, quando soube que o samba estava entre as classificadas, ficou estarrecido. "Eu não podia aparecer em um festival defendendo um samba sobre a Mangueira. Apesar de sermos todos amigos, seria um problema. Fui a São Paulo para tentar tirar a música, mas não consegui. O Flávio Porto, irmão do Sérgio Porto, que era um dos diretores do Festival da Record, disse que não podia fazer nada, que estava muito em cima da hora." O samba chegou até a final e Elza Soares, que o defendeu, ganhou o troféu de melhor intérprete.

O ano de 1969 chegou com um Paulinho da Viola um tanto quanto perdido. Por incrível que possa parecer, ele estava inseguro quanto ao seu futuro musical. Os tempos estavam difíceis e o dinheiro curto. Foi quando surgiu um convite do jornalista Fernando Faro, da TV Tupi, para ele participar de uma tal Feira Permanente da Música Popular, que se propunha ser um contraponto ao

MORDAÇA

Festival da Record daquele ano, que, como já vimos, seria o último devido ao êxodo e à rejeição por parte dos artistas.

A Feira queria misturar a música popular tradicional com novas propostas. Todo mês, até o final do ano, um ou mais artistas ganhariam o prêmio pela melhor música. Paulinho ganhou a canção do mês de maio com "Nada de Novo", juntamente com "Que Maravilha", de Jorge Ben e Toquinho. O dinheiro do prêmio deu novo ânimo ao sambista. Quando chegou agosto, ele tinha duas músicas na manga. Um samba, "Foi um Rio Que Passou em Minha Vida", uma homenagem à Portela, eleita a melhor daquele mês, e "Sinal Fechado", que por eliminação, acabou indo para a o festival da Record. Coisas do Mundo.

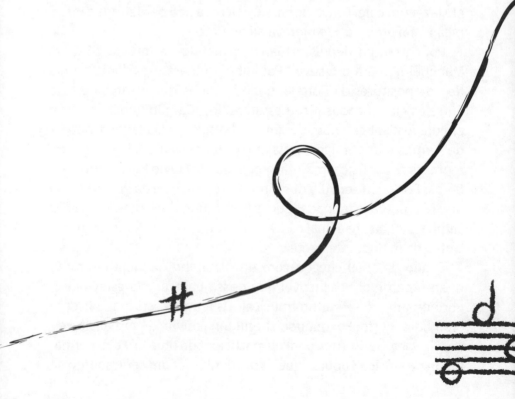

VOCÊ CORTA UM VERSO, EU ESCREVO OUTRO
(PAULO CÉSAR PINHEIRO)

No início dos anos 70, cansado da perseguição da Censura, de ter suas letras censuradas, de não poder falar das coisas que gostaria, o poeta, compositor e escritor Paulo César Pinheiro fez uma proposta inusitada ao parceiro Maurício Tapajós. Queria fazer uma música direta, sem metáforas, sobre o terrível momento que os artistas brasileiros viviam:

– Pode ser, mas a gente vai fazer para cantar aqui na sala, em casa, para a gente mesmo – respondeu um incrédulo Tapajós, já prevendo a bem provável tesourada da Censura.

– Dane-se, vamos fazer assim mesmo, pelo menos a gente desabafa – retrucou, decidido, o poeta.

Assim nasceu um dos mais contundentes hinos da resistência ao governo militar: "Pesadelo": "Quando o muro separa uma ponte une / Se a vingança encara o remorso pune / Você vem me agarra, alguém vem me solta / Você vai na marra, ela um dia volta / E se a força é tua, ela um dia é nossa".

Música pronta, os dois marcam uma reunião com a turma do MPB4: Miltinho, Aquiles, Ruy e Magro. Quando eles ouviram a canção, Miltinho suspirou:

– Ah, se a gente pudesse gravar... Não vai passar, não vão deixar.

– E se passar? – perguntou Pinheiro.

– Se passar a gente grava no dia seguinte – disseram os quatro, em uníssono.

– Deixa comigo – encerrou o poeta.

MORDAÇA

De tanto frequentar os corredores da Divisão de Censura de Diversões Públicas, de observar as artimanhas dos advogados das gravadoras e o próprio trâmite de envio das músicas para os censores, Paulo César Pinheiro, que fazia algumas produções para a Odeon, era quase um especialista no assunto. Dos amigos que fez na gravadora, Salmiro era o funcionário responsável por bater na máquina de escrever as letras das músicas que seriam avaliadas pelo DCDP. Elas eram colocadas em pastas com o nome do disco e dos autores. Pinheiro percebeu que as músicas de alguns artistas demoravam a voltar, e sempre com cortes. Um disco do Gonzaguinha demorava uma eternidade, os do Taiguara, nem se fala. Porém outros repertórios voltavam no mesmo dia. O pessoal do rock, os cantores populares e os seresteiros tinham mais facilidades.

A missão de liberar a ousada "Pesadelo" já tinha a sua estratégia. Salmiro fez vista grossa quando o compositor incluiu a sua canção na pasta com as letras do novo disco de Agnaldo Timóteo. Não deu outra, a pasta foi enviada de manhã e, à tarde, estava de volta com a liberação. No mesmo dia, ele ligou para a moçada do MPB4 e disse que eles poderiam gravar.

A música entrou no disco *Cicatrizes*, de 1972, com um arranjo maravilhoso de Magro, que fez questão de ressaltar a expressão "olha aí", como quem diz para o inimigo ficar ligado porque iria ter troco. Mas o que era "Pesadelo" senão uma vingança já muito bem executada?

No primeiro momento, mesmo depois do lançamento do disco, a Censura não percebeu aquela maravilhosa subversão, o que não impediu a música de ter outros tipos de veto.

"Curiosamente, ela foi censurada pelas rádios, que proibiram a execução antes que desse problema. Fui, pessoalmente, em algumas, mas eles tinham medo que os 'homens', como eles chamavam os militares, fechassem as emissoras. Só tocava em shows do MPB4 com o Chico Buarque, que na época se apresentavam juntos. Pensavam inclusive que a música era do Chico. Quando ela passou a se espalhar em todo canto, como um hino revolucionário, eles despertaram. Aí, a Censura Federal de Brasília mandou

MAURÍCIO TAPAJÓS E PAULO CÉSAR PINHEIRO
(Acervo: Museu da Imagem e do Som)

uma ordem para Censura Regional, na Evaristo da Veiga, para que reconsiderassem a liberação", lembra.

A história demorou muito tempo para ser contada porque Pinheiro não queria expor seus personagens. Ele conta que, no período mais pesado, os censores passaram a ouvir até músicas instrumentais em busca de uma palavra solta, alguma mensagem cifrada. Paranoia pura. "Começaram a cortar também pelo nome. 'Zanzibar', do Edu Lobo, não tinha letra, mas eles acharam que devia ser o nome de um quilombo repleto de revolucionários."

Os censores devem ter achado o mesmo quando deram de cara com a canção "Sagarana", uma homenagem de Pinheiro e João de

Aquino a Guimarães Rosa. A música havia sido cantada no IV Festival Internacional da Canção, em 1969, por Maria Odette. Na ocasião, o poeta assistiu à apresentação na plateia, com Vilma, a filha do escritor. Em "Sagarana", Pinheiro se apropria com reverência da linguagem e do estilo de Rosa, da sua maneira de contar uma história, neste caso, a de um triângulo amoroso de final trágico.

Pois bem, passado o festival, a letra foi submetida à Censura para ser gravada no primeiro disco de Pinheiro, de 1972, e foi prontamente vetada. Indignado, ele foi à DCDP, com o livro na mão. Tentou de tudo. Explicou quem era Guimarães Rosa, que a letra era uma história de amor, um conto, que não tinha nada de subversivo naquilo, mas de nada adiantou. Os censores, mesmo sem entender o conteúdo da canção, bateram o pé. O argumento era que a música era "muito estranha", que ali devia ter algum código secreto, parecia coisa de guerrilheiro. Até que um deles solta a seguinte pérola: "Vamos manter o veto para todos os efeitos, assim não sobra pra gente." "Como é que eu poderia argumentar contra uma idiotice desta?", lembra o músico.

"Sagarana" foi gravada dois anos depois, no disco *Paulo César Pinheiro* e teve uma segunda gravação, em 1977, na voz de Clara Nunes, então sua mulher, no LP *As Forças da Natureza*.

Tudo na vida de Paulo César Pinheiro, que tinha 15 anos no dia do golpe militar de 1964, começou muito cedo. Ele já compunha desde os 12, 13 anos e, quando a ditadura deu as caras, já tinha ao menos um sucesso, "Viagem", com o parceiro João de Aquino. Mesmo tão precoce, a política sempre fez parte de sua vida, já que seu pai, Samuel, empregado da Light e da Cia. Telefônica Brasileira, era um sindicalista ferrenho. Integrante do primeiro Grupo dos Onze do Brizola, movimento de cunho nacionalista que visava incrementar as reformas propostas por João Goulart e pregava o rompimento com o imperialismo americano, Samuel, a partir da instauração do governo militar, teve que sumir por uns tempos. "Meu pai era um sindicalista muito respeitado, tinha um codinome e tal. Eu ouvia as histórias dele em casa, a coisa de ser um cara que lutava por causas importantes. Então, de certa forma aquilo foi se concretizando dentro de mim, uma visão política das coisas", lembra.

A música também foi levando o poeta para lugares onde a política fervilhava. Um desses lugares foi o mítico Teatro Opinião. Primeiro, como um mero espectador. Depois, como o menino de 15 anos que mostrava suas primeiras músicas e lia trechos de uma peça, de sua autoria, com o sugestivo nome de *Carta ao Povo*. Foi numa dessas apresentações informais que ele recebeu um convite do violonista Roberto Nascimento, que tocava em peças de Vianinha e foi um dos músicos do espetáculo *Opinião*, para um show que aconteceria na Escola Nacional de Música.

"Acho que foi em maio, pouco tempo depois do golpe de 1964. Lá só tinha fera, muitos dos grandes nomes da música brasileira, e ninguém me conhecia. Eu não sabia direito o que iria fazer. Então eu fiquei por lá esperando e o meu momento não chegava. Pensei: 'Acho que o Roberto me limou.' Era muita gente. Em determinado momento, ele me chamou e disse: 'Você vai ser o penúltimo.' Eu perguntei: "Quem vai ser o último?" Ele disse: 'O Baden, que é o mais importante, e antes de você vem o Edu Lobo.' Eu estava espremido entre os dois, mas deu certo. Falei um poema chamado 'Liberdade', depois cantamos umas coisas fortes. A partir deste momento passaram a me chamar para tudo."

A peça *Carta ao Povo* foi apresentada, no mês seguinte, no Teatro do Diário de Notícias, na Rua do Riachuelo. Recebeu elogios de Paschoal Carlos Magno, o grande nome do teatro brasileiro à época, e tinha outras apresentações marcadas quando foi censurada. A primeira censura a gente nunca esquece: "Alguém da Polícia Federal viu e achou impróprio. Aí a peça morreu. A música que deu origem ao espetáculo ficou vetada por anos. Quando foi liberada, a gente já tinha esquecido, estávamos em outros caminhos." Eis um trecho da letra:

> *Não vou gritar teu nome alto*
> *Se não me dá um salto no alto do pescoço*
> *Eu vou contar a tua vida, atualmente lida no*

> *peito de um moço*
> *Que hoje é só quem grita, é quem pode gritar*
> *Pois só velho é quem dita a lei desse lugar*
>
> *És nascida de um berço*
> *Com um cristo do lado, singelo*
> *Entre a cruz e o terço*
> *Entre a foice e o martelo*

Em 1965, com 16 anos, Pinheiro já era parceiro de Baden. Três anos depois, em 1968, a dupla ganha a primeira Bienal do Samba, da TV Record, com "Lapinha". "Era um festival de convidados. O Baden foi chamado com o Vinicius. A gente já tinha bastante música, mas ele estava apaixonado por 'Lapinha'. Então ele bateu o pé e disse que só participaria se fosse com aquele samba. Fizeram um adendo para eu participar. Só tinha fera, João da Baiana, Pixinguinha, Nelson Cavaquinho, Cartola, Sinval Silva, Elton Medeiros, Chico Buarque, Paulinho da Viola, Sidney Miller..."

A partir daí, PC Pinheiro entra de vez na onda dos festivais. Ainda em 1968, fica em sexto lugar no III Festival da Música Popular Brasileira, da Record, com "A Grande Ausente", uma parceria com Francis Hime defendida por Taiguara, e é finalista do III Festival Internacional da Canção, da Globo, com a já citada "Sagarana", em parceria com João de Aquino, e com "Anunciação", outra com Hime. No ano seguinte, concorreu ao IV FIC com "Sermão", dele e de Baden.

"A partir dos festivais eu comecei a sentir a barra da censura pesar. Minhas músicas eram muito instigantes e comecei a ir muitas vezes discutir os vetos na Censura Regional, que funcionava ali na Evaristo da Veiga com a Senador Dantas, no prédio da Polícia Federal. Conhecendo os censores, percebi que eram pessoas de muito baixo nível cultural. Funcionários públicos que não tinham o que fazer e a PF encostava ali. Eu discuti com um censor que era motorneiro de bonde."

HISTÓRIAS DE MÚSICA E CENSURA EM TEMPOS AUTORITÁRIOS

Um dia, em 1974, cansado de ver muitas de suas músicas impedidas de serem gravadas, Pinheiro resolve tentar a liberação de "Cordilheira", parceria com Sueli Costa, na mais alta esfera. Ligou para um amigo dos tempos de colégio, um delegado da Polícia Federal, e pediu uma ajuda para conversar com algum dos responsáveis, para entrar no prédio da PF, em Brasília.

"Fiquei lá de 9h às 17h. Perdi a noção de em quantas salas eu entrei e com quantas pessoas eu falei. No fim da maratona, eu consegui conversar com o censor chefe, o diretor da DCDP, Rogério Nunes. Ele pegou a letra e disse, com um ar autoritário, que não dava para liberar, que era muito pesada, que não iria passar por cima da Divisão Regional. Na verdade, ninguém queria meter a mão em porra nenhuma, todos tinham medo. Até mesmo eles. Só no final dos anos 70 é que a coisa afrouxou, que começaram a tirar tudo da gaveta. A Simone só foi gravar a música em 1979, no disco *Pedaços*."

O medo era mesmo generalizado. Todo mundo tinha receio de comprar barulho com os militares. A censura também vinha das rádios, que não tocavam determinados autores; das gravadoras, que tentavam interferir nos repertórios, com medo de serem perseguidas; e dos teatros, que viam algumas temporadas não chegarem ao fim.

Ainda em 1974, na primeira temporada do show *O Importante É Que a Nossa Emoção Sobreviva*, Pinheiro, o parceiro Eduardo Gudin e a cantora Márcia alternavam canções contundentes com poesias e improvisos do poeta. Aquilo soou como um alento em um momento em que só havia desesperança, em que tudo estava cinzento. Logo, a turma da Censura chegou para ver o que estava acontecendo no emblemático teatro Tuca, em São Paulo.

"Não tinha nada escrito, era tudo no improviso, eu falava coisas pesadas mesmo. Então começaram a mandar agentes do Dops, da Polícia Federal, censores para sentarem na primeira fila, olhando para a cara da gente. Era para atemorizar, intimidar. Nesta época, todo show tinha que ser mostrado para a Censura antes de estrear. Essa era a hora do drible. Eles liberavam uma coisa e a gente apresentava outra. Mesmo assim, eles iam até o camarim depois das apresentações para dizer o que tinha que ser cortado. Mais tarde, começaram a ameaçar de forma mais direta. A gente tinha medo. Eu tinha amigos perseguidos e desaparecidos."

Mesmo assim, o show gerou um disco que virou um símbolo do movimento estudantil. *O Importante É Que a Nossa Emoção Sobreviva* ganhou disco de ouro, o que gerou outro show, dois anos depois, e mais um disco. Em 1996, o trio ainda gravou, ao vivo, no Theatro Municipal de São Paulo, *Tudo Que Mais Nos Uniu*.

"As músicas e tudo o que acontecia no palco faziam parte de um contexto político. Para os estudantes, aquele show era um desabafo e uma recarga de forças. Eles queriam sair dali e dominar o mundo."

Na peleja do poeta com a ditadura militar, uma de suas canções mais importantes, que virou um dos hinos da anistia, curiosamente não foi feita com esse intuito: "Tô Voltando", parceria de Pinheiro e Maurício Tapajós.

"A música tem dessas coisas. Você faz, às vezes, com uma intenção e ela própria se encarrega de ganhar outro sentido. A gente não tem força sobre isso. O Maurício estava viajando, pelo Projeto Pixinguinha, com o João Nogueira e o Sérgio Cabral, o pai. Estava há um mês e meio na estrada, rodando pelo Brasil. Um dia ele liga cheio de saudades do Rio, da praia, dos nossos uísques. Disse que queria fazer uma música sobre esse sentimento, sobre a eterna vontade de voltar. Ele fez uma melodia e repetia sempre a expressão 'tô voltando'. Fiz a letra em cima disso, da saudade dos filhos, da mulher, dos amigos."

Quis o destino que neste mesmo período, nos estertores da década de 1970, mais precisamente 1979, o então presidente João Baptista Figueiredo, pressionado por uma ampla mobilização popular, promulgasse a Lei da Anistia. Foi quando caiu a ficha do sentido que a música ganharia a partir daquele momento. "Tempos depois, eu estava vendo o *Jornal Nacional* quando chegou o avião com os primeiros exilados. Os caras desembarcaram cantando 'Tô Voltando'. Chorei muito, fiquei chapado."

Aquelas lágrimas eram pelos que voltavam, mas também pelo Brasil que tinha ido embora. O Brasil que antes de ser tomado por militares era o país do presente. Era a pátria da grande tenista Maria Esther Bueno, da seleção bicampeã do Mundo de 1958 e 1962. Nas artes, berço do Cinema Novo, do Teatro de Arena, do Teatro Opinião, do Teatro Negro, da Bossa Nova. Era celeiro de personagens geniais como o arquiteto Oscar Niemeyer, os artistas plásticos Hélio Oiticica e Lygia Clark, do dramaturgo Vianinha. Era o Brasil que acontecia.

"A herança deste período terrível foi o esmagamento da cultura popular brasileira. Não éramos só nós, compositores, que estávamos sendo censurados. Escritores, cineastas, jornalistas também estavam na mira. Os teatros eram invadidos pelo CCC (Comando de Caça aos Comunistas). Esse período afastou grande parte do povo e da juventude dos movimentos culturais, da linguagem brasileira artística. As coisas que passaram a estar no ar eram vindas de fora."

Nesse processo de aculturamento, ele cita uma matéria dos anos 1970, do *Jornal do Brasil*, em que André Midani, então presidente da PolyGram, afirmava que o futuro da música brasileira era o rock. "Eles já estavam investindo neste projeto. A música brasileira, que naquele momento tinha ganhado o mundo, foi deixada de lado. Abraçamos o que os americanos tinham de pior, via gravadoras, rádios e televisão. A música que ouvimos hoje é reflexo disso. As matrizes já não são nossas. Vieram de fora. E o que veio depois da ditadura? O rock nacional."

Para Pinheiro, a herança deixada pela ditadura militar para os jovens de hoje é uma total desesperança: "Vejo o que passou por aqui com clareza e tenho pena dessa juventude de hoje, que está perdida, sem saber qual caminho seguir, brigando entre si. As pessoas estão se agredindo na rua, na mesa do bar, nas redes sociais e não têm sequer um inimigo ou não o reconhecem. É uma juventude com um copo na mão e a cara imbecilizada. A massa é essa, o resto é gueto."

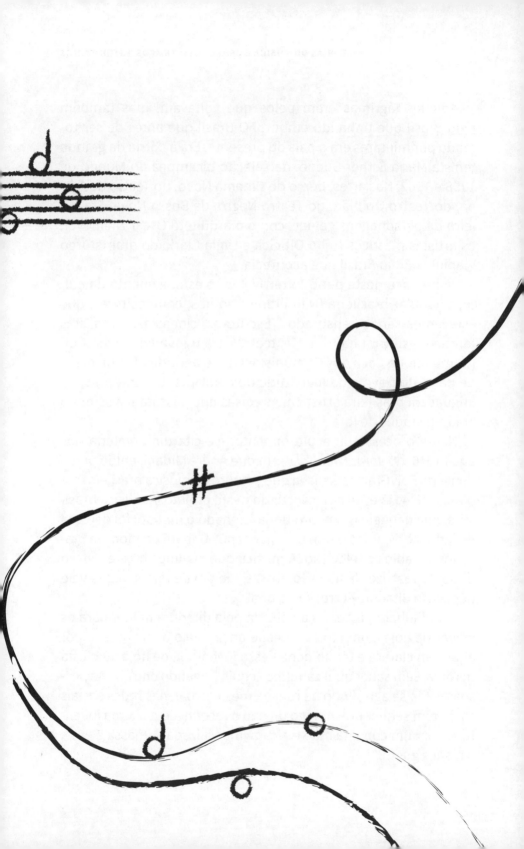

O IMPORTANTE É QUE A NOSSA EMOÇÃO SOBREVIVA
(EDUARDO GUDIN)

Não serei o poeta de um mundo caduco
Também não cantarei o mundo futuro
Estou preso à vida e olho meus companheiros
Estão taciturnos, mas nutrem grandes esperanças
Entre eles, considero a enorme realidade
O presente é tão grande, não nos afastemos
Não nos afastemos muito, vamos de mãos dadas

Não serei o cantor de uma mulher, de uma história
Não direi os suspiros ao anoitecer, a paisagem
vista da janela
Não distribuirei entorpecentes ou cartas de suicida
Não fugirei para as ilhas nem serei raptado por serafins
O tempo é a minha matéria, o tempo presente, os
homens presentes

O poema acima "Mãos Dadas", de Carlos Drummond de Andrade, copiado por um anônimo no banheiro do Bar do Alemão (reduto boêmio e musical de São Paulo) sobreviveu a várias reformas, desde o início dos anos 1970. Cercado de mensagens políticas ou simples pichações, ele permaneceu intacto, até o fim da década de 1980, como uma espécie de farol libertário em tempos difíceis. O boteco, que em sua história abrigou gente como Paulo Vanzolini, Cartola, Nelson Cavaquinho, Adoniran Barbosa, Paulo César

Pinheiro e a turma do MPB4, nasceu em 1968, o mesmo ano do AI-5, um ano marcante também para um de seus frequentadores e, hoje, sócio, o cantor e compositor Eduardo Gudin.

Em 1964, quando os militares tomaram o poder, Gudin tinha apenas 14 anos. O golpe não significou nada, no primeiro momento, para o garoto de classe média paulista que vivia agarrado ao seu violão. "Hoje há a percepção do golpe como uma aberração à época, como uma exceção, mas eu discordo. A classe média, quanto mais aqui em São Paulo, não se importou muito. Eu não tinha noção do acontecido, estava ligado na música, no meu instrumento", conta.

A entrada no meio musical, o início da parceria com Paulo César Pinheiro e o encontro com gente como o jornalista Gilberto Vasconcellos, no entanto, transformariam sua visão de mundo. "A minha relação com a música se dá muito cedo. Comecei a fazer música com o Paulo César Pinheiro aos 17 anos. Em 1968, eu já estava vendo aquilo tudo, vivendo o ambiente dos festivais."

Gudin já havia se apresentado no programa *O Fino da Bossa*, da TV Record de São Paulo, levado por Elis Regina e Ronaldo Bôscoli, em 1967, o que lhe rendeu um contrato com a emissora. Este contrato abriu portas para que ele se tornasse um músico requisitado. Seguindo seus pares, resolveu concorrer, em 1968, ao IV Festival de Música Popular Brasileira, da Record, com o "Choro do Amor Vivido", parceria com Walter de Carvalho, que recebeu arranjo de Hermeto Pascoal e interpretação do grupo vocal Os Três Morais.

No ano seguinte, voltou à carga na quinta edição do festival, obtendo a quinta colocação com "Gostei de Ver", dele e de Marco Antônio da Silva Ramos, interpretada por Márcia e Os Originais do Samba. Mas, segundo ele, a disputa de 1969, a que teve como vencedora a música "Sinal Fechado", de Paulinho da Viola – que representava muito aquele momento de angústia e desencontro – já estava esvaziada.

"O Festival Internacional da Canção de 1968, o que teve a disputa entre 'Sabiá', de Tom Jobim e Chico Buarque, e 'Pra Não Dizer Que Não Falei das Flores', de Geraldo Vandré, aconteceu no mês de setembro. Ali, todos já tinham consciência do que estava acontecendo no Brasil. A linguagem era direta, o que mudou a partir do AI-5, quando a censura deixou de ser velada para ser institucionalizada", lembra Gudin. "No ano seguinte, muitos artistas já tinham saído do Brasil, ou exilados, ou para fugir da repressão. E, muitos dos que estavam aqui, não quiseram participar. Não à toa, o V Festival da Música Popular Brasileira foi o último da Record."

Antes deste festival, ele já havia conhecido Geraldo Vandré na TV Tupi, a qual frequentava por conta de sua amizade com o jornalista e produtor Fernando Faro. Gudin se lembra do dia em que Vandré chegou para mostrar um compacto – pequeno disco de vinil com uma ou duas faixas de cada lado – que havia gravado com a música "Che", em homenagem ao líder da revolução cubana Ernesto Che Guevara.

Ele também esteve com o autor de "Disparada" (parceria com Theo de Barros) em um show em apoio aos estudantes da USP, ligados à UNE (União Nacional dos Estudantes), após o conflito destes, no dia 2 de outubro de 1968, com a turma da Universidade Mackenzie que integrava o CCC, Comando de Caça aos Comunistas.

"Foi um momento marcante ver Vandré e Baden juntos com os estudantes cantando 'Se a Tristeza Chegar', parceria dos dois. Aqueles versos não me saíram da cabeça: 'Se você quiser, se você lembrar / Você vai saber, nunca mais vai chorar / Que o amor mais lindo vai ensinar / Que todos os tristes, querendo juntos, / Toda a tristeza vai se acabar'."

Mas, na lembrança do compositor, uma cena foi fundamental para sua compreensão do momento que vivíamos: "Certo dia, passei pela casa do Chico Buarque, no Pacaembu. Ele não morava mais em São Paulo, mas estavam a mãe, Dona Maria Amélia, e as irmãs dele. Era uma casa que vivia de portas abertas. Então eu entrei, vi uma luz bonita no fundo da sala. Caminhei até lá e encontrei aquela senhora, com o ouvido colado num radinho que anunciava um sequestro. Não lembro se do embaixador alemão ou do americano. Então ela disse, confiante: 'Vai dar tudo certo, eles vão conseguir.' Não era um jovem estudante revolucionário, mas uma senhora. Aquilo muito mexeu comigo."

Em seu primeiro disco, de 1973, a parceria com Paulo César Pinheiro já estava firmada, tanto que, das onze faixas do disco, oito eram da dupla. Ali, Gudin já teve problemas com a censura. "Duas músicas eu não pude gravar: 'É Melancolia' e 'Maior É Deus', que só conseguimos liberar depois de mudar a palavra 'censura' no verso que dizia: 'Tem gente que não faz nada e censura o que não é seu'", conta. "Tive também uma parceria com o Sergio Natureza que foi vetada. Mas quem lidava com estas questões eram os letristas, porque as palavras é que eram censuradas. O Paulinho é que ia lá resolver com os censores."

A consciência chegou, juntamente com o medo de todos os artistas que tentavam confrontar, com letras e melodias, a truculência da censura. Depois do disco de 1973, prestigiado pela Odeon, ele foi convidado para fazer, em 1974, um show no Tuca, teatro da Universidade Católica (PUC-SP), um dos principais espaços de criação artística e resistência cultural e política durante o período militar.

Pensando em como ocupar aquele palco histórico, chegou a dois nomes: o parceiro Paulo César Pinheiro e a cantora Márcia, com quem já vinha trabalhando desde o festival de 1969. Para dirigir o espetáculo, ele chamou o engajado dramaturgo e ator Chico de Assis, combatente artístico histórico do Teatro de Arena e do Teatro Jovem, que atuavam juntos aos Centros Populares de Cultura da UNE antes do golpe. Por diversas razões, Chico não pôde ficar à frente do show, mas deu ideias que resultaram no formato final de O Importante É Que a Nossa Emoção Sobreviva, nome tirado de uma frase da canção "Mordaça", de Gudin e Pinheiro.

"Neste momento, já fazíamos as coisas de forma pensada. Já era uma reação dentro da ditadura mais barra-pesada", lembra Gudin. "O Chico, que fez com o Carlos Lyra a 'Canção do Subdesenvolvido', sugeriu que, dentro do possível, déssemos mesmo esse tom político."

Foi um sucesso tão grande que a temporada se estendeu para o Teatro Oficina e a Odeon resolveu fazer do show um disco, lançado em 1975. Quer dizer, dois, porque, no ano seguinte, eles se reencontraram para um novo trabalho.

Para se ter uma ideia do tom político dos shows, o de 1974 trazia canções como "Consideração": "Toda cidade vai cantar / E finalmente vai voltar / O tempo da paz, os tempos atrás / O tempo da consideração / Quando era menos ambição / E o coração valia muito mais".

O Importante É Que a Nossa Emoção Sobreviva terminava com um poema de Paulo César Pinheiro, "Cautela" ("Se não te cuidares, cuidado com as armadilhas do ar / Qualquer solto som pode dar tudo errado"), que precedia o número final, a visceral "Mordaça": "É provável que o tempo faça a ilusão recuar / Pois tudo é instável e irregular / E de repente o furor volta / O interior todo se revolta / E faz nossa força se agigantar".

O segundo show caminhou na mesma direção, com canções como "Velho Passarinho", que fala de uma separação, mas que, em determinados trechos, manda seu recado: "Deus sabe o que faz / Os temporais são pra adubar o chão / Falei, não por consolação / Eu vejo assim, não há nada que tenha fim". Ou "Essa conversa": "Nós respiramos o mesmo ar / Somos irmãos do mesmo lugar / Por que você quer nos iludir?".

Para o músico, o assassinato do jornalista Wladimir Herzog, em outubro de 1975, por agentes da ditadura, foi o começo de um longo processo que culminou com o fim da censura: "Eu estive na missa rezada pelo arcebispo de São Paulo Dom Paulo Evaristo Arns. Ali a coisa começou a ruir. Lembro que a Catedral da Sé estava cercada de militares e o Dom Paulo disse, no final, para não sairmos 'em menos de três e não mais que três', já que, nesses tempos, era proibido andar em grupo."

A história conta que meses depois, o presidente general Ernesto Geisel destituiria o comandante do II Exército, o general Ednardo D'Ávila, para dar início a um processo de abrandamento do regime, que se deu, convenhamos, de forma mais lenta que deveria.

Prova disso é que, em 1979, Gudin se viu às voltas com a tal da censura "mais branda", ao idealizar um festival universitário. A intenção era ouvir o que os jovens músicos da época tinham a dizer. E esses jovens eram Arrigo Barnabé e a turma que depois seria chamada de Vanguarda Paulista. Depois de convencer o amigo Orlando Duarte, diretor da TV Cultura, a realizar o evento, ele percebeu que a censura não tinha acabado, apenas mudado na forma de exercer seu veto moral e político.

"Nos anos 1970 tínhamos medo até de tomar um cafezinho com alguém. Tinha gente infiltrada em todos os lugares. Era o terror. Já em 1979 era diferente, era uma censura velada, uma espécie de pré-censura." E esta pré-censura se deu da seguinte forma: Houve um "pedido" para que as músicas selecionadas para final fossem mandadas, antes da divulgação do resultado, para a Divisão de Censura e Diversões Públicas (DCDP).

Gudin, então, argumentou com seus colegas da TV Cultura que o compromisso dele era artístico, que um veto a uma canção poderia estar matando a carreira de um artista. "A solução que criei foi mandar uma carta para cada músico finalista, avisando do resultado antes de enviar a lista para a DCDP. Se eles cortassem alguma canção, ficaria na conta deles, todos saberiam que, ainda naquele momento, a censura estava bem viva. A minha sorte foi que a única letra censurada era de um compositor que estava entre os reservas, quer dizer, numa fila de espera para alguma eventual desclassificação."

MEMÓRIAS DE UM SARGENTO COMPOSITOR
(MARTINHO DA VILA)

"Sim, eu era milico", confirma Martinho da Vila, sem titubear e sem exibir qualquer sinal de desconforto ao falar sobre seu passado como militar.

Aos 80 anos de idade quando concedeu entrevista para este livro (em agosto de 2018), de bem com a vida e muito bem-humorado, um dos maiores sambistas do Brasil tem uma das histórias mais ricas quando o assunto é censura de músicas durante a ditadura. Além do passado como milico, ele era um dos poucos compositores a ir pessoalmente tentar a liberação de suas letras vetadas pelos censores. Quase sempre, conseguia.

Entre 1956 e 1970, Martinho José Ferreira fez carreira no Exército Brasileiro, onde alcançou a patente de 2º Sargento. Depois de nascer na roça, na cidade de Duas Barras, interior do estado do Rio de Janeiro, e morar em barraco de zinco na favela, ele diz que foi parar no Exército por acaso. Ainda garoto, entrou no Senai (Serviço Nacional de Aprendizagem Industrial), onde pretendia se formar como mecânico de automóveis, mas acabou fazendo o curso de auxiliar de químico industrial. Em seguida, foi encaminhado ao Laboratório Químico e Farmacêutico do Exército e assim iniciou a carreira militar. "Me formei para ser auxiliar de químico civil", conta Martinho. "Só que eu tinha 18 anos e precisava ter o serviço militar completo para ser admitido por um laboratório civil. Por isso, fui servir o Exército como voluntário. Quando estava próximo de dar baixa, fui ver quanto ganhava o pessoal, os civis que tinham a função que eu iria exercer, e descobri que o salário era muito baixo, menor do que o de sargento. Aí, eu falei: 'Pô, então vou ser sargento!' (risos). Fiz o curso para sargento e fui ficando... Mas eu era um sargento burocrata. Servi sempre em gabinete."

Mais tarde, quando já tinha começado uma promissora carreira de cantor, resolveu dar baixa do Exército. Só que, para isso, Martinho precisava negociar com os militares. Promovido a 2º Sargento, ele não poderia dar baixa antes de três anos de serviço. No Ministério do Exército, onde trabalhava, conversou sobre sua situação com os superiores e ouviu a seguinte proposta: eles dariam a baixa, mas, em troca, ele teria que fazer uma propaganda, um convite para que os jovens de 18 anos se alistassem. E assim foi feito. A baixa de Martinho do Exército foi transmitida para todo o Brasil pelo *Jornal Nacional*.

Como sambista, Martinho da Vila apareceu para o grande público em 1967, quando participou do III Festival da Record com a música "Menina Moça". Naquele período conturbado da história brasileira, às vésperas do AI-5, ser artista e militar ao mesmo tempo não era fácil. "Era uma confusão", ele diz. "Porque a direita mais radical achava que eu era membro do Partido Comunista e a esquerda pensava que eu era um militar infiltrado no meio artístico, já que havia militares infiltrados em todos os meios da sociedade. Então, era meio confuso. Às vezes, eu entrava num lugar e alguém gritava 'sargento!', como se aquilo fosse um xingamento. Mas os outros artistas nunca vieram falar comigo dessa maneira. Alguns até me admiravam por isso. Inclusive, quando fui dar baixa, os artistas mais antigos me aconselharam a não fazer aquilo. Me lembro bem da Elizeth Cardoso dizendo: 'Martinho, você não faça isso! Essa carreira de artista é a carreira mais instável que existe.' O exército, para quem é de origem mais pobre, é um emprego bom, porque te garante uma segurança."

Na intenção de tirar proveito da popularidade do seu agora ex-sargento, o Exército resolveu condecorá-lo com a medalha da Ordem do Mérito Militar, o que criou uma situação bastante desconfortável para o cantor, que não poderia negar a medalha. Por isso, foi até o Ministério para conversar e tentar que o livrassem do imbróglio. "Eu não queria ficar marcado por aquela medalha da maneira como o Wilson Simonal ficou", diz Martinho, referindo-se ao fato de que Simonal ficou estigmatizado como colaborador da ditadura. "Então, consegui dobrar o pessoal do Exército. Falei claramente para eles: 'Olha, se eu aceitar essa medalha, isso vai acabar com a minha carreira.' E eles me liberaram, não é que eu tenha recusado. E ficou por isso mesmo. Eu consegui a liberação." A condição imposta pelos militares era que o sambista jamais dissesse que havia sido convidado e se recusado a receber a medalha.

Talvez aquele episódio tenha funcionado como escola para Martinho, que aprendeu a "dobrar" os militares, como faria nos anos seguintes para conseguir as liberações de suas letras censuradas. Quando a música "Ninguém Conhece Ninguém" foi vetada, em 1968, ele decidiu ir, sozinho, falar com os censores. "Eles estranharam. Acho que nunca tinham visto aquilo, um artista indo lá voluntariamente", lembra Martinho, às gargalhadas.

"Quando cheguei lá, me perguntaram:
– Você quer alguma coisa?
– Eu queria fala com o chefe da Censura.
– Qual é o problema?
– É que uma música minha foi censurada.
– Mas isso não tem jeito.
– Posso falar com o chefe, por favor?
Aí, o chefe apareceu e me atendeu. Nós batemos um papo e consegui liberar a música."

Mas, será que o fato de ter sido sargento exercia alguma influência sobre os censores? Será que isto ajudava o compositor na hora de conseguir as liberações das letras?

"Não", garante Martinho. "Porque ao mesmo tempo em que havia gente que me admirava na Censura, havia outros que achavam que eu era comunista, o que naquela época era pior do que ser traidor da pátria. Foi mais pela simpatia mesmo."

A simpatia e o sorriso são armas que o ex-sargento sempre soube manejar com habilidade. Ele acredita tanto na diplomacia que, recentemente, já na casa dos 70 anos de idade, entrou na faculdade para estudar Relações Internacionais.

Outro facilitador na hora de conseguir as liberações era o fato de não ser visto pelos militares como um artista que levantava bandeira contra a censura. Suas letras dificilmente traziam confrontos diretos com o regime; os temas eram mais motivados por relacionamentos amorosos, pela vida dos sambistas e pela questão da negritude – esta sim, uma bandeira que ele carregou ao longo da carreira e que incomodava as autoridades. Segundo Martinho, "ser do movimento negro era mais perigoso do que ser comunista. O cara sofria por isso, porque o movimento não era apoiado, não era admitido. Se o sujeito fosse apenas comunista era até mais tranquilo, porque ele teria uma retaguarda. Já o ativista do movimento, além de geralmente ser um cara pobre e negro, não tinha costas quentes, não tinha esse suporte".

Apesar de suas letras não privilegiarem o embate político, várias delas foram censuradas pelos motivos mais diversos. Em 1974, quando lançou o disco *Canta, Canta, Minha Gente*, a DCDP cismou com uma palavra da letra de "Disritmia", um dos maiores sucessos da carreira do sambista. A palavra estava no refrão da música, hoje muito famoso: "Vem logo, vem curar teu nêgo que chegou de porre lá da boemia". Naqueles anos em que a repressão e a própria censura estavam no auge, os censores eram instruídos a proibir qualquer palavra que ferisse a "moral e os bons costumes" da sociedade. Para seguirem essas instruções, eles trabalhavam com uma lista de palavras e expressões que não poderiam ser toleradas. Entre elas, as que se referissem à malandragem, vadiagem ou bebedeira. Portanto, foi a palavra "porre" (que quer dizer pileque ou embriaguez) que ameaçou a proibição de toda a letra de "Disritmia". Quando ficou sabendo do caso, o compositor foi até a sede da Censura para levar um papo com seus funcionários:

– Martinho, agora não tem jeito porque nós temos, inclusive, uma relação das palavras que não podem ser usadas nas letras – disse um dos censores.

HISTÓRIAS DE MÚSICA E CENSURA EM TEMPOS AUTORITÁRIOS

– Eu posso dar uma olhadinha nessa relação? – pediu Martinho.
Quando o homem lhe passou a lista, Martinho leu as palavras, uma por uma, e apontou:
– Mas nessa lista não tem "porre".
Um clima pesado tomou conta do ambiente. Os censores conversaram entre eles e, finalmente, disseram:
– Tá bem, Martinho. Nós vamos liberar a música.
"Na lista deles tinha 'bêbado', 'bebida' etc. Mas, 'porre' ninguém lembrou de botar", conta o autor, com um sorriso no rosto. "Imagina se alguém iria usar 'porre' numa letra de música... Eles pensaram que usariam 'ébrio', 'bêbado' etc., mas, 'porre', jamais."

Outra música que quase não passou pelo crivo dos censores foi "Samba de Irmão", parceria com o ator e poeta Mário Lago, que era um comunista notório e, inclusive, teve seus direitos políticos cassados pelo regime militar, em 1964. "Qualquer música que fosse assinada pelo Mário Lago era garantia de não passar pela censura", lembra Martinho. Para conseguir incluir o samba no disco *Meu Laiáraiá* (1970), o ator sugeriu ao parceiro que colocasse o nome fictício Pádua Correia na sua assinatura da composição. Além disso, os autores mudaram o título da canção, que antes se chamava "No Escuro".

A Vila Isabel, escola de samba que Martinho carrega no nome e no coração, também sofreu com a censura. Nos anos 70, havia militares infiltrados até nos ensaios, na quadra da escola. Eles confeririam as letras dos sambas-enredo que estavam concorrendo e decidiam quais poderiam ou não ser cantados nos desfiles. Quando implicavam com alguma letra, chamavam os diretores da escola num canto e avisavam que aquele samba não poderia ganhar a disputa. Como se aquilo não bastasse, ainda diziam aos diretores que eles não poderiam revelar para os autores os motivos do veto. Por isso, quando vetaram "Tribo dos Carajás", parceria com Severino Filho, que estava cotada para ir ao desfile, Martinho se indispôs com a diretoria. Ele não sabia que o veto partira de censores infiltrados. Não sabia nem que havia censores infiltrados dentro da escola naquele momento. "Eu fiquei puto com a diretoria, mas

BR AN,RIO TN.CPR,LMU 5135   **RCA**

DISRITMIA
(Martinho José Ferreira "Martinho da Vila")

Eu quero me esconder debaixo dessa sua saia pra fugir do mundo
pretendo também me embrenhar no emaranhado desses seus cabelos
preciso transfundir seu sangue pro meu coração que é tão vagabundo
me deixa te trazer num dengo pra num cafuné fazer os meus apelos(bis)
eu quero ser exorcizado pela água benta desse olhar infindo
o bom é ser fotografado mas pelas retinas desses olhos lindos
me deixe hipnotizado pra acabar de vez com essa disritmia
vem logo, vem curar seu nego
que chegou de porre lá da boemia.

SGDP-DPF 001/69 SP

DOCUMENTO

com carimbo liberando a letra de "Disritmia"

eles também não podiam falar nada. Uma situação terrível. Inclusive, a escola teve que mudar o enredo de 'Tribo dos Carajás', que falava sobre os índios, e passou a falar da Rodovia Transamazônica, que era um projeto importante dos militares", explica.

De todas as letras censuradas de Martinho da Vila, foi mesmo "Menina Moça", aquela do Festival da Record de 1967, a que deu mais trabalho para ser liberada. Na época, a sociedade brasileira era dividida entre os que apoiavam e os que eram contra a aprovação da lei do divórcio, que ainda era proibido no Brasil. O assunto era polêmico e delicado. Sempre do lado conservador da história e mesmo antes que o AI-5 fosse decretado, os militares não permitiriam que uma letra de música fizesse apologia ao divórcio e "Menina Moça" tinha versos como: "Quem tá brigando quer desquitar / Quer desquitar iá, iá / Tá desquitada quer se amigar / Quer se amigar iá, iá".

Palavras como "desquitar" e "amigar" – sendo que esta última "era considerada um palavrão terrível", segundo o autor – não eram toleradas pelos guardiões da moralidade, e a música foi liberada somente para participar do Festival da Record, mas ficou proibida de ser gravada e de fazer parte do primeiro disco de Martinho, em 1969, e também do segundo disco, no ano seguinte. Foi somente no terceiro, *Memórias de um Sargento de Milícias*, que a música pôde entrar, em 1971. "Botei mais alguns versos", ele diz. "A música só tinha uma parte e eu inventei a segunda parte. Então, botei esse complemento, mandei para a Censura e ela passou. Até porque, os censores já eram outros. O pessoal mudava o tempo todo e os novos censores nem sabiam que aquela música tinha sido censurada."

Já no jongo "Reversos da Vida", lançado no LP *Verso... Reverso* (1982), a liberação aconteceu por conta da alteração de um verso. "Eu fui lá e eles disseram: 'Martinho, esse verso aqui não dá.' Não me lembro mais do verso original, mas eu não estava encontrando outro para substituir, uma coisa que ficasse com o mesmo sentido. Como já estava puto e achando que eles não iriam liberar mesmo, botei, de sacanagem: 'Um corte nos versos reversos da vida'. E a música passou!", lembra o compositor, com satisfação.

Outra letra que Martinho achava que não passaria pela censura, mas passou, é "Sonho de um Sonho". O samba foi para a avenida mesmo contendo os seguintes versos: "A clemência e a ternura por amor da clausura / A prisão sem tortura, inocência feliz". Apesar disso, Martinho não considera que os censores fossem burros: "Acho que, para se julgar uma pessoa dessa forma, você tem que conhecê-la mais profundamente. E eu não conheci nenhum censor profundamente."

Mas Martinho conheceu, mesmo que superficialmente, vários dos censores que atuaram na DCDP, já que ia até lá com certa frequência. "A Dona Solange era famosa, mas eu nunca tive um papo direto com ela", diz ele, referindo-se a Solange Hernandes, que dirigiu a Censura no início dos anos 80. "Eu sabia da fama dela e dizia: 'Como vai Dona Solange?' Ou, se ela não estivesse lá, mandava um abraço para ela." Porém, entre os censores, o nome de Augusto, ex-zagueiro do Vasco e da Seleção Brasileira (e que, inclusive, jogou a trágica final da Copa de 1950), é inesquecível para o compositor: "Era até chato, porque eu sou vascaíno e era fã do Augusto. Um dia fui lá, encontrei o Augusto de censor e disse: 'Pô, Augusto! Você por aqui? Eu sou Vasco, hein!', e ele respondeu: 'Pois é, Martinho, eu arrumei esse emprego aqui, sabe como é...' Naquele tempo, o jogador de futebol terminava a carreira e não ficava rico. Ficava meio ferrado. O Augusto, apesar de ser craque da Seleção e tudo o mais, terminou a carreira e ficou desempregado. Então, arranjou um bico na polícia e, depois, mandaram ele para a Censura. Ele teve que ir."

Alterar títulos de músicas, mudar ou adicionar versos, além da diplomacia, eram as táticas utilizadas com eficácia pelo ex-sargento para conseguir liberar suas obras junto aos censores. "Na vida, você tem que ter estratégia para tudo", diz ele. "Se não tiver, você tá ferrado. A gente tem que usar um pouco de artimanha. As minhas estratégias eram essas e, claro, o sorriso também era fundamental. Às vezes, por causa de um único trecho eles diziam: 'Martinho, essa aqui não dá para liberar.' E cortavam a música toda. Então, eu trocava aquele verso ou aquela palavra. Até porque, em português, dá pra você falar a mesma coisa de várias maneiras, não é?"

Há quem diga que a repressão e a censura contribuíram para que a geração de Martinho tenha produzido uma obra tão rica. Esta teoria, rechaçada por Chico Buarque, é baseada na ideia de que as dificuldades daquele período teriam ajudado a aguçar a criatividade dos artistas em várias áreas. Quanto a isto, eis o que Martinho tem a dizer: "Não concordo com isso, mas, analisando bem, acho que há alguns criadores, não só de música, mas em todos os campos da arte, que têm sua criatividade aumentada pela adversidade. Então, nos tempos de repressão, esses artistas produzem mais. Historicamente, e eu fiz até um estudo sobre isso, as grandes peças de teatro e os grandes filmes foram feitos num período de repressão. Há compositores que não conseguem fazer o seu melhor se tudo estiver normal. Isso existe. Mas, no meu caso, não era assim. Eu não faço nada pensando em alguma causa."

Em 2005, muitos anos após o fim da ditadura no Brasil, Martinho da Vila, que não se considera um comunista, filiou-se ao PCdoB (Partido Comunista do Brasil). "Na minha opinião, todo mundo deveria ser filiado a algum partido porque assim você se torna outro cidadão, diferente. Filiado a um partido, você pode opinar. O pessoal do PCdoB achava que eu havia entrado para me candidatar, mas não era nada disso. Era só mesmo para ajudar a fortalecer, porque eles estavam fazendo uma campanha para conseguir mais filiados e eu achei que me filiando motivaria outras pessoas a fazerem o mesmo. Foi só um incentivo", ele explica.

Martinho é um dos artistas que se envolveram na campanha pela liberdade do ex-presidente Luiz Inácio Lula da Silva, preso em Curitiba, em abril de 2018, após um julgamento bastante polêmico, para dizer o mínimo. Ao lado de Chico Buarque, foi um dos poucos músicos a visitarem Lula na cadeia. Apesar de saber que há gente pedindo a volta de um regime militar no Brasil, ele não acredita que isso possa acontecer: "Não acredito nisso, até porque hoje eles têm outras maneiras de dominar. Existem outros tipos de ditadura. E também não acredito na volta da censura, a não ser que as coisas mudem totalmente", conclui.

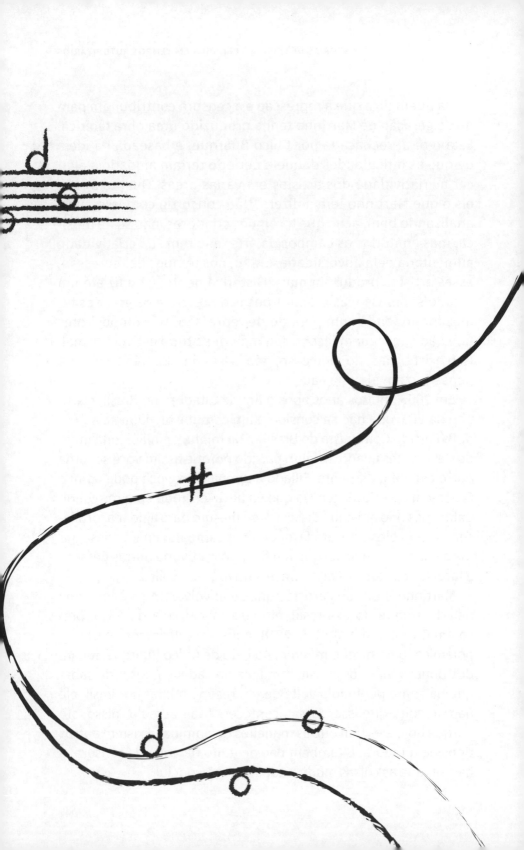

A MADRINHA E O GRANDE PODER TRANSFORMADOR
(BETH CARVALHO)

Encontrar Beth Carvalho entrevada em uma cama foi uma das imagens mais injustas que eu vi em minha vida. E não foi uma vez, estive com ela em algumas oportunidades nos seus últimos anos, os que ela sofreu com sérios problemas na coluna. Na primeira, ela ainda morava em São Conrado. Fui fazer uma matéria sobre uma visita do pessoal do Fundo de Quintal. Ela estava animada com a recuperação da cirurgia que havia feito. Animada ela também estava quando conversamos sobre Jorge Aragão para a biografia do sambista que lancei, pela editora Sonora, no projeto Sambabook, em 2016. Mas nas duas últimas vezes que a vi, estava bastante abatida, sentindo dores e tomando medicações fortes e caras. Uma delas foi com a cantora Mart'nália e a equipe que estava produzindo um documentário sobre Martinho da Vila, que não foi adiante. Levamos instrumentos, cerveja e fizemos uma festa. Ela se emocionou com o chamego, mas, depois de algum tempo, sentiu-se mal e a pequena farra acabou. Já o último papo que eu tive com ela foi para este livro, em novembro de 2018 – ela morreria pouco mais de cinco meses depois, em 30 de abril de 2019. Beth gostava de um bom papo e nunca se esquivou de falar sobre política. Seus últimos anos, foram, repito, injustos por dois motivos: era uma mulher combativa, que comprava os barulhos certos, e uma andarilha do samba, da música brasileira, por isso lançou tanta gente importante, por isso tinha o apelido de Madrinha.

Beth Carvalho não lembrava onde estava no dia do golpe militar, em 1964, mas falou do medo que já sentia, do clima de insegurança da época: "Lembro que estava em um lugar público. A gente já tinha medo, já não dava para sentar em um bar e conversar normalmente. Muitas vezes aparecia algum desconhecido puxando conversa, pedindo para sentar à mesa, mas a turma já percebia que era um dedo-duro e a conversa mudava. Tinha alcaguete em todos os lugares, tinham os oficiais e os por vocação."

Beth contou que teve uma formação política esquerdista, humanista, de berço. A mãe, Maria Santos Leal de Carvalho, era uma figura popular, que angariava amizades por onde passava. O pai, por sua vez, era a cabeça engajada da família, foi quem incutiu na artista a preocupação social e a empatia com as causas populares. "A minha mãe não tinha uma participação como a de meu pai, mas tinha uma atitude de esquerda. Em plena Ipanema, era amiga do cara da farmácia, do mecânico, era uma mulher popular que se preocupava com o próximo. Acho que herdei isso dela. Meu pai, João Francisco, também era um homem popular, não tinha pose, era um cara reto."

1964 marcaria a família Leal de Carvalho profundamente. João Francisco, advogado e conferente alfandegário em Santos, foi dedurado por seus colegas de trabalho e cassado por suas ideias, pois era um defensor das reformas de base de João Goulart. Ameaçado de prisão, escondeu-se na casa de um tio reacionário, já que lá ninguém iria procurá-lo.

"Ele comeu o pão que o diabo amassou. Ficou proibido de advogar até o fim da vida. Acabaram com qualquer possibilidade de ele ter uma renda digna, de sustentar a família. Ele aprendeu a fazer massagem, mas o dinheiro nunca era suficiente para manter o padrão que a gente tinha. Nesse período, minha irmã Vânia, que era publicitária, ajudou bastante. E eu passei a dar aulas de violão para também ajudar nas despesas", lembrou Beth.

Se já tinha entranhado em si o germe da política, a arte também faria sua cabeça. Beth era presença constante no Teatro Opinião, seja nas noitadas de samba, seja nas montagens teatrais de Oduvaldo Vianna Filho, o Vianinha. "Eu vivi muito o melhor Brasil, o Brasil pré-ditadura, e até mesmo o desse primeiro momento, quando ainda podíamos nos manifestar contra o regime, a censura ainda era velada e a repressão menos violenta. Mas já havia um clima pesado no ar. Depois veio o tempo de trevas. Eu tinha um empresário que vendia meus shows para tudo quanto é lugar. Como outros artistas, recebia convites para me apresentar em clubes militares. Quando a coisa engrossou, teve um dia que, por conta de um contrato firmado por este sujeito, cantei para vários torturadores, em São Paulo. No dia seguinte, abri a minha firma para poder dizer não. A partir daí eu nunca mais tive agenda para militar. Acho que fui uma das primeiras artistas a abrir uma firma por aqui."

Quando Dona Maria morreu, Elizabeth Santos Leal de Carvalho já era a Beth Carvalho, cantora que ganhou fama ao defender "Andança", de Edmundo Souto, Paulinho Tapajós e Danilo Caymmi, no Festival Internacional da Canção de 1968, o mesmo de "Sabiá", de Tom Jobim e Chico Buarque, e "Pra Não Dizer Que Não Falei das Flores", de Geraldo Vandré. O dinheiro ainda não era o suficiente para bancar a casa, mas aos poucos a coisa foi melhorando para os Carvalho.

"No começo eu não tinha pretensão alguma de ser cantora. Sou da época da Bossa Nova, então era reunião todos os dias. Eu cantava, fazia sucesso e gostava daquilo, até porque em algumas casas, apartamentos chiques da Vieira Souto, me pagavam e eu podia ajudar meu pai. Cheguei a fazer pré-vestibular para psicologia, mas fui convidada a gravar um compacto simples (disco de vinil com duas canções) e peguei gosto pela música. A primeira vez que eu cantei em público foi no Clube Olímpico, em Copacabana. Meu pai era sócio de lá. Lembro-me do cachê, era cinquenta, se não me engano, cruzeiros."

Por falar em cruzeiros, foi justamente um samba que criticava a moeda nacional vigente em 1977, "Saco de Feijão", do portelense Chico Santana, a primeira experiência da cantora com a censura. "No tempo dos derréis e do vintém / Se vivia muito bem, sem haver reclamação / Eu ia no armazém do seu Manoel com um tostão / Trazia um quilo de feijão / Depois que inventaram o tal cruzeiro / Eu trago um embrulhinho na mão / E deixo um saco de dinheiro".

E tem gente que acredita que não havia crise econômica na ditadura militar... Bem, tanto havia que a Censura foi implicar com a bela letra do integrante da Velha Guarda da Portela. Mas Beth conseguiu gravá-la no álbum *Nos Botequins da Vida* e foi aconselhada a não cantá-la em show. Coisa que, obviamente, ela descumpriu.

A revolução de Beth não era política – assim como a dos tropicalistas Caetano Veloso, Gilberto Gil, Tom Zé e outros, que optaram pela quebra de paradigmas comportamentais –, a subversão da cantora era o samba, "o grande poder transformador", como bem disse Caetano em "Desde Que o Samba É Samba" (música que possui uma linda gravação dele com Beth).

"O samba estava na minha alma desde criança. O primeiro sambista que eu conheci foi o Darcy da Mangueira, depois veio o Monarco, o Xangô, o Padeirinho, o Jurandir (Beth cantarola 'Transformação', de Jurandir: 'Minha companheira foi embora, / A solidão veio comigo morar'). Eu era a mais nova da turma com que eu andava, que era a do (produtor, pesquisador e agitador cultural) Albino Pinheiro. Eles me levavam para o samba, para os ensaios da Mangueira e ali eu conheci muita gente. Por isso mesmo, fui parar no Teatro Opinião, atrás de ouvir Cartola, Nelson Cavaquinho, Clementina e Xangô, os anfitriões das segundas-feiras. O meu primeiro disco exclusivamente de samba, *Canto por um Novo Dia*, foi lançado lá, em 1973. *Pra Seu Governo*, o seguinte, também. O Teatro Opinião era o nosso refúgio durante a ditadura. Nunca ouvi falar de um teatro que mudou de nome por conta de um espetáculo. Eu assisti ao show *Opinião* com a Nara Leão, depois com a Bethânia e, finalmente, com a Marília Medalha, muitas vezes."

Ao lado de Clara Nunes e Alcione, ela levaria gerações de artistas vindos das periferias, dos subúrbios e das favelas cariocas, baianas e paulistas aos primeiros lugares das paradas, às novelas do horário nobre, às rádios e TVs. Através de sua voz e de sua capacidade de estar sempre onde estavam os grandes compositores, o Brasil conheceu e se apaixonou por Cartola, Nelson Cavaquinho, Manacéa, Wilson Moreira, Nei Lopes, Zeca Pagodinho, Jorge Aragão, Arlindo Cruz, Monarco, muito deles lançados por ela.

HISTÓRIAS DE MÚSICA E CENSURA EM TEMPOS AUTORITÁRIOS

BETH CARVALHO

(Acervo: Museu da Imagem e do Som)

Talvez pelo fato de o samba ter sido sempre tão perseguido, Beth até que teve sossego. Não implicaram com ela, por exemplo, quando gravou "Gota d'Água", de Chico Buarque, ou "Onde Está a Honestidade?", de Noel Rosa, no LP *Pandeiro e Viola*, de 1975. Mesmo tendo morrido em 1937, aos 26 anos, Noel era um cronista atemporal e incisivo:

> *O seu dinheiro nasce de repente*
> *E embora não se saiba se é verdade*
> *Você acha nas ruas, diariamente,*
> *Anéis, dinheiro e até felicidade*
> *E o povo já pergunta com maldade*
> *Onde está a honestidade, onde está a honestidade?*

Muita gente foi censurada por menos que isso.
No disco de 1978, *De Pé no Chão*, dois sambas marcariam, defi-

nitivamente, a carreira da sambista. Um deles, "Agoniza Mas Não Morre", o hino de Nelson Sargento, uma das letras que melhor define a história do ritmo brasileiro mais importante, da matriz de nossa música popular. Beth eternizou seus versos e jogou um foco de luz sobre a obra do compositor mangueirense: "Samba / Agoniza mas não morre / Alguém sempre te socorre / Antes do suspiro derradeiro / Samba, negro, forte, destemido/ Foi duramente perseguido / Na esquina, no botequim, no terreiro".

O outro samba, "Vou Festejar", de Jorge Aragão, Neoci e Dida, ganharia, tempos depois, uma conotação política, ao se transformar no hino informal da campanha de Leonel Brizola, do PDT, ao governo do Rio de Janeiro, em 1982. Beth, que era fã de Brizola por conta da admiração que seu pai, João Francisco, nutria pelo político gaúcho, o havia conhecido através de Luís Carlos Prestes e se engajou no pleito que acabaria vitorioso. "Vou festejar, vou festejar / O teu sofrer, o teu penar / Você pagou com traição / A quem sempre lhe deu a mão".

Mais um samba, este realmente engajado, também tocou muito neste período e foi fonte de aborrecimento para um de seus autores, Noca da Portela. "Virada" abria o lado A do LP *Na Fonte*, de 1981. "O Noca teve alguns problemas com a censura porque era um sambista engajado, foi filiado ao Partido Comunista Brasileiro por influência do pai. Esse samba causou muita aporrinhação para ele, mas não tinha muito o que fazer, pois já estávamos em 1982 e ele ganhou, rapidamente, as ruas", lembrou Beth. "O que adianta eu trabalhar demais / se o que eu ganho é pouco / Se cada dia eu vou mais pra trás / Dessa vida levando soco".

Quando Beth disse "já estávamos em 1982", fez uma referência indireta a um fato que ocorrera um ano antes e que se tornaria a gota d'água de um regime que agonizava e que, felizmente, morreria pouco tempo depois. A última tentativa de soprar para longe os ares democráticos que arejavam o Brasil, no início dos anos 1980, foi o atentado ao show do Dia do Trabalho, em 30 de abril de 1981.

O show, que há tempos tornara-se um manifesto em nome dos trabalhadores, dos excluídos e, por que não, dos oprimidos de todas as matizes, fora marcado para uma segunda-feira por ser um dia, tradicionalmente, de folga para cantores e músicos. Quase todos os grandes artistas brasileiros estavam por lá. Chico Buarque, Simone, Gonzaguinha, Ivan Lins, Alceu Valença, Gal Costa, Angela Ro Ro, Miúcha, Elba Ramalho, Cauby Peixoto, Clara Nunes, Roberto Ribeiro, João Nogueira, Luiz Gonzaga e, claro, nossa Beth Carvalho, entre tantos outros. Era a nata mesmo, da época e de todos os tempos.

"Era uma classe artística mais unida, que se frequentava, que se ajudava, que tinha uma luta em comum", lembrou Beth. "Eu sempre gostei de participar dos festejos dos trabalhadores por questões óbvias, políticas mesmo."

O presidente da República, João Baptista Figueiredo, havia sucedido outro general, Ernesto Geisel, em 1979, prometendo dar continuidade ao processo de abertura política. No entanto, ele era diretamente ligado ao núcleo de informações do Exército, formado por organizações como o Serviço Nacional de Informações (SNI) e o Centro de Informações do Exército (CIEx), que trabalharam no desmonte e na repressão às atividades de esquerda durante a ditadura. Muitos dos agentes destes órgãos, que mataram e torturaram antagonistas do governo, temiam que pudessem ser punidos com o fim do regime.

A saída, na cabeça dessa turma, passava por envolver a esquerda novamente na luta armada ou, ao menos, criar esta sensação para justificar um recrudescimento dos militares. Isso, naquele momento, beirava o surrealismo, já que, desde a primeira metade dos anos 1970, a esquerda já havia abandonado a luta armada e, neste momento, optara pela oposição civil. A briga era pela volta do estado democrático. E isso já era evidente tanto nos meandros da política, com uma maior articulação do Movimento Democrático Brasileiro (MDB), opositor à ARENA, partido que dava sustentação à ditadura, quanto nas manifestações que, pouco a pouco, ganhavam as ruas. Então, numa atitude desesperada de forjar um atentado de esquerda para atrasar o processo democrático brasileiro, o que se viu foi uma trapalhada estúpida de uma gente que já temia o avanço civilizatório do tempo. Mas o tiro, quer dizer, a bomba, saiu pela culatra. E não foi uma bomba qualquer. Foram quatro.

A história é conhecida. Algumas medidas estranhas já tinham sido tomadas no dia em que se realizaria o evento e muitas pessoas, entre militares e civis estavam envolvidas. Para se ter uma ideia, poucas horas antes da abertura dos portões, a segurança era bem menor do que a habitual, levando-se em conta que era um show para mais de vinte mil pessoas. O tenente Cesar Wachulec, chefe de segurança do Riocentro, recebeu, naquela tarde, uma ordem para controlar apenas o movimento das bilheterias. A coordenação geral da segurança ficaria a cargo de outra pessoa. A polícia militar, que tradicionalmente atuava em shows deste porte e em qualquer tipo de aglomeração fora afastada com a justificativa de que a segurança era responsabilidade exclusiva dos organizadores. Quando o show começou, apenas 5 dos 28 portões do centro de convenções estavam abertos, os outros, fechados com cadeados.

Dentro do Riocentro, ninguém suspeitava do risco que corria. A festa estava pronta para ser uma das maiores congregações de talentos da música brasileira. O Brasil já tinha virado, de forma inevitável, a chave da tristeza, da repressão, da intolerância, da censura. Prova disso é o repertório exibido no palco pelos artistas e entoado em coro pela plateia.

Ivan Lins apresentou "Desesperar Jamais"; Simone, o hino revolucionário de Geraldo Vandré "Pra Não Dizer Que Não Falei das Flores (Caminhando)"; Miúcha, "Vai Levando", de Chico Buarque e Caetano Veloso. Já João Bosco lembrou a censurada "Ronco da Cuíca", dele e de Aldir Blanc: "Alguém mandou, mandou parar a cuíca, é coisa dos home".

Lá fora, no entanto, não dava para interromper a raiva, para parar o impulso do ódio. Alguém mandou explodir milhares de pessoas e era "coisa dos home".

Planejado para ocorrer um ano antes, o atentado contava com quatro equipes, quinze militares ao todo, distribuídos em seis carros. A equipe principal do plano, no entanto, a responsável por instalar e detonar três bombas, uma atrás do palco e duas em pilares de sustentação do complexo do Riocentro, falhou. Uma das bombas explodiu antes da hora, no colo do sargento Guilherme Pereira do Rosário, que estava no Puma GTE cinza-metálico, de placa OT-0209. Rosário morreu na hora e seu companheiro de atrocidades, o capitão Wilson Machado, dono do veículo, foi levado ao hospital carregando as próprias vísceras. Ambos eram oriundos do DOI-Codi (Destacamento de Operações de Informação – Centro de Operações de Defesa Interna), órgão da repressão que vinha sendo desativado desde 1975, e vinha praticando atos terroristas contra entidades, bancas de jornais, sedes de publicações de esquerda. Era a linha dura nos seus estertores.

Duas outras bombas estavam no banco de trás do carro e não explodiram. Uma quarta foi jogada por outra equipe na estação elétrica que abastecia o local, mas, por sorte do destino, explodiu longe da torre principal.

Os outros dois grupos de militares estavam fora do pavilhão e seriam responsáveis por forjar evidências de que militantes de esquerda teriam sido os responsáveis pelas explosões. Para isso, prenderiam inocentes e pichariam muros e placas, nas redondezas do Riocentro, com a sigla VPR, da Vanguarda Popular Revolucionária, movimento já extinto há tempos.

Ninguém sabe ao certo quem estava no palco quando a bomba estourou no estacionamento destinado a artistas e organizadores da festa. Jornais da época diziam que Elba cantava "Banquete dos Signos", já Alceu Valença guarda na memória um acontecimento raro em seus shows: "Eu cantava 'Coração Bobo', que fala das bombas de São João, da festa do povo, de ternura. De repente eu ouvi um barulho e vi uma coisa estranha, a plateia, que estava toda ligada em mim, fez um silêncio e olhou para trás. Tudo muito rápido. Depois, as pessoas se viraram para o palco como se nada tivesse acontecido."

Boa parte deste show está disponível do YouTube, com imagens raras do Centro de Documentação, o Cedoc, da TV Globo. Pelos relatos da noite, Gonzaguinha foi o incumbido de dar a notícia ao público no final do show. O medo geral era do pânico que poderia causar a notícia numa multidão confinada em um pavilhão com poucas saídas disponíveis. "Devo dizer a vocês uma coisa que é muito importante (...) No meio do espetáculo, durante o espetáculo, explodiram, eu disse explodiram, duas bombas", anunciou.

Chico Buarque estava atônito: "Eu ainda estou um pouco perplexo porque as informações que estão chegando são contraditórias, eu não sei direito o que está acontecendo. Fico muito surpreso, porque, se isso for verdade, é uma covardia sem nome", lamentou para uma repórter.

Já Beth Carvalho voltou para casa correndo, já que tinha um bebê de pouco mais de um mês, a filha Luana, esperando para mamar: "Eu estava amamentando a Luana, então eu tinha parado de fazer shows. Mas como eu sempre participei do 1º de maio, por questões ideológicas, abri uma exceção. Deixei minha filha com a enfermeira e fui para o Riocentro. O meu assunto nesse período era mamadeira, criança, babá, fralda... Eu estava nessa. Quando cheguei, achei a minha turma muito tumultuada. Mas tudo bem. Cantei e fui embora. Só estranhei mesmo o tumultuo. Quando abri a porta de casa, a empregada gritou: 'Ai dona Beth, que bom que a senhora está viva, jogaram uma bomba no lugar em que você cantou.'"

A cantora não sabia de nada, mas depois apurou melhor a história. "O Chico soube da bomba, mas não contou para quase ninguém, para as pessoas não entrarem em pânico. Ou seja, eu estava lá quando a bomba estourou. Por isso, achei as pessoas estranhas. A sorte é que a bomba estourou no colo do cara que ia matar a música popular brasileira toda. Naquele momento, ninguém esperava aquilo. Eu estava lá com a melhor das intenções, uma mãe recente, o leite escorria do meu peito."

Apesar de muito aguerrida, Beth contou que tinha muito medo de falar as coisas durante a ditadura militar: "Eu me manifestava em comícios, fiz campanha para o Brizola, lutei nas Diretas Já, subi em palanque do Lula, mas eu tinha medo, uma censura enorme dentro de mim. Tinha um pai perseguido e pavor de ser torturada. Não era competente o suficiente para ser uma guerrilheira e, além disso, tinha outro canal, que era a música, para falar das coisas. Perdi muitos conhecidos na luta armada e tenho até hoje amigos que pegaram em armas."

Armada de samba até os dentes, a cantora fez dele a sua fronteira, seu lugar de resistência e comandou um exército enorme de grandes artistas populares. Entoou sambas fortes e de cunho político e social de Candeia, de Martinho da Vila, de Luiz Carlos da Vila, de Aniceto, de Nei Lopes, gente que lutou pelo espaço do negro, do sambista, dos excluídos da sociedade. Fez da Mangueira sua barricada e da liberdade sua bandeira. Mesmo debilitada, Beth Carvalho saiu para votar em Fernando Haddad, candidato do Partido dos Trabalhadores (PT), contra Jair Bolsonaro (na época, do PSL), no segundo turno da eleição presidencial de 2018, pouco antes dessa nossa conversa, a última que tivemos. Ela desabafou:

"A minha escolha pelo samba, lá no início da carreira, teve a ver com o sentido revolucionário e popular, com sua importância social-histórica. Por isso, me deixa muito triste ver sambista votando num sujeito como Jair Bolsonaro, um cara preconceituoso, racista, apoiado pela mesma turma que sustentou a ditadura militar: a igreja, o empresariado e os ruralistas. Tanta gente lutou, dedicou a vida a pensar nos excluídos. Agora teremos mais uma onda de desinformação, de obscurantismo cultural, de menosprezo pela nossa história."

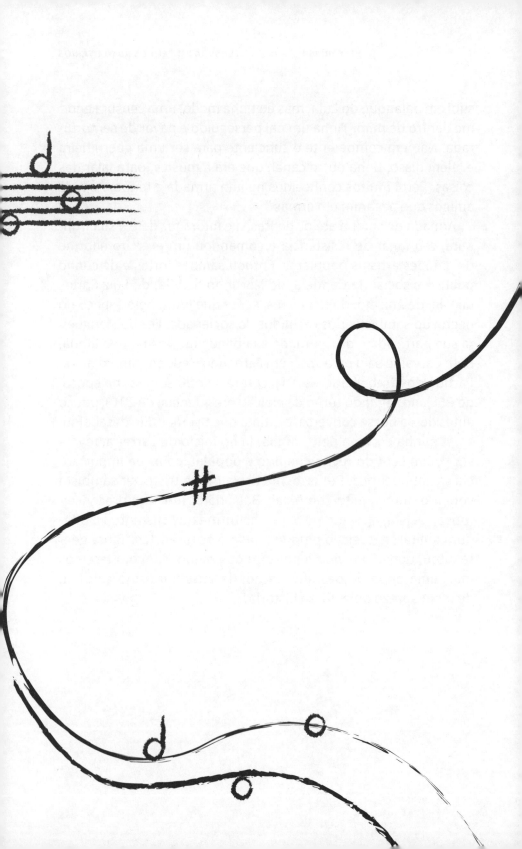

UMA GUERRILHA DIFERENTE
(EVANDRO MESQUITA)

O carioca Evandro Mesquita, líder da Blitz – uma das bandas que abriu os caminhos para a cena de rock nacional dos anos 80 –, era muito jovem quando o AI-5 foi decretado, em 1968.

Evandro só tinha 16 anos e estava mais interessado nas ondas da praia de Ipanema, nas peladas de futebol, nas meninas da escola e nas músicas dos Beatles, Rolling Stones, Mutantes e Roberto Carlos. Mas, mesmo assim, não havia como escapar completamente daquela realidade. Até porque, sua mãe, Samira Mesquita, era professora do Colégio de Aplicação da UFRJ e teve vários colegas professores perseguidos no período do AI-5. "Teve até professor que se escondeu lá em casa", conta Evandro. "Minha mãe era super engajada e ficou apavorada. Havia uma vibração muito estranha no ar. Então, eu era garoto, mas sabia que algo ruim estava acontecendo."

Aos 18 anos, Evandro entrou para o grupo do Teatro Ipanema, onde participou como ator da peça *Hoje É Dia de Rock*. Ali, passou a estudar e a criar ao lado de nomes importantes do teatro nacional como Rubens Corrêa e Ivan de Albuquerque, que tinham uma pegada política e exerceram grande influência sobre o artista iniciante. Além disso, o mundo vivia a explosão do movimento *hippie*, o emblemático Festival de Woodstock acabara de acontecer e, no Brasil, o Tropicalismo ainda ecoava fortemente.

Evandro Mesquita morava na Lagoa e, para ir à praia, subia a Rua Montenegro (hoje, Rua Vinicius de Moraes), onde cruzava com gente como Tom Jobim, Chico Buarque e o próprio Vinicius. Na praia, encontrava Leila Diniz de biquíni, grávida, cavando buracos na areia para deitar de bruços e enterrar a barriga. Havia ainda o píer de Ipanema, um ícone da contracultura dos anos 1970. Portanto, apesar da ditadura, o jovem Evandro e seus amigos experimentavam "um certo clima de liberdade e quebra de tabus", como ele recorda. "A gente começou a saborear o que o Rio oferecia: as praias, as gatas lindas com os cabelos nos ombros... Descobrimos Saquarema, que era uma cidade 'nossa', já que na época ninguém conhecia. Então, tinha todo esse outro lado em que parecia que a gente era invisível, imortal, invencível. Havia uma aura muito bonita pairando sobre nós, apesar de tudo o que acontecia ao redor. Era também uma época de desbunde, de ocupação de espaços, de juntar ideias e grupos, de uma guerrilha diferente, não tão óbvia politicamente. E o *underground* estava fervilhando."

Ainda na década de 70, ele se juntou ao grupo de teatro Asdrúbal Trouxe o Trombone, que contava também com atores como Regina Casé, Hamilton Vaz Pereira, Luiz Fernando Guimarães e Perfeito Fortuna, entre outros. Foi com esse grupo que Evandro teve o seu primeiro contato com a censura do regime militar, durante a realização da peça *Trate-me Leão*.

O ano era 1977 e o grupo foi surpreendido com a notícia de que teriam que ensaiar a peça para os censores antes das apresentações para o público geral. A trupe vinha se apresentando num clube em Botafogo, na Zona Sul do Rio, quando apareceram no teatro quatro censores: uma mulher e três homens. "A gente fazia a peça pra eles de uma forma bem arrastada, sem saco mesmo", lembra Evandro. "E, numa dessas apresentações da peça, que tinha duração de quatro horas e meia, olhamos para a plateia e dois dos censores estavam dormindo, e os outros também não aguentavam mais. Nós botamos os censores pra dormir! Depois eles implicaram com um casaco do exército que um de nós vestia e com as tatuagens. Mas não se ligaram na peça, não entenderam porra nenhuma." O grupo precisou fazer apresentações prévias para os censores em todos os estados pelos quais a peça viajou.

Foi durante os ensaios do Asdrúbal, as rodinhas de violão de beira de fogueira e os churrascos de final de semana que começou a nascer

HISTÓRIAS DE MÚSICA E CENSURA EM TEMPOS AUTORITÁRIOS

a Blitz, no início dos anos 80. Evandro formou uma dupla com Ricardo Barreto e os dois começaram a compor e tocar para os amigos. Pouco depois, outros músicos foram chegando, inclusive Lobão, que foi o primeiro baterista e o responsável por batizar a banda.

A Blitz começou a chamar atenção do público carioca a partir dos primeiros shows no Circo Voador – o original –, que ficava na praia do Arpoador. Foi um desses shows que rendeu um encontro com Mariozinho Rocha, o produtor musical da gravadora EMI-Odeon. Seduzido pelo som alegre e dançante, as letras divertidas e toda a teatralidade do grupo, o produtor decidiu lançar um compacto com a faixa "Você Não Soube Me Amar", o primeiro e maior *hit* da banda, que logo começou a tomar conta das rádios do Rio de Janeiro. O sucesso foi avassalador e o compacto vendeu mais de um milhão de cópias.

Em 1982, a formação da Blitz contava com Evandro Mesquita (vocal e violão/guitarra), Fernanda Abreu e Márcia Bulcão (*backing vocals*), Ricardo Barreto (guitarra), Antônio Pedro Fortuna (baixo), Billy Forghieri (teclados) e Lobão (bateria), que saiu da banda e foi substituído por Juba logo após o lançamento do primeiro álbum, *As Aventuras da Blitz*, lançado naquele ano. Segundo o próprio Evandro, nessa época os integrantes do grupo "tinham uma coisa de gostar do PT e do Brizola. A gente simpatizava muito com o Darcy Ribeiro por causa dos livros dele e pelas coisas que minha mãe falava. Acho que o projeto dos CIEPs, de autoria do Darcy, foi uma das coisas mais bonitas que aconteceram no Rio de Janeiro. Pena que tenha sido destruído pelo Moreira Franco, mas era uma ideia genial e que se concretizou".

Quando o disco foi lançado, o Brasil já havia superado os Anos de Chumbo do governo Médici e havia certo abrandamento nas formas de repressão por parte do regime comandado pelo general João Figueiredo, o último presidente da ditadura militar. Paradoxalmente, aquele era também o período em que a DCDP (Divisão de Censura de Diversões Públicas) era chefiada pela famosa e temida Dona Solange, cuja assinatura aparecia na televisão antes dos programas, filmes e novelas. Dona Solange era linha-dura e considerada por muitos a censora mais autoritária que passou pelo órgão; ela era a personificação da censura. E foi a própria Solange Hernandes (que, após a aposentadoria, mudou o nome para Solange Maria Chaves Teixeira), que dirigiu a DCDP entre 1981 e 1984, a responsável pela censura das duas últimas faixas do álbum de estreia da Blitz: "Ela Quer Morar Comigo na Lua" e "Cruel, Cruel Esquizofrenético Blues".

A matriz do LP já estava pronta e coube ao produtor Mariozinho Rocha dar a notícia da censura para a banda. "Ficamos chocados", diz Evandro. "A gente achava que esse tipo de coisa só acontecia com Chico Buarque, Caetano, Gil, e que a gente passava despercebido. A gente só queria gravar o disco para agradar àqueles nossos 25 amigos da praia. Quando ficamos sabendo da censura, ninguém discutiu, porque naquele tempo não se discutia muito esse tipo de coisa, né?"

A censora não justificou o veto, mas supõe-se que o motivo tenha sido a linguagem utilizada nas letras das duas faixas. Em "Ela Quer Morar Comigo na Lua", composição de Evandro, além da leve conotação sexual da letra, há o seguinte verso: "Ô, ela diz que eu ando bundando". Teria Dona Solange ficado incomodada com a palavra "bundando", uma gíria comum dos anos 80, que significava vagabundear, enrolar, não fazer nada?

Já em "Cruel, Cruel Esquizofrenético Blues", escrita por Evandro e Ricardo Barreto, é menos difícil imaginar o motivo da proibição. Logo no início da letra, a censora leu estes versos: "Um dia eu perguntei pra ela / Ô, mina, você ainda tem um brilho? / Eu disse um brilho nos seus olhos / Você ainda tá ligada". É possível que Solange tenha cismado com o termo "brilho", que ainda hoje é usado para se referir à cocaína, assim como a expressão "tá ligada". Além daqueles versos iniciais, a letra contém duas outras linhas que podem ter desafiado a moralidade hipócrita da DCDP: "Só porque ela pegou no peru do seu marido (Peru de Natal)" e "Não, agora não dá mais, puta que o pariu". A artimanha de enfatizar, no coro das *backing vocals*, as palavras "peru de natal", parece não ter surtido efeito. Quanto ao palavrão, todo brasileiro sabe que "puta que pariu" é uma das expressões mais utilizadas por aqui para expressar lamento, queixa, desabafo...

No verso da capa, os títulos das duas faixas censuradas foram cobertos por uma tarja vermelha. Havia ainda o seguinte aviso: "Por terem sido vetadas pela Censura (DCDP), as últimas faixas do lado

HISTÓRIAS DE MÚSICA E CENSURA EM TEMPOS AUTORITÁRIOS

B foram intencionalmente inutilizadas." A ideia de inutilizar as duas faixas partiu do próprio executivo da gravadora. "O Mariozinho teve essa ideia genial de a gente rabiscar com um prego a máster do disco. Assim, todas as cópias em vinil sairiam com aquelas duas faixas riscadas à mão, transmitindo para o público a agressão que a gente estava sofrendo contra nossa arte, nossa música. Nós tínhamos uma coisa meio *hippie* e meio punk, então adoramos a ideia dele. Aquela foi a forma que a gente encontrou para protestar", defende Evandro.

Por conta dos arranhões propositais, muitas agulhas de vitrolas foram danificadas por aqueles discos da Blitz. Entre os ouvintes daquela geração dos anos 80, alguns chegavam a colocar moedas sobre o braço da vitrola para que ele não pulasse na hora dos arranhões e assim pudessem escutar as canções proibidas. Muita gente ficou curiosa em relação ao teor das letras vetadas. Segundo o tecladista Billy Forghieri, "a Gradiente mandou até uma carta para a EMI, agradecendo por eles terem lançado aquele disco riscado, já que isso fez com que a Gradiente batesse o recorde de venda de agulhas". Ou seja, no fim das contas, a censura acabou ajudando a gerar um enorme bochicho em torno do álbum que trazia uma sonoridade diferente, era uma novidade musical e vendeu mais de trezentas mil cópias, tornando-se um clássico do rock nacional.

No ano seguinte, aquelas músicas foram liberadas para sair em disco e a gravadora lançou um compacto com uma faixa de cada lado. Assim mesmo, a capa do compacto trazia dois avisos: "Proibido para menores de 18 anos" e "As músicas 'Ela Quer Morar Comigo na Lua' e 'Cruel, Cruel Esquizofrenético Blues' estão interditadas pela DCDP para execução pública, inclusive para radiodifusão". Atualmente, este compacto é disputado por colecionadores em sebos e lojas virtuais.

Mas a história da Blitz com a censura não acabou ali. Ainda em 1983, a banda lançava o seu segundo álbum: *Radioatividade*. E, mais uma vez, a famigerada Dona Solange mostrou as garras. Ela censurou a décima faixa do disco, "Betty Frígida", e por falta de justificativa para o veto por parte da censora, só nos resta imaginar os motivos. A letra da música traz os seguintes versos que poderiam ser compreendidos como uma alusão ao sexo anal: "Calma, Betty, calma / Você deve fa-

MORDAÇA

LP AS AVENTURAS DA BLITZ

com arranhões propositais para impedir a reprodução das faixas censuradas / Contracapa do LP com destaque das músicas censuradas / Capa de As Aventuras da Blitz com aviso da Censura (Acervo: Pedro Paulo Malta)

zer de leve / Calma, Betty, calma / Assim você me machuca / Calma, Betty, calma / O Juca já fez isso uma vez". Em outra passagem da letra, pode-se supor que os autores Evandro Mesquita, Patricya Travassos, Ricardo Barreto e Antonio Pedro façam referência a um sujeito impotente sexualmente: "Meu amor não fique assim / Não foi sua a minha culpa / Por favor, não mude de cor / A gente pode tentar outra vez / A noite é uma criança". Com isso, fica difícil não fazer a pergunta: Era proibido brochar durante a ditadura militar?

"Betty Frígida" era uma das principais músicas daquele segundo disco e a proibição de sua execução deixou Evandro contrariado. Foi então que ele teve a ideia de pedir a ajuda de sua mãe, Samira, que foi decana do Departamento de Letras da UFRJ, para escreverem juntos uma carta endereçada a Dona Solange. O objetivo da carta era tentar a liberação de "Betty Frígida" e também das duas faixas censuradas no LP lançado no ano anterior. "A carta dizia que aquelas músicas eram um documento histórico da linguagem de uma época, uma poesia de rua, mais coloquial e que os palavrões entravam na letra de uma maneira mais orgânica, no papo. Não tinha a intenção de ser uma coisa agressiva, era mais para o lado do humor e tal. E acho que a Dona Solange se sensibilizou porque ela acabou liberando", diz o autor. Portanto, além de "Betty Frígida", a carta serviu também para liberar as músicas censuradas do primeiro disco e, com isso, foi possível lançar o compacto com as duas músicas.

Os motivos para a censura daquelas três canções da Blitz por parte da DCDP ainda não são muito claros. O mais provável é que sejam mais banais do que se imagina. Talvez os censores simplesmente não estivessem a par da linguagem utilizada pelos jovens dos anos 80. É mais ou menos esta a conclusão a que chega Evandro Mesquita: "Acho que eles não sabiam do que se tratava. Era uma musicalidade nova, um som diferente das coisas que tocavam na época. As letras falavam nas entrelinhas e eles boiavam. Então, acho que o motivo foi mesmo o medo do novo, do desconhecido. E também alguns palavrõezinhos que hoje qualquer Faustão fala na televisão."

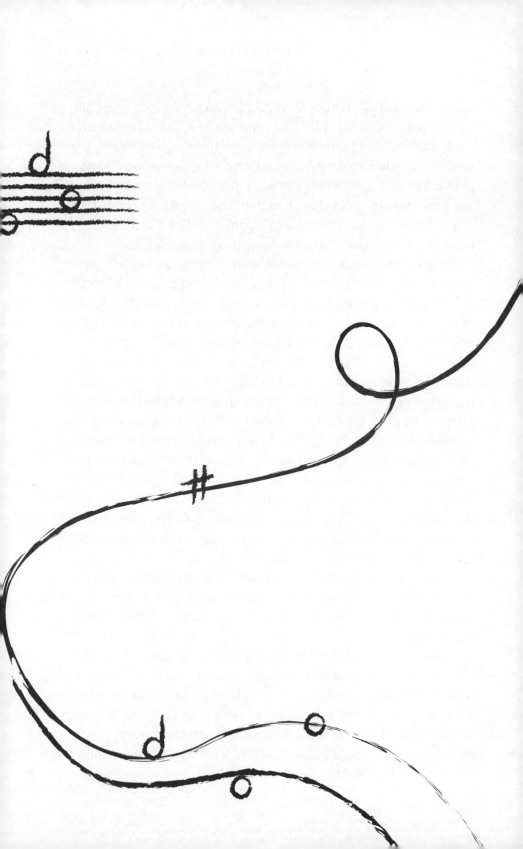

FOCO DE SUBVERSÃO
(LEO JAIME)

Pouca gente sabe, mas Leonardo "Leo" Jaime, nascido em Goiânia, em 1960, foi um dos maiores alvos da Censura no Brasil. Cantor, compositor, ator e escritor, ele surgiu na cena musical brasileira no início dos anos 80, como componente da banda João Penca e Seus Miquinhos Amestrados e, por algum tempo, foi integralmente censurado; todas as suas músicas tinham execução radiofônica proibida. Como resultado de tanta censura, Leo Jaime acabou criando uma relação com uma das personagens mais recorrentes deste livro, a censora Solange Hernandes, mais conhecida como Dona Solange ou "Tesourinha" (a alcunha já diz tudo).

Apesar de nunca a ter conhecido pessoalmente, o cantor cansou de trocar bilhetes com a censora e chegou até a lançar uma música em "homenagem" àquela mulher que tinha fama de autoritária e comandou a DCDP entre 1981 e 1984, tendo sido responsável pela interdição de mais de 2.500 músicas. Para que se tenha uma ideia da perseguição imposta por Dona Solange ao compositor, cabe iniciarmos esta história com o episódio da censura da música "A Vida Não Presta", composição de Leo Jaime em parceria com Leandro Verdeal e Sérgio Abreu, lançada no álbum *Sessão da Tarde* (1985), de Leo Jaime, pela gravadora CBS.

A letra da música, sobre um romance colegial entre um menino e uma menina, aparentemente não tinha nada que pudesse justificar o veto. Os versos são tão inocentes quanto: "Você vai de carro pra escola / E eu só vou a pé / Você tem amigos à beça /

E eu só tenho o Zé". No entanto, a canção foi mais uma a ter sua execução nas rádios proibida. "Ninguém conseguia achar nenhum problema na letra", conta Leo Jaime. "E aí, aconteceu uma conversa entre a Dona Solange e o Arlindo Coutinho – que era o advogado da gravadora e o cara que tentava a liberação das músicas na DCDP – em que ele perguntou a ela: 'Por que essa letra está proibida? Não tem nada demais.' E ela respondeu: 'Isso é para o Leo Jaime saber que ele é foco de subversão. Não é a obra que está sendo proibida, é ele quem está sendo proibido. Ou ele muda a temática das letras dele ou será sempre proibido.' Isso me pareceu uma coisa mais complicada de lidar do que uma simples censura de letra", completa o autor. "A Vida Não Presta" esteve proibida nas rádios até o fim da DCDP, em 1988.

Dona Solange era poderosa. Censora de carreira, advogada e historiadora formada pela USP, seu nome e assinatura apareciam na TV diversas vezes ao longo de um mesmo dia, antes da exibição de programas, filmes e novelas, com o carimbo de liberação da Censura. Por outro lado, Leo Jaime era resiliente. Com o objetivo de ludibriar a censora e conseguir as liberações para suas obras, ele passou a enviar as letras assinadas por autores de nomes fictícios. "Chegou um momento patético em que eu comecei a mandar letras com o nome de Maria da Conceição. Como resposta, um dia, recebi um bilhete escrito à mão, a lápis, em cima da letra, dizendo assim: 'Leo, eu conheço o seu estilo. Assinado: Solange.' Tentei outros nomes em alguns momentos, mas não colou. Cada hora eu botava um nome diferente. Lembro de pensar: vou mandar Maria da Conceição e ela nunca vai saber que sou eu", ele recorda, rindo.

Leo e Solange trocaram vários outros bilhetes. Assim, acabaram criando uma relação. "Foi uma relação mesmo. Ela mandava bilhetes para mim e chegou um momento em que eu até comecei a desconfiar: será que é o Arlindo (advogado) quem está escrevendo isso para me sacanear? Mas, depois, ele me disse que não, que era ela mesmo que tinha escrito alguns bilhetes na frente dele. Vai ver que ela achava aquilo divertido. Eu era um garoto de 21 anos mandando aquelas coisas e ela devia pensar: 'Ah, esse moleque de novo.'"

Mas o clímax da relação entre censora e compositor se deu quando Leo Jaime decidiu escrever uma letra em homenagem a Dona Solange. Em 1984, ele dividia um apartamento no Rio com o amigo e também músico Leoni. Cada um tinha o seu quarto e havia ainda um terceiro que eles transformaram num pequeno estúdio onde guardavam as guitarras e faziam registros caseiros em um gravador de 4 canais. Um dia, enfurnado no pequeno estúdio com um violão e um livro de músicas da banda de rock The Police, Leo se deparou com a partitura da música "So Lonely", um dos *hits* do grupo londrino. Ele não se lembrou imediatamente daquela música e perguntou ao amigo, que estava em seu quarto: "Leoni, que música é essa aqui, 'So Lonely'?" Do outro lado do apartamento, Leoni, sem entender direito o nome da música, respondeu: "Solange?" Pronto. Aquela falha de comunicação era o gatilho para que nascesse uma versão brasileira do sucesso do The Police, com uma letra adaptada e dedicada à censora mais temida do Brasil. De dentro do estúdio, Leo Jaime gritou para o amigo Leoni: "Corre aqui!" Em 15 minutos a versão estava pronta.

"A Dona Solange adorou a música!", ele diz. "Mandei a letra e ela falou que queria ouvir com a fita gravada. Aí, peguei um gravador cassete em casa, fiz uma versão no violão e mandei. A música foi para Brasília e voltou. Ela disse que não dava para ouvir direito e pediu que eu fizesse uma gravação boa, de preferência com a banda e tudo o mais. Fui para o estúdio de 4 canais, fiz uma gravação toda bonitinha para ela e mandei junto com um bilhete, que dizia: 'Olha, espero que a senhora goste, viu, Dona Solange?' Acho que ela adorou. Queria fazer cópias para mandar para os amigos. Até porque a versão não era desrespeitosa. Ainda assim, no final da música, eu dizia: 'Para de me censurar, Solange.' Era uma contratura de palavras."

A música "Solange" nunca foi censurada pela homenageada, apesar de trazer em seus versos uma leve provocação à censora: "Você é bem capaz de achar / Que o que eu mais gosto de fazer / Talvez só dê pra liberar / Com cortes pra depois do altar / Solange, Solange, Solange".

MORDAÇA

Fazer versões de sucessos internacionais com as letras em português era uma especialidade de Leo Jaime. A primeira de todas as suas músicas interditadas foi "Johnny Pirou", versão de Leo e Tavinho Paes para o clássico "Johnny B. Goode", de Chuck Berry, e lançada por Ney Matogrosso em seu disco *Mato Grosso*, de 1982, conforme contado neste livro no capítulo sobre Ney. A faixa de abertura do primeiro disco de Leo Jaime também é uma versão para um sucesso de Chuck Berry: "Rock'N'Roll" ("Rock and Roll Music", no título original). Outro grande sucesso lançado por Ney Matogrosso, que também foi vetado nas rádios, "Calúnias (Telma Eu Não Sou Gay)" era mais uma versão de Leo Jaime, Verdeal e Abreu, desta vez para o *hit* "Tell Me Once Again", da banda brasileira Light Reflections. E, para completar a coleção de versões censuradas, havia ainda "Sunny", do grupo alemão Boney M., que virou "Sônia".

Depois do fim do AI-5, em 1978, a censura no Brasil entrou em uma fase de abrandamento. Talvez, por isso também, a partir de então, as canções de protesto político foram aos poucos saindo de cena. No entanto, como a DCDP ainda era atuante no país, o foco preferido dos censores passou a ser o conteúdo das obras que ferissem a "moral e os bons costumes" da família brasileira e a obra de Leo Jaime, o "foco de subversão", era um alvo perfeito para essa nova fase da censura. "Havia certos nomes, como o meu, que tinham uma lanterna acesa em cima", diz o cantor. "Acho que porque minhas letras eram muito diretas e tinham uma irreverência, uma iconoclastia evidente e a linguagem do humor também. Foi uma coisa que a gente pegou da Rita Lee, do Raul Seixas, dos nossos antecessores, mestres. Isso não era uma tendência do rock mundial, mas da música popular brasileira, essa coisa de fazer crônicas com humor nas letras." A letra de "Sônia", mais uma que foi proibida de tocar nas rádios, deve ter sido considerada um absurdo pelos censores já que continha passagens como esta: "Sônia, eu já deixei de ser aquele bom rapaz / Sônia, você não imagina do que eu sou capaz / Dizem que eu sou um cara legal / Eu transo cunnilingus e sexo anal / Sônia, eu vou cair de boca".

"Sônia" fazia parte do seu primeiro LP, *Phodas "C"*, de 1983, que tinha outra música vetada, "Ora Bolas". Por ordem da Censura, o álbum só podia ser vendido nas lojas se estivesse lacrado. O disco era proibido para menores de 18 anos e, para comprá-lo, era preciso apresentar a carteira de identidade. "Quando vi que o disco tinha músicas proibidas e seria vendido lacrado, pensei: como é que vai se chamar o disco? E falei: 'Foda-se...'. Aí, todo mundo achou graça e resolvi colocar mais uma graça em cima, botando o *Phodas "C"*, como se fosse um navio da linha C. A empresa de navios evidentemente não gostou da brincadeira e entrou com uma ação jurídica. Por isso, tivemos que botar um adesivo na capa, por cima da logomarca deles."

Mesmo com toda a perseguição que sofria, Leo Jaime se recusava a praticar a autocensura. Ele garante que jamais escreveu suas letras pensando se estas seriam ou não liberadas. "Eu escrevia o que queria e pagava para ver, mas tinha um plano B, que era o seguinte: se a música fosse vetada para as rádios e eu, mesmo assim, quisesse gravar, mudava alguma coisa para poder lançar. Foi o que aconteceu com 'Sônia'. Me pediram um plano B, mas, nesse caso, eu não estava a fim de fazer. Essa música estourou em boates, no *underground*, então eu achei que o rumo dela era esse mesmo. Só que o pessoal da gravadora argumentava que ela poderia tocar na rádio etc., então, fiz uma outra versão e ela tocou nas rádios. Até hoje não sei cantar essa versão porque cantei um dia para gravar e nunca mais. Mas era uma coisa assim: 'Sônia, sempre que eu te vejo eu não durmo / E é por você que eu me perturbo'. O 'masturbo' virou 'perturbo'. E outro verso era: 'Pensando em você me vem a sensação / Sem perceber eu tô com o tal na mão". 'Pau' foi trocado por 'tal'", explica o autor.

Além da violência praticada contra sua obra, através de cortes e proibições, Leo Jaime também passou perto da violência física. Ele afirma que teve amigos que foram presos e torturados durante o regime militar. No entanto, o cantor assegura que nunca chegou a ser agredido naquele período: "Ameaçado de morte eu só fui pela turma do Bolsonaro, mas durante a ditadura, não." A violência contra sua obra também podia ser percebida através da quantidade de músicas compostas por ele que nunca puderam ser gravadas e acabaram esquecidas. Foram muitas, mas uma exceção é a marchinha "Cobra Venenosa". A música, escrita em 1981, foi proibida naquele mesmo ano e acabou não entrando no disco dos Miquinhos Amestrados e nem em seus discos solo. Ela estava esquecida até que, em 1986, Leo Jaime lembrou-se dela e resolveu gravar. "Cobra Venenosa" foi resgatada e virou a última faixa do LP *Vida Difícil*.

Apesar de ter mantido aquela relação com a chefe da DCDP, o cantor não chegou a conhecer pessoalmente nenhum dos censores daquela época, já que o trabalho de tentar liberar as obras ficava sempre a cargo de intermediários. O único contato direto ocorria quando algum censor era encarregado de assistir apresentações prévias de seus shows para conferir se estava tudo dentro do *script*. Isto acontecia com certa frequência, geralmente uma ou duas horas antes das estreias. E, de acordo com as experiências de Leo Jaime, aqueles censores não chegavam com postura intimidadora ou cara feia.

"Acho que a postura deles era do tipo: olha, eu estou aqui fazendo o que tem que ser feito, não posso sair liberando coisas porque depois podem vir atrás de mim. Era assim, eles sabiam que estavam interferindo negativamente. Mas não era uma coisa ostensiva, não. Normalmente, era um camarada de escritório, que chegava lá com a pastinha na mão. Um burocrata total, que dizia: 'Eu acho que vocês poderiam mudar essa palavra aqui, mas o show está muito bom. Muito obrigado.' E ele ia embora meio que constrangido, eu imagino, por saber que nós tínhamos que fazer uma sessão só para ele botar defeito. Então, não era uma posição confortável para esse cara. Todo mundo o tratava com educação, mas ele se sentia um pária ali, um inimigo, entende? Acho que nem todos os que trabalhavam na Censura concordavam com tudo o que era feito. Eles deviam estar obedecendo ordens e torcendo para não serem xingados."

HISTÓRIAS DE MÚSICA E CENSURA EM TEMPOS AUTORITÁRIOS

A relação conturbada do compositor com a censura, porém, lhe trouxe alguns benefícios. Se, por um lado, seus discos eram lacrados, as letras cortadas e a execução nas rádios quase sempre proibida, por outro lado, aquele acossamento colaborava para gerar curiosidade sobre seu trabalho, mesmo que involuntariamente. Tudo aquilo ajudava a vender discos e ingressos de shows. Naquele início da década de 80, havia uma demanda por parte de jovens que queriam ouvir e ver uma música que os representasse: música juvenil, divertida e crítica. Os jovens procuravam a sua cena e o carimbo de censura funcionava praticamente como um atestado de que ali havia alguma coisa com a qual se identificariam. "Quando nós aparecemos, não tivemos nenhuma benevolência por parte da crítica, e nem da direita ou da esquerda. Para um lado, nós éramos foco de subversão e, para o outro, filhotes do imperialismo. Éramos dissidentes da música tradicional, da MPB, fazendo uma música americanizada; diziam que aquilo só duraria um verão. Ou seja, a gente tomava pau de todos os lados. Então, acho que o fato de sermos transgressivos trazia para o nosso lado um pessoal que vestia nossas camisas com fúria, porque isto os representava. Se era proibido, era porque não estava de acordo com o pensamento normativo repressor e, portanto, era bom", ele avalia.

E que fim levou a Dona Solange? Pesquisas apontam que ela teria passado os últimos anos totalmente reclusa em sua casa de muros altos, em Ribeirão Preto, e que se recusava a falar com jornalistas sobre seus tempos de censora. Segundo Leo Jaime, recentemente alguém lhe disse que Solange teria morrido. "Foi alguém que me disse que tinha sido aluno dela e que ela tinha morrido no interior de São Paulo." Na verdade, Solange Hernandes morreu em 2013, aos 75 anos.

Quando perguntado sobre o que diria à sua antiga algoz caso ela estivesse viva e a encontrasse hoje em dia, Leo não tem dúvida: "Eu perguntaria: 'E aí, Dona Solange, gostou da homenagem?'"

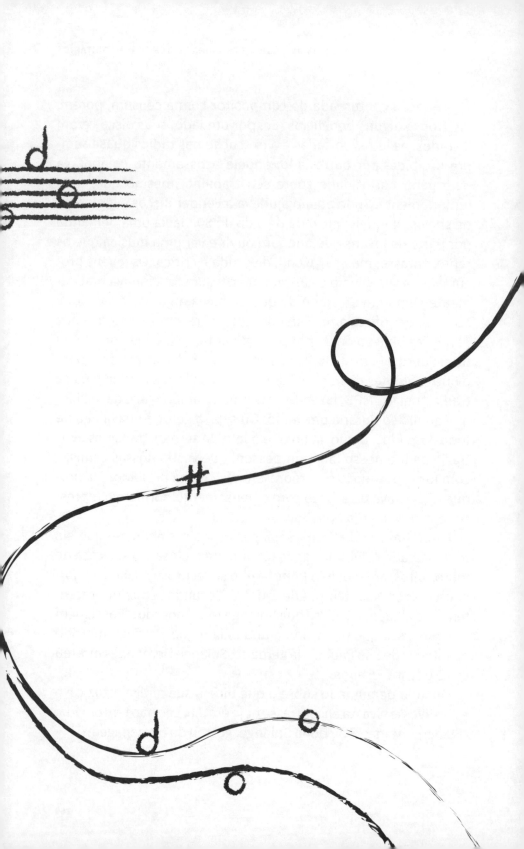

UM DOS ÚLTIMOS SUSPIROS DA CENSURA?

(PHILIPPE SEABRA)

"A censura, a censura / Única entidade que ninguém censura / Nada para ouvir, nada para ler / Nada para mim, nada pra você". Que compositor, em sã consciência, seria impávido o suficiente para escrever uma música intitulada "Censura", com versos tão confrontadores quanto esses, em pleno ano de 1983, quando a DCDP ainda gozava de amplos poderes para proibir o que quisesse? Talvez um garoto punk de Brasília, de 17 anos de idade; o mesmo que havia fundado, dois anos antes, uma das bandas mais influentes do rock brasileiro: a Plebe Rude.

Nascido em Washington, capital dos Estados Unidos, em 1966, Philippe Seabra estava dentro de um avião, voltando de uma viagem aos EUA, naquele ano de 83, quando abriu um jornal carioca e se deparou com a seguinte manchete: "Ninguém censura a censura". "Fiquei com aquilo guardado na cabeça", ele diz. "Virei a página, havia uma notícia dizendo que a polícia estava subindo um morro e o jornal se referia a ela como a 'unidade repressora oficial'. Foi na mesma época em que censuraram o filme *Rio Babilônia*, do Neville de Almeida. Proibiram a cena do travesti, com o Jardel Filho, e acho que era por causa disso que o Nelson Motta, ou o Caetano Veloso (não tenho certeza), estava dando aquela entrevista ao jornal, falando sobre a censura. Daí a letra da música foi surgindo sozinha: 'Jardel com travesti / Censor com bisturi / Corta toda a música que você não vai ouvir'. E o refrão também: 'Censura, única entidade que ninguém censura'."

Philippe, guitarrista e mais tarde também vocalista da banda, terminou a letra e logo incorporou a nova música ao repertório dos shows da Plebe Rude, que contava ainda com André Mueller (baixo) e Gutje (bateria e vocal) na sua formação original. A faixa virou um *hit* nos shows, mas só seria gravada em 1987, quando faria parte do segundo disco do grupo, *Nunca Fomos Tão Brasileiros*. Depois de finalizarem as gravações daquele LP, Philippe e André viajaram para os EUA para comprar equipamentos. No meio da viagem receberam a notícia de que "Censura" estava censurada. No entanto, para surpresa da banda, a justificativa da censora Ivelice Andrade Vargas não passava pelo fato de a letra atacar diretamente a Censura. O veto, segundo Ivelice, tinha outro motivo: "A letra expõe em um dos seus versos a expressão 'porra'."

"A música foi proibida e colocaram uma tarja preta na capa do disco, que dizia: 'Execução vetada para radiodifusão'", afirma o autor. "Mas, como o veto falava só em radiodifusão, a gente tocou a música na TV. E aconteceu mais ou menos a mesma coisa que se passou com o filme do Godard (*Je Vous Salue, Marie*, de 1985). Muita gente só viu aquele filme porque ele havia sido censurado. Até a revista *Manchete* fez uma espécie de fotonovela, mostrando todas as cenas do filme. Quer dizer, o Brasil inteiro foi apresentado ao filme 'subversivo' justamente por causa da censura. O tiro saiu pela culatra. Da mesma forma, a música 'Censura' causou mais impacto justamente por causa do veto. Foi sucesso no Brasil inteiro. Depois, o advogado da EMI, João Carlos Éboli, batalhou e conseguiu liberar a música. Vejo aquele episódio como um dos últimos suspiros da Censura. Eles alegavam que a música havia sido vetada por causa da palavra 'porra', do verso 'Porra, meu papai, deixe-me falar'. E me lembro que o Éboli argumentou, durante a tentativa de liberação da faixa, que 'porra' era como 'a vírgula do brasileiro'. Mas, na verdade, é claro que o problema deles foi com a temática da letra, que falava mal da Censura. A palavra 'porra' era só uma desculpa. Então, comercialmente a censura nos ajudou, porque ela sempre te expõe. Censura nunca dá certo. Esses casos, da nossa música e do filme do Godard, são prova disso.

HISTÓRIAS DE MÚSICA E CENSURA EM TEMPOS AUTORITÁRIOS

CONSELHO SUPERIOR DE CENSURA

Nº DO PROCESSO: Protocolo nº 4.074/87 -DCDP
TÍTULO DA OBRA: "CENSURA"   BRDFANBSBNS.CPR.MUI.LMU. 31023, p. 21/21

SINOPSE: Música de Philippe - Letra de Plebe Rude. A empresa editora é a Emi-Odeon, Fonográfica, Industrial e Eletrônica Ltda., com sede no Rio de Janeiro.

RELATÓRIO: A Emi-Odeon, Fonográfica, Industrial e Eletrônica Ltda., após a determinação de indeferimento às letras entre outras de "Censura", pela Divisão de Censura de Diversões Públicas em OF. Nº0387/87 - Bab/DG, em face ao emprego de linguagem maliciosa e vulgar", solicita que a obra lítero-musical em referência acima seja submetida a um reexame na pauta dos trabalhos da reunião do Conselho Superior de Censura a 29 do mês em curso.

PARECER: Evidentemente, a letra é agressiva ao órgão censório do princípio ao fim e a música nada acrescenta ou diminui. Além do aspecto algo acintoso, a composição peca por certo exagero e pela afirmação de que "ninguém censura a Censura", pois é do conhecimento geral que a Censura não é apenas censurada como atacada por muitos. Eis a razão pela qual opinamos contrário a "veiculação por organismos de radiodifusão", mantendo assim a decisão da DCDP/DF.

JUSTIFICATIVA DE IMPROPRIEDADE: A propagação de inverdades não deve merecer aprovação.
RELATOR: Aldo Calvet
ASSINATURA:

PEDIDO DE REEXAME

do veto feito à letra da música "Censura" e parecer do CSC pela confirmação do veto

A história está permeada por casos desse tipo. Nunca funciona. Eu até imagino o dilema dos censores: eles deviam saber que, caso censurassem, automaticamente dariam mais notoriedade à obra."

Pouco depois, ainda em 87, o relator Aldo Calvet, do Conselho Superior de Censura, assinou um protocolo em que fazia uma afirmação inusitada: ele dizia que, sim, a Censura também era censurada, ao contrário do que afirmava o refrão da música da Plebe Rude. Seguem trechos do protocolo: "Evidentemente, a letra é agressiva ao órgão censório do princípio ao fim. A composição peca por certo exagero e pela afirmação de que 'ninguém censura a Censura', pois é de conhecimento geral que a Censura não é apenas censurada como atacada por muitos." Em seguida, ele completa a justificativa do veto: "A propagação de inverdades não deve merecer aprovação." Vale lembrar que, desde a posse do então presidente José Sarney (em abril de 1985) até o início de 1987, 261 letras de música foram cortadas e 25 totalmente vetadas. "Censura", da Plebe, foi uma das 25.

Mas, voltemos a Brasília, em 1981, ano de formação da banda. Jovens de classe média, filhos de acadêmicos e diplomatas, costumavam se reunir na Colina – conjunto de prédios habitacionais da Universidade de Brasília – para compartilhar suas afinidades culturais. Entre as toneladas de concreto e a predominância da coloração cinzenta do Distrito Federal, aqueles jovens formaram a chamada Turma da Colina, que daria origem a bandas como Aborto Elétrico (que mais tarde se dividiu entre Legião Urbana e Capital Inicial), Escola de Escândalos e a Plebe Rude. Por estar tão próxima ao poder, a Turma teve o privilégio de descobrir antes do resto do Brasil as últimas novidades que surgiam em Londres ou Nova York. Através dos malotes diplomáticos, alguns filhos de diplomatas tinham acesso quase que exclusivo aos mais recentes lançamentos de filmes, livros, discos de punk e pós-punk. Foi nesse contexto que a Plebe Rude foi fundada.

"No início da década de 80 começaram a surgir essas imagens new wave, *Armação Ilimitada* (o programa de TV), a Blitz (que tinha uma pegada mais new wave no visual do que no som),

Magazine, Titãs (que eram todos bonitinhos antes de virarem punks), comerciais na TV de cabelos com gel e *glitter* etc. Era uma coisa mais colorida, mais alegre, da juventude. Essa onda new wave não estava rolando em Brasília. Aqui, era tudo cinza. Estávamos mais interessados no pós-punk do que na new wave. Em Brasília, ou você vira um playboy ou vai para a 'festa de rock pra se libertar', como dizia o Renato Russo, na letra de 'Faroeste Caboclo'. O clima aqui era diferente. De cima do Planalto Central, a gente tinha uma visão particular do país porque muitas das decisões saíam aqui de Brasília e a gente via e sentia isso. A repressão pairava no ar", explica Philippe, que hoje divide os vocais com o também guitarrista Clemente, fundador da banda paulistana Inocentes, uma das primeiras do punk rock nacional. Com relação a "Faroeste Caboclo", mencionada acima, a faixa era recheada de palavrões e críticas sociais e foi lançada pela Legião Urbana em 1987, mas precisou ser editada para que pudesse ser tocada nas rádios. No lugar dos palavrões entravam o silêncio ou outros artifícios criados pelos radialistas.

Desde os primeiros shows, em toscas lanchonetes do Cerrado brasileiro, o pessoal da Plebe já precisava pedir autorização à Censura para poder apresentar suas músicas ao vivo. Eles ainda estavam longe de gravar o primeiro disco, *O Concreto Já Rachou* (de 1985), eram ilustres punks desconhecidos, mas enviavam as letras para a DCDP a fim de conseguir o famigerado carimbo de liberação. Mesmo sabendo que nenhum censor apareceria nos shows e que, se aparecesse, não entenderia nenhuma das letras porque o equipamento de som era muito precário. No entanto, conta Philippe: "Era ditadura, tinha censura e não havia como não ficar intimidado. Por isso, todas aquelas nossas primeiras músicas foram enviadas para a Censura. Não me lembro de nenhuma ter sido vetada, mas é claro que não fomos idiotas de mandar as letras com nossas assinaturas, telefone e endereço, já que todas as letras eram extremamente subversivas. Todas elas foram enviadas porque aquela era a nossa realidade. A tensão pairava no ar. Era o governo do Figueiredo. Em 1981, a abertura democrática ainda era apenas um sonho." A maioria daquelas músicas da fase inicial da banda só foi gravada em 2017, em um DVD intitulado *Primórdios*. Poucas entraram em discos anteriores, tanto que, das 18 músicas do DVD, 11 eram inéditas.

Foi em 1982 que pela primeira vez a Plebe sentiu na pele a repressão praticada pelos militares. Naquele ano, Renato Russo foi convidado para fazer um show com o Aborto Elétrico na cidade de Patos de Minas, interior de Minas Gerais. Segundo Philippe, Renato teria ficado constrangido de dizer que a banda havia acabado, por isso, topou o convite e levou para Minas o que seria a primeira formação da Legião Urbana, que faria seu show de estreia. A Plebe Rude também participou daquele evento.

"O Renato estava naquela fase de trovador solitário e ele sempre abria os shows da Plebe, que era *a* banda de Brasília naquela época. Então, desde o fim do Aborto até o nascimento da Legião, ele já abria os nossos shows. A gente ficava jogando moedas nele e dizendo: 'Sai do palco, Cauby Peixoto!' Claro, de brincadeira. Ele era muito amigo nosso. Então, chegamos cedo em Patos de Minas e era como se fosse um faroeste. As pessoas olhavam torto para aquele bando de punks chegando. Não era aquele estilo punk paulista, de moicanos e tachas, era um pouco diferente. Nosso pessoal usava roupas esfarrapadas, a postura e a estética eram diferentes. E me lembro que havia no local do show um policial que ficava me olhando meio torto. Ele tinha uma bota que chegava até o joelho e que eu achava o máximo, já que andava de coturno naquele tempo. Mais tarde, à noite, eu reencontraria esse policial numa situação nada agradável. O local era um parque de exposições de agropecuária, com coisas de rodeio, portanto, colocaram a gente num curral, literalmente, e ficamos o dia inteiro esperando até a hora do show. Durante a apresentação do Renato, ele cantou: 'Os PMs armados vomitam música urbana'. E nós tocamos 'Voto em Branco'. Só que a gente ficava provocando... Eu era um moleque, tinha 15 ou 16 anos. A gente ficava imitando patos. Era tanta polícia na plateia que começamos a dizer que os PMs eram os patos de Minas. Eu fazia *qüem, qüem, qüem* (imitando o som de patos), *aquelas* coisas de moleque punk. Quando acabou o show, os PMs fecharam o cerco contra nós atrás do palco e nos deram ordem de prisão. Depois, nos levaram para dois quartos separados e ficaram nos interrogando. No quarto pequeno em que eu estava, apareceu aquele PM de antes, das botas compridas. Àquela altura, eu já estava imaginando a bota pisando na minha barriga. Eles passaram o tempo inteiro perguntando sobre nossas músicas e letras e ficaram meio intrigados quando souberam que a gente era de Brasília. Ficaram ainda mais intrigados quando viram o meu passaporte americano. Como eu era moleque, ainda não tinha a carteira de identidade. O André, baixista da Plebe, era o responsável legal por mim. Em seguida, eles começaram a perguntar sobre o nosso carro. Não sei se era para irmos embora ou se eles queriam tentar plantar alguma 'prova' no carro. Mas nós explicamos que viajamos de ônibus. Então, fomos devidamente escoltados até a rodoviária da cidade e, por fim, fomos expulsos de Patos de Minas! Nós éramos uma banda *underground* e, quando o pessoal de Brasília ficou sabendo dessa história, viramos *cult*. A gente foi preso justamente pela temática das letras. E o pior é que 'Voto em Branco' era, na época, uma grande piada, já que nem existia o voto direto no Brasil."

A seguir, um trecho da letra de "Voto em Branco", responsável, em parte, pela prisão da banda em Minas Gerais: "Imaginem uma eleição em que ninguém fosse eleito / Já estou vendo a cara do futuro prefeito / Vamos lá chapa, seja franco / Use o poder do seu voto, vote em branco / Vote em branco!". Supõe-se que os músicos tenham sido liberados da prisão pelo fato de serem todos de Brasília. Os policiais militares teriam ficado com receio de manter presos garotos que poderiam ser filhos de gente influente na capital federal. Conhecendo a fama da polícia mineira, pode-se dizer que os punks brasilienses escaparam por pouco de sofrerem maiores violências. A música "Voto em Branco" só foi lançada em 2006, no álbum *R ao Contrário*.

A Plebe Rude era considerada a banda mais politizada de Brasília. Em relação às outras cidades do país, a realidade dos jovens do DF era bem distinta, conforme relatado por Philippe. Isso foi fundamental para gerar as características específicas do som e da postura da banda. Eles nunca abaixaram a cabeça para o mercado, a mídia ou o meio musical e jamais escreveram uma canção de amor. As letras geralmente eram protestos contra o *status quo*, sempre de forma muito crítica e também lúcida, como no caso do maior sucesso do grupo, "Até Quando Esperar", cuja letra trata da má distribuição de renda no país. Por tudo isso, é de se admirar que a banda tenha no currículo apenas uma música censurada. Eles não tiveram discos apreendidos e nem foram proibidos de tocar alguma faixa ao vivo, apesar do episódio de Patos de Minas.

"Acho que a Plebe, pela postura e pela temática das letras, teve muita sorte", confirma Philippe Seabra. "O fato de uma música como 'Proteção' ter conseguido entrar no disco e eventualmente virar um sucesso foi um grande marco na história da abertura democrática porque ela tinha uma letra que criticava veementemente a ditadura. A faixa foi liberada e inclusive a tocamos ao vivo no programa do Chacrinha (da TV Globo), para milhões de telespectadores. Aquilo era um sinal de que a abertura democrática estava chegando." De fato, é curioso que "Proteção", música que faz parte do repertório do álbum *O Concreto Já Rachou*, tenha sido liberada pela Censura. Afinal, a letra diz coisas como: "A PM na rua, nosso medo de viver / O consolo é que eles vão me proteger / A única pergunta é: me proteger do quê?".

A censura terminou oficialmente no Brasil no ano de 1988, quando foi extinta a Divisão de Censura de Diversões Públicas. No entanto, Philippe Seabra recorda um episódio de censura na música nacional ocorrido em 1995. Em um show em Brasília, Os Paralamas do Sucesso foram proibidos pelo procurador da Câmara dos Deputados, Bonifácio José Tamm de Andrada, de tocarem a música "Luís Inácio (300 Picaretas)", cuja letra, entre outras coisas, cita o escândalo que ficou conhecido como Anões do Orçamento. Na época, a Ple-

HISTÓRIAS DE MÚSICA E CENSURA EM TEMPOS AUTORITÁRIOS

be Rude havia terminado e Philippe estava morando em Nova York. "Um dia, o Herbert Vianna apareceu por lá e me disse que tinha tocado 'Proteção' em um show em Brasília. Eles foram proibidos de tocar a música dos 300 picaretas e, em protesto, tocaram 'Proteção'. Lembro que o Herbert me pegou pelo ombro, lá em Nova York, e disse: 'Pô, Philippe, você teria chorado se tivesse visto isso.' Ou seja, a censura ainda estava viva de alguma forma, em 1995. Hoje, com as coisas que têm acontecido, a gente vê que a censura está *alive and well*. É impressionante! Por isso, eu digo: ou a Plebe era vidente ou nada mudou nesse país. A gente parou de tocar a música 'Censura' durante anos. Mas aí, quando o ex-presidente José Sarney conseguiu censurar o jornal *O Estado de São Paulo*, em 2009, nós voltamos a tocar a música em shows (a censura ao jornal tinha o objetivo de impedir a publicação de gravações no âmbito da Operação Boi Barrica, que sugeriam ligações do então presidente do Senado, José Sarney, com a contratação de parentes e afilhados políticos por meio de atos secretos). Em outras fases, algumas músicas faziam com que a gente se sentisse meio bobos. Por exemplo, tocar 'Proteção' no meio do processo de abertura democrática era estranho. Mas, agora, com o governo Bolsonaro, tudo voltou. Todas aquelas músicas são mais atuais do que nunca, o que é uma tragédia, na verdade. Antigamente eu ficava meio constrangido de tocar algumas músicas que eram mais velhas, que tinham a temática meio defasada. Eu tocava porque eram *hits*, era meio obrigatório. Agora, fico constrangido por elas serem tão atuais", conclui o líder da Plebe Rude.

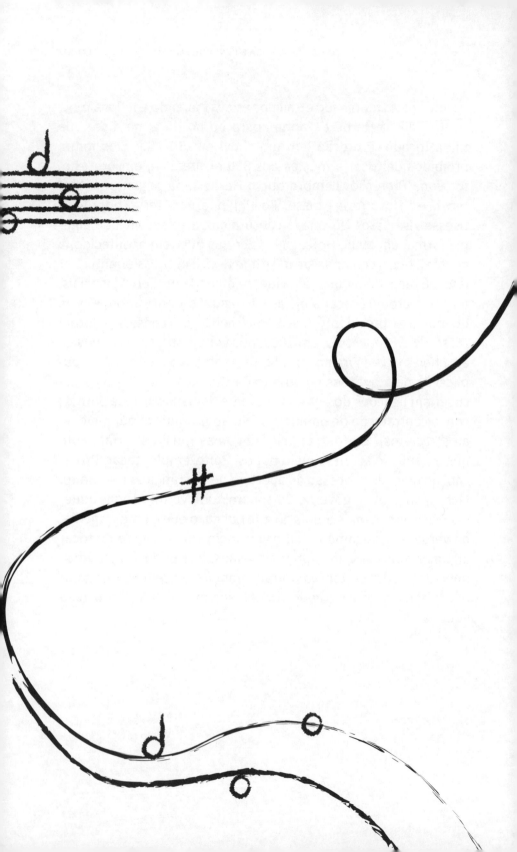

ATRASANDO O TREM DAS ONZE
(CLEMENTE NASCIMENTO)

"Nós estamos aqui para revolucionar a música popular brasileira, pintar de negro a 'Asa Branca', atrasar o 'Trem das Onze', pisar sobre as flores de Geraldo Vandré e fazer da Amélia uma mulher qualquer." Foi assim, chutando a porta, que o punk paulistano anunciou a sua chegada. A frase é um trecho do Manifesto Punk, escrito em 1982 por Clemente Nascimento, líder, vocalista e guitarrista dos Inocentes, uma das primeiras e mais importantes bandas punk que o Brasil já pariu. "Era a carta de intenções do punk paulistano, em que eu descrevia a que viemos. Era uma nova postura, uma nova música chegando", afirma Clemente.

Formada em 1981, na Vila Carolina (Zona Norte de São Paulo), a banda Inocentes contava com integrantes provenientes de dois grupos que faziam barulho na periferia da cidade naquele momento: Restos do Nada e Condutores de Cadáver. Clemente fez parte de ambos e, hoje, além de seguir à frente dos Inocentes, também é guitarrista e vocalista da Plebe Rude.

Em 82, a banda começou a chamar atenção por seus shows incendiários nos buracos mais quentes das quebradas paulistanas. Logo, foi convidada para participar do primeiro registro sonoro do punk nacional, a coletânea *Grito Suburbano*, que contava ainda com as bandas Olho Seco e Cólera. O próximo passo, naturalmente, era gravar o primeiro LP. Mas foi aí que Clemente e os Inocentes deram de cara com um troço chamado censura.

"A censura estava presente em tudo que a gente fosse ver ou ouvir. Mesmo que a peça ou o filme estivessem liberados, aparecia na tela ou em algum lugar aquele aviso: 'Liberado pelo Departamento de Censura'. Mas o meu primeiro contato direto com a censura aconteceu quando fomos gravar o disco *Miséria e Fome*, em 83. Eu tive que submeter as letras à DCDP", ele explica.

Clemente, que na época era baixista, escreveu a maioria das músicas e letras daquele que seria o primeiro álbum da banda – que contava ainda com Antônio Carlos Callegari (guitarra), Marcelino Gonzales (bateria) e Ariel Uliana Jr. (vocal). No total, foram compostas 13 músicas para *Miséria e Fome* e as letras, em geral, retratavam o difícil contexto social em que estava metido o povo brasileiro. Pelos títulos de algumas das faixas, é possível ter uma boa noção do conteúdo: "Torturas, Medo e Repressão", "Maldita Polícia", "Vida Submissa" e "Não à Religião", além da faixa-título.

O que aconteceu foi algo que raramente ocorria entre os artistas da música brasileira: todas as 13 letras do disco foram censuradas! "Eu fui adiantar o serviço e mandei as letras para a Censura antes de gravarmos o disco", diz Clemente. "E todas elas foram proibidas. Não era nem proibição de radiodifusão, que realmente nem importava para nós, já que, naquela época, música punk não tocava nas rádios. As músicas estavam totalmente proibidas, mas a gente continuou tocando elas ao vivo numa boa, até porque os shows punk não aconteciam no circuito cultural formal, não aparecia nenhum fiscal da Censura nas quebradas onde a gente tocava."

Quando perguntado se já esperava que aquelas letras fossem vetadas quando as enviou para avaliação dos censores, Clemente dá uma risada marota e admite: "Imaginava que isso poderia acontecer."

De fato, não era difícil prever o veto às suas letras diante do contexto censório do governo do general João Baptista Figueiredo. "Maldita Polícia", lamentavelmente atual, tem passagens como: "Não sei, não se pode confiar em quem tem uma arma na mão" e "Mesmo sem resistência, eles usam da violência / Nos tratam como animais, eles não são imparciais". Já

"Miséria e Fome" tocava na ferida da reforma agrária: "É tão difícil entender como o governo pode permitir / Que os homens saiam do campo e venham / Para a cidade criar mais miséria, criar mais fome". Por sua vez, "Vida Submissa" fala sobre a opressão exercida pelo sistema sobre o povo: "Você vai ver uma multidão cega / Pela cidade a se arrastar / Tão oprimida, tão massacrada / Que não consegue nem pensar".

Ou seja, além de proibir letras com palavrões, protestos políticos e questões de ordem moral, a ditadura censurava letras também por seu caráter social. Se nos anos 1960 e 70, letras com conteúdo similar caíssem nas mãos dos militares, Clemente e seus companheiros de banda provavelmente seriam presos ou exilados. No entanto, como nos anos 80 o país começava a respirar a abertura democrática, eles foram "apenas" censurados.

Uma vez que a produção dos Inocentes era totalmente independente, não havia o suporte de gravadora ou advogados para tentar liberar as letras junto à DCDP. "Nós não tínhamos contato com o censor. Simplesmente mandávamos as letras para Brasília pelo correio e elas voltavam com o carimbo de liberada ou não", afirma o líder da banda. Portanto, o jeito foi reescrever algumas das letras e tentar a sorte novamente reenviando as obras para conseguir a liberação. "Mudei um pouco as letras. 'Miséria e Fome' virou 'Apenas Conto o Que Eu Vi' e ganhou as seguintes linhas no final: 'Não estou acusando ninguém / Não estou culpando ninguém / Apenas conto o que eu vi / Apenas conto o que senti'. Aí, passaram 3 letras pela Censura, inclusive esta. Com isso, fizemos um EP de 7 polegadas, o famoso compacto. Nós gravamos o LP todo, mas só pudemos lançar em 1988, quando a censura acabou oficialmente."

O compacto, lançado em 83, ajudou a tornar a banda mais conhecida. A partir do ano seguinte, entretanto, as brigas entre as gangues de punks da periferia de São Paulo começaram a tomar conta dos shows dos Inocentes. Além disso, diz Clemente, "a polícia militar toda hora invadia nossos shows para acabar com a festa". Por isso, a partir de 84, o grupo começou se afastar do movimento punk e a se aproximar da cena do rock paulista, inclusive na sonoridade. De qualquer forma, eles se tornaram a primeira banda punk brasileira a assinar contrato com uma grande gravadora, em 1986. Pela Warner, os Inocentes lançariam três discos e mais uma vez cruzariam com a Censura pelo caminho.

O mini-LP *Pânico em SP*, coproduzido por Branco Mello, dos Titãs, foi lançado em 86 e bem recebido por mídia e público, além de passar ileso pela Censura. Já no segundo disco, *Adeus Carne* (87), uma faixa com título bastante sugestivo, "Não É Permitido", foi a última música da banda a ser vetada. "Ela foi proibida para radiodifusão", lembra Clemente. "Mas, como já era a época da abertura, nem foi cortada do disco. A música só foi censurada porque citava maconha na letra."

Os versos de "Não É Permitido" de fato explicitam o nome popular da *Cannabis sativa*. No entanto, talvez aquele não fosse o único motivo da interdição. A letra constata que muitas outras coisas não eram permitidas no Brasil dos militares: "Não é permitido dobrar à esquerda / Não é permitido pensar obscenidades sobre sexo / ... / Não é permitido fumar no recinto, maconha é claro".

Interessante notar, no caso dos Inocentes, como as prioridades dos censores haviam mudado ao longo dos anos. Eles proibiram a música que falava sobre maconha, mas aprovaram a primeira faixa do LP, "Pátria Amada", cuja letra era um soco na cara da Nova República: "Pátria amada, de quem você é afinal? / É do povo nas ruas ou do Congresso Nacional? / Pátria amada, idolatrada, salve, salve-se quem puder!".

Aquele disco de 87 trazia ainda o *cover* de uma famosa canção que curiosamente fora liberada pela Censura, 15 anos antes: "Pesadelo", composta em 1972 por Paulo César Pinheiro e Maurício Tapajós. A letra mandava um recado direto aos militares dos Anos de Chumbo: "Você corta um verso, eu escrevo outro / Você me prende vivo, eu escapo morto / De repente, olha eu de novo / Perturbando a paz, exigindo troco". Era a letra de um samba, mas poderia tranquilamente ser cantada numa faixa de punk rock, como provaram os Inocentes. A música foi liberada graças à sagacidade de Paulo César Pinheiro, conforme relatado neste livro,

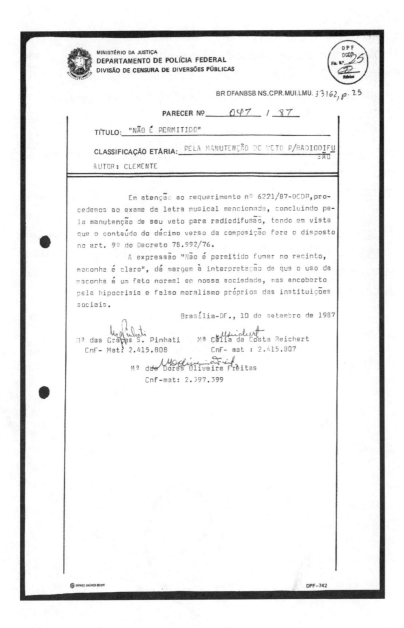

PARECER DA DCDP

sobre o recurso apresentado e sugerindo a manutenção do veto para radiodifusão da música "Não É Permitido"

no capítulo dedicado ao compositor carioca. "Escolhemos gravar 'Pesadelo' porque ela é sensacional, eu ouvia desde garoto", explica Clemente. "Tinha saído um disco do movimento estudantil, uma coletânea, e acabamos fazendo uma versão punk, com aquele sambinha no começo."

E como Clemente enxerga o momento do país, em 2019? Acredita num possível retorno da censura oficializada? Ele responde: "A situação atual do Brasil é pior do que foi com os militares. Temos um governo ignorante, vingativo e que usa retórica e *fake news* para justificar suas trapalhadas do mal. Não acho difícil que eles queiram a volta da censura oficial. O presidente é fã de um torturador, declara isso publicamente e é aplaudido por um bando de seguidores idiotas, enquanto a mídia é conivente. Vivemos uma época realmente difícil."

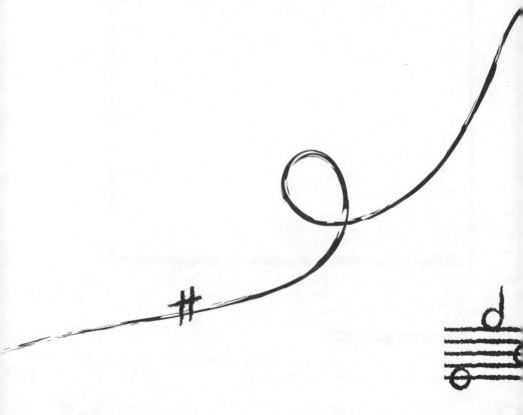

FUMAÇA E CENSURA NA VIRADA DO SÉCULO
(BNEGÃO)

Quando a DCDP finalmente fechou as portas, em 1988, muita gente comemorou, imaginando que a partir daquele momento o Brasil estaria livre da censura de uma vez por todas. Mas não foi bem assim... Em 1990, foi criado o Sistema de Classificação Indicativa Brasileiro, que ainda hoje causa discórdia ao designar a restrição de filmes, programas de TV e jogos eletrônicos de acordo com a faixa etária do público. Além disso, mesmo que de forma não oficial, a música brasileira continuou sofrendo com casos esporádicos de censura após o fim da ditadura. Talvez o melhor exemplo disso seja a banda carioca Planet Hemp, que, na década de 1990, teve discos recolhidos das lojas, diversos shows cancelados e até o horário de exibição de um videoclipe regulado pelo Ministério da Justiça. Tudo por causa de uma certa erva.

A fim de saber mais sobre algumas das histórias do Planet Hemp e também da sua carreira solo, que teve show interrompido na marra pela polícia, em 2019, conversamos com Bernardo Ferreira Gomes dos Santos, o BNegão, que nasceu no auge da repressão dos militares, em 1973, e é filho de gente que lutou contra a ditadura.

Os pais de Bernardo se conheceram quando eram estudantes de Direito e logo seu pai tornou-se um dos líderes da faculdade, envolvendo-se no movimento estudantil por volta de 1964. "No momento errado", diz Bernardo, soltando uma gargalhada em seguida. "Mas meu pai era bem safo e não sofreu nenhuma violência. Ele escolheu morar em Santa Teresa (no Centro do Rio) porque o bairro tem 30 saídas. A maioria da galera foi morar lá por causa disso, era tipo um *bunker*. Tem uma foto minha, com seis ou sete anos de idade, brigando pelo lugar em que a gente mora até hoje. Na foto, tem uma placa que diz: 'Daqui não sairemos.' Cada morador pintava a sua placa. Era um lugar antigo e estavam querendo fazer um lance de especulação imobiliária por lá. Então, essa história toda acabou me formando também, o lugar onde nasci e moro é o lugar pelo qual briguei para morar desde pequeno. Nasci para isso e tô fazendo o que nasci para fazer nesse planeta."

Na adolescência, Bernardo começou a se ligar nas bandas de punk rock que surgiam pelo país, como Inocentes, Garotos Podres, Ratos de Porão e Desordeiros do Brasil. Estimulado pelo som e pelas letras diretas e cruas, que não diziam nada nas entrelinhas, ele compôs suas primeiras músicas, como "Instituição Falida 2", que falava sobre a corrupção da polícia, e mais tarde faria parte do repertório de uma das suas primeiras bandas: The Funk Fuckers.

BNEGÃO
na estação de metrô da Siqueira Campos (Copacabana)
(Acervo: Infoglobo – 19/03/2014)

HISTÓRIAS DE MÚSICA E CENSURA EM TEMPOS AUTORITÁRIOS

No início da década de 1990, já conhecido no *underground* como BNegão, começou a participar como vocalista dos shows de um grupo formado pelos amigos Marcelo D2 e Skunk – o Planet Hemp – e acabou entrando de vez na banda para substituir Skunk, que estava doente e viria a falecer, em 1994. No ano seguinte, o Planet, que contava ainda com Formigão (baixo), Rafael Crespo (guitarra) e Bacalhau (bateria), gravou seu primeiro disco, *Usuário*, e a letra de uma das faixas trazia a autodefinição do tipo de som que eles faziam: "Rap-rock'n'roll-psicodelia-hardcore-e-ragga". "O país estava saindo de uma ditadura e o nosso som tinha tudo para dar errado, para não fazer sucesso", reflete B. "Era agressivo, porrada. Quando as coisas começaram a acontecer, ficamos esperando dar uma merda a qualquer momento. A gente pensava: 'Não é possível, em algum momento vai acontecer alguma merda.' Só que a Sony Music contratou o Planet e conseguimos gravar o disco. Aí, finalmente, recebemos a notícia de que o clipe de 'Legalize Já' só poderia passar na TV a partir das onze da noite, por decisão da Justiça. Ali, a gente falou: 'Ok, agora começou.'"

"Legalize Já" era o primeiro *single* do álbum e, assim como a maioria das outras letras, explicitava o posicionamento do grupo a favor da legalização da maconha: "Legalize já, legalize já / Uma erva natural não pode te prejudicar", diz o refrão. No videoclipe, integrantes da banda aparecem fumando baseados e, no final, surge uma menina regando um pé de *Cannabis*. Foi o suficiente para que o Ministério da Justiça emitisse uma classificação que só permitia que o clipe fosse exibido no canal MTV (Music Television) após as 23h. Numa época em que a censura já era proibida por lei no país, aquilo não tinha outro nome: era censura. "Foi o primeiro clipe da MTV Brasil a ser censurado, e acho que foi o único", diz BNegão. "Mas isso, na verdade, foi um acordo, porque os caras queriam censurar geral. Chegou a se aventar a possibilidade de não passarem o clipe em horário nenhum, numa época em que ninguém tinha internet."

Com o clipe censurado, a confusão começou a se espalhar. As rádios, recusando-se a transmitir para seus ouvintes o sinistro nome da erva, também não quiseram incluir a música em suas programações. A Sony Music, que projetava vender 120 mil cópias do CD, pensou em demitir a banda quando constatou que, num primeiro momento, apenas 10 mil haviam sido comercializadas. Mesmo assim, o Planet Hemp continuava lotando shows e "Legalize Já" virou *hit* nacional; era uma das músicas mais pedidas pelo público, tanto nas rádios quanto na MTV, que naquele tempo era febre entre os jovens. "Aos poucos, a gente furou o bloqueio. É aquilo que falei: eu nasci para isso. Eram vários punks dentro da banda e quanto mais faziam força contra, mais a gente fazia força para a parada rolar. Fomos meio que abrindo o caminho a facão, ao mesmo tempo em que tivemos um respaldo gigante do público. Além disso, ajudou o lance de a legalização começar a ser discutida na mesma época em que a gente estava lançando o disco. O ministro Nelson Jobim colocou esse assunto na roda. Pela primeira vez uma autoridade estava falando sobre a legalização. No fim das contas, acabamos vendendo 300 mil cópias", ele conta.

Ainda em 1995, um juiz de Goiânia expediu um mandado de busca e apreensão dos CDs e de material promocional da banda. No ano seguinte, a Delegacia de Tóxicos e Entorpecentes de Brasília mandou recolher das lojas centenas de cópias do disco por ordem de um promotor que justificou aquela arbitrariedade com um argumento que os membros do Planet se cansaram de escutar: eles estariam fazendo apologia às drogas. Como se não fosse o suficiente, vários shows começaram a ser cancelados em diversos cantos do país. Aliás, segundo BNegão, eles tiveram show cancelado até nos EUA: "Foi tanta coisa que é até difícil lembrar. Teve show cancelado no Brasil inteiro e vários promotores dos nossos shows foram presos por estarem supostamente fazendo apologia à maconha. A gente teve show cancelado até nos Estados Unidos, já que lá o nosso nome ficava gigante (Planet Hemp, em inglês, significa Planeta Maconha). Aqui, nosso nome é pequenininho, mas lá fica tipo um *outdoor*! Não lembro em qual estado foi, mas era um desses mais conservadores. A gente ia fazer dois ou três shows e acabava fazendo um só. O departamento jurídico trabalhava forte. Tanto o da Sony quanto o nosso. A banda precisava dos advogados o tempo todo."

Entre os muitos shows cancelados na "memória jamaicana" do Planet Hemp, talvez o mais marcante, pelo menos para BNegão e Marcelo D2, tenha sido o segundo que fariam em Salvador, Bahia, em 1997. A turnê do segundo CD, batizado com uma frase que traduzia bem o momento pelo qual passavam – *Os Cães Ladram Mas a Caravana Não Para* –, começava e terminava na capital baiana. No primeiro show, a polícia agrediu o público e prendeu 62 pessoas por motivos tão banais quanto usar uma camiseta de Bob Marley ou um anel com a folha da erva. Quando voltaram a Salvador descobriram que o segundo show agendado estava cancelado devido a uma liminar expedida por uma juíza da 1ª Vara Privativa de Tóxicos da Bahia. BNegão e Marcelo D2 tiveram que fugir do local, escondidos em um carro, para não serem presos.

Bernardo relata o episódio: "Quando chegamos em Salvador para passar o som, vimos a placa dizendo que o show estava cancelado. Aí, apareceu o Barbosinha, que era o xerife, um maluco bizarrão, lendário por lá, que tinha costas quentes com o ACM (o político Antonio Carlos Magalhães) e fazia umas prisões no esquema detetive 007. Ele se vestia de bicheiro e pegava neguinho na praça, essas coisas. O Barbosinha e outro delegado vieram para prender a gente. Só estávamos eu e o Marcelo, o resto da banda tinha ido embora. Aí teve uma cena clássica, meio faroeste... A gente tava ali no palco, lamentando o cancelamento do show e os caras foram chegando. O Marcelo Lobato, nosso empresário, foi conversar com eles enquanto nós ficamos no nosso canto. Daqui a pouco, o Lobato começa a andar na nossa direção, dizendo, só com os movimentos da boca: 'Eles querem prender vocês.' Eu e Marcelo entendemos o recado e disfarçamos, fomos andando, fingindo que íamos pegar um negócio para beber. Quando saímos do raio de visão deles, começamos a correr. Aí conseguimos carona com um cara e entramos no carro dele, um no banco do carona e o outro atrás, abaixados para não sermos vistos. Clima de tensão total. Mas conseguimos chegar no quarto do hotel e recebemos a recomendação de ficarmos juntos, quietos e não atender o telefone enquanto os advogados entravam na situação. Depois disso, ficamos proibidos de pisar na cidade por dois anos, mesmo como civis, sob risco de sermos presos." A banda sofreria proibição similar em Curitiba, onde também foi vetada de circular, mesmo que civilmente, por ordem do deputado e apresentador de TV Luiz Carlos Alborghetti, que, segundo BNegão, era quem mandava na cidade.

    Dois anos depois, quando caiu aquela proibição em Salvador, o Planet Hemp voltou para fazer um show na Concha Acústica do Teatro Castro Alves. Naquela ocasião, os cariocas dariam mais uma demonstração de resistência contra as proibições que sofriam. A Concha estava lotada, o clima era quente e os músicos se preparavam para entrar no palco quando surgiu, na porta do camarim, um sujeito que disse: "Eu sou do esquadrão de polícia de Salvador. Tenho uma ordem judicial e preciso que vocês não executem algumas músicas do seu repertório. Estamos com a força policial preparada lá fora para prender vocês a qualquer momento. Então, peço o favor de colaborarem e não tocarem essas músicas." De acordo com BNegão, o policial apresentou uma lista com cerca de 15 músicas, entre elas, os principais sucessos, como 'Legalize Já', 'Mantenha o Respeito' e 'Dig Dig Dig'. "A gente ficou olhando para o cara e falou: 'Mas isso é quase o nosso repertório inteiro.' E ele respondeu: 'Se vocês tocarem essas músicas, teremos que prender vocês.' Quando ele saiu, fizemos uma reunião para decidir o que fazer. Depois de um tempo, resolvemos: 'Vamos tocar essa porra toda, mas sem sapatear na cara deles, sem ficar falando muito entre as músicas e vamos ver no que vai dar.' Fizemos o show inteiro com as músicas emendadas, sem intervalo entre elas, naquela tensão de podermos ser presos a qualquer momento. Quando acabou o show, ficamos dentro do camarim, preparados para o pior. Aí, chegou o mesmo policial e disse: 'Muito obrigado por colaborarem com a gente' e foi embora. Quer dizer, aquele subordinado tinha ordem de proibir as músicas, mas não conhecia o repertório. O chefe dele era quem devia conhecer." É interessante notar que, assim como na época da censura durante a ditadura, o subordinado é quem acaba virando motivo de piada entre os censurados e os superiores raramente têm seus nomes envolvidos.

Mas ainda piores e mais graves que os episódios de Salvador foram as prisões dos integrantes da banda em Belo Horizonte e Brasília, em novembro de 1997. BNegão acabara de sair temporariamente do Planet Hemp para se dedicar aos Funk Fuckers, que lançariam seu primeiro disco por outra gravadora, e Gustavo Black Alien entrou de forma oficial para o Planet como seu substituto. Em BH, o show foi embargado e, em seguida, o pessoal da banda foi abordado pela polícia e levado para a delegacia, onde passou a madrugada. No dia seguinte, após tocarem para 7.000 pessoas em Brasília, foram presos mais uma vez por apologia às drogas, pela Polícia Civil do Distrito Federal. Desta vez, ficariam encarcerados por alguns dias e aquela prisão ganhou as manchetes dos jornais, além de ampla cobertura na televisão. O delegado responsável pela prisão, Eric Castro, alegou que vinha estudando as letras da banda havia um ano e chegou à conclusão de que elas incentivavam o uso da maconha. Por isso, eles poderiam ser enquadrados em dois artigos da Lei de Entorpecentes (6.368): pela apologia (artigo 12) e pela associação de pessoas para uso de drogas (artigo 18).

"Em BH, a galera passou 8 horas em pé, pelada, com os policiais fazendo rodízio e gritando na cara deles. Eles disseram que foi muito pior ficarem 8 horas presos em BH do que os 8 dias presos em Brasília. A polícia de BH tem essa fama de ser sinistra... O engraçado é que, depois disso tudo, o juiz de Brasília que mandou prender a banda foi condenado por associação ao tráfico de drogas", observa BNegão.

Juristas e imprensa criticaram a prisão, os fãs se mobilizaram e Marcelo D2 e companhia acabaram se livrando de uma transferência para a penitenciária da Papuda também por conta de uma solicitação do então Deputado Federal Fernando Gabeira. Anos depois, o juiz que havia expedido o mandado de prisão, Vilmar José Barreto Pinheiro, de fato, foi condenado por receber suborno de 40 mil reais para conceder a liberdade a um traficante. Na época, Marcelo D2 disse, em entrevistas, que a banda nunca havia aparecido tanto nos meios de comunicação. Nem no período de lançamento dos discos. Ou seja, aquela prisão, bem como todos os casos de censura, acabou gerando enorme publicidade para o Planet Hemp, que jamais recuou em sua missão de defender a legalização. "Recuar, nunca. Quando aconteceu o lance da prisão, acabou a graça. A gente deu um tempo, mas, depois, nos recuperamos e voltamos com força total", afirma BNegão. Em entrevista ao portal Terra, em 2013, Marcelo D2 disse o seguinte: "As pessoas acham que a gente falava de maconha pelo simples fato de falar de maconha, mas era mais para ver qual era o limite. A gente tinha acabado de sair de uma ditadura e queria ver até onde a liberdade ia."

O Planet Hemp continuou enfrentando problemas com as autoridades, mas ganhou discos de ouro e platina antes de divergências entre os músicos resultarem na dissolução do grupo, em 2003 – mesmo ano em que BNegão lançou seu primeiro trabalho solo, *Enxugando Gelo*, acompanhado pela banda Seletores de Frequência. Após alguns shows de reunião, o Planet anunciou seu retorno definitivo em 2015. A chamada "banda mais polêmica do Brasil" estava finalizando as gravações, em 2021, de um novo disco, gravado sob influência do conturbado momento político nacional.

Em 2019, BNegão e os Seletores de Frequência receberam convite para fazer um show no Festival de Inverno de Bonito, no Mato Grosso do Sul, que teria ainda shows de Gal Costa e Lenine, entre outros artistas. Contratados pela prefeitura da cidade, eles estavam programados para fechar a noite do dia 27 de julho. Chegando em Bonito, BNegão e banda foram almoçar em um restaurante local e notaram que o estabelecimento exibia orgulhosamente em suas paredes a foto do presidente Jair Bolsonaro. "Aquela é uma região muito bolsonarista. Lugar de fazendeiro, faroeste total, onde muita coisa é resolvida na bala. Então, o clima era esse. Os caras são empoderados por lá. Tem aquela frase clássica, que representa bem o lugar: 'Não é o exército que me assusta, mas sim o guardinha da esquina.' E, no caso de Bonito, era um guardão, já que o maluco era o xerifão da cidade", ele explica.

Durante a passagem de som, no dia do show, um dos produtores do festival foi conversar com a banda. O rapaz tinha o rosto todo inchado e começou a contar aos músicos o que havia acontecido na véspera. Ele tinha passado a noite inteira na delegacia apanhando da polícia. "Bateram no cara de uma forma que não deixasse hematomas. Aquelas técnicas típicas de militar: fazendo pressão em um local do corpo para não deixar marcas", conta BNegão. Isso porque, no dia anterior, a polícia decidiu acabar com uma oficina de skate para crianças e adolescentes, que fazia parte do festival, em uma praça da cidade. Uma produtora tentou intervir e acabou algemada. O produtor que conversou com a banda, vendo que a colega estava em apuros, foi ajudar e também acabou dentro do camburão por desacato à autoridade. "Não sei se ela foi agredida fisicamente, mas, verbalmente, com certeza. Ameaçaram, xingaram de tudo e não deixaram ela dormir. Já o cara ficou todo fodido. Quer dizer, a cultura de tortura está muito viva por aqui. Isso nunca parou. Nem na época do Lula."

Na hora do show, B tinha na cabeça o caso do produtor agredido pelos PMs. Aquilo serviu de incentivo extra para o discurso que iniciou no microfone e que deixou o ambiente tenso. "Comecei a falar sobre coisas que sempre falei, mesmo na época do Planet. Nunca saí da guerrilha, sempre estive ligado nessas coisas, então, falei sobre Sergio Moro, Bolsonaro, a porra toda. Os protestos estavam rolando durante o festival inteiro, mas daquele jeito: a polícia dava uma durazinha na plateia, o pessoal parava e depois voltava a gritar: 'Ei, Bolsonaro, vai tomar no cu.' Nisso, os artistas no palco, mesmo aprovando os gritos, não respondiam, para não se comprometerem. Só que o meu estilo não é esse. Eu vim de outra escola... A minha escola é falar mesmo. Então, sentindo aquele clima, falei sobre a situação do cara que foi agredido pela polícia, alguma coisa do tipo: 'Quero dar um salve para duas pessoas que trabalham aqui no festival e passaram a noite na delegacia. Aconteceu isso e isso e isso. Estão querendo fazer uma ditadura disfarçada nessa porra!' Quando parei de falar, começou uma música instrumental dos Seletores. Eu e Paulão (segundo vocalista da banda) descemos do palco e, ali atrás, apareceu um produtor do festival, que estava tremendo, e disse: 'Cara, a polícia mandou parar o show. Se não parar, eles vão usar a força policial.'"

MORDAÇA

O evento estava lotado. Havia 3 mil pessoas debaixo de uma tenda e a atmosfera, é claro, foi ficando cada vez mais pesada numa situação de show de rua, onde a polícia se acha no direito de fazer o que bem entender. Temendo uma possível tragédia, B decidiu tirar o time de campo. "Acho que os policiais estavam torcendo para eu voltar para o palco e peitar aquele negócio. Assim, eles poderiam fazer a merda que quisessem e colocar tudo na nossa conta. Mas o que falei no microfone foi: 'Avisaram aqui que vamos ter que parar para que não seja usada força policial para dispersar e acabar com o show. Isso daria uma merda grande, então, vamos tocar mais duas músicas e é isso.' A plateia, claro, reclamou, mas deu tempo de tocarmos mais duas: 'A Verdadeira Dança do Patinho' e 'Qual É o Seu Nome?', que fala da polícia. E acabou o show. Depois, o cara que tinha apanhado na véspera me contou, no *backstage*, que o sujeito que mandou parar o show era o mesmo que tinha comandado o espancamento dele na delegacia. Era o delegado, xerifão da cidade." A letra da música "Qual É o Seu Nome?" conta com os seguintes versos: "O que que cês tão fazendo aí parado? / Não tô fazendo nada, seu guarda, só tô queimando um baseado / O que que cês tão fazendo aí parado na esquina? / Não tô fazendo nada, seu guarda, só tô passando cocaína".

Após ter seu show interrompido em pleno palco, algo que não aconteceu nem nos tempos mais brabos do Planet Hemp, BNegão ficou 40 minutos aguardando no local, com o pessoal da banda, até o público dispersar. "Ficamos com medo de sair logo. A gente sabe que ali as coisas são resolvidas na bala. Foi nessa hora que começamos a receber um monte de relatos pelo telefone. Diziam que a polícia estava usando cassetete e mostrando armas. Passou um camburão jogando spray de pimenta em geral, só de sacanagem. Chegou a um ponto em que ficou tudo tão bizarro que a gente deu carona para quem estava sem carro. Ficamos preocupados que alguém fosse morto pela polícia. Botamos para dentro muito mais gente do que cabia na nossa van, para, pelo menos, chegarmos ao hotel. No hotel, fechamos as portas e ninguém falou com ninguém, nem atendeu o telefone. Aquele clima de guerra, sacou? Na hora de sair da cidade foi a mesma tensão. Todo mundo prestando atenção em tudo. Só ficamos tranquilos quando chegamos ao aeroporto."

Nos dias que sucederam o show, a notícia do ocorrido em Bonito se espalhou com rapidez. BNegão fez questão de denunciar a truculência da PM local e o caso ficou conhecido como um dos mais graves de censura musical desde os tempos da ditadura, ganhando manchetes em vários veículos de comunicação. A prefeitura de Bonito emitiu uma nota, alguns dias depois, defendendo a atuação da polícia e dizendo que "todos têm direito a expressão, mas (a prefeitura) não concorda com manifestações explícitas de lados políticos ou mesmo desrespeito aos atuais governantes". É aquela história: certas pessoas se dizem contra a censura, até que alguém fale o que elas não desejam ouvir.

Sobre sua larga experiência na arte de resistir, BNegão deixa um recado para as gerações do presente e do futuro: "O negócio é não entrar nessa onda psicológica dos caras, não se deixar levar pela política do medo e fortalecer quem está do seu lado. Aquele negócio de puxar para cima, mesmo. Contra o ódio, é o amor. Tem que ter amor pela população e por você mesmo. As pessoas precisam estar inteiras mentalmente, fisicamente, espiritualmente, energeticamente. Quando os caras chegarem, você precisa estar inteiro só para eles ficarem bolados com o fato de você estar inteiro. É preciso focar no que precisa mudar, no que precisa acontecer de positivo. Minha questão não é ser contra o Bolsonaro, contra os fascistas. Lógico que sou contra, o meu respirar já é antifascista. Mas a questão não é essa. O que importa é você ser *a favor* da vida, a favor das coisas boas. Assim, naturalmente você vai se alimentar de uma energia que te fortalece, e estará inteiro."

Ter um show interrompido em cima do palco, como aconteceu com BNegão no Mato Grosso do Sul, é ainda um caso raro por aqui. No entanto, serve como prova de que a música continua no foco daqueles que pretendem amordaçar a liberdade de expressão dos artistas e de que a censura sempre esteve e continua presente no Brasil, em pleno século XXI.

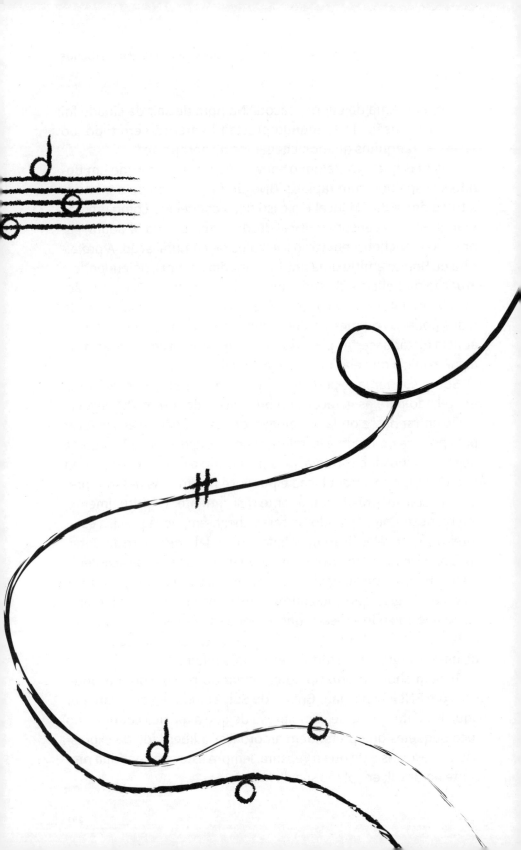

NÃO PASSARÃO, OU MELHOR, PASSARÃO
(GILBERTO GIL)

Gilberto Gil assiste atento à sessão de estreia de *Refavela 40*, da diretora Mini Kerti. Depois, emocionado, conversa com alguns amigos, recebe cumprimentos e sai pensativo em direção ao café do Instituto Moreira Salles, no bairro carioca da Gávea, em novembro de 2019. Em seguida, atende alguns repórteres para falar sobre o filme, que conta a história de um dos discos mais importantes de sua trajetória, elaborado durante uma viagem a Lagos, na Nigéria, em janeiro e fevereiro de 1977. Mais que um disco espetacular, *Refavela* é a sequência de *Refazenda*, em que emprestara toda a sua sensibilidade para uma leitura despojada do Nordeste. Ao cantar baiões e outros ritmos em canções autorais – exceto "Tenho Sede", de Dominguinhos e Anastácia – ele falava de questões ambientais e espirituais. Sempre anos-luz à frente de tudo, o mergulho seguinte, retratado por Mini, é justamente no universo da negritude, das manifestações comportamentais e estéticas da música africana após a diáspora, justamente quando estas, dentro e fora do Brasil, enfrentavam resistência da cultura oficial.

Não por acaso, dois dos piores momentos vividos por Gil durante a ditadura militar são lembrados no filme: a prisão com Caetano Veloso, em dezembro de 1968, que culminou com a ida dos dois para Londres, por "sugestão" dos seus algozes, e a detenção e internação em Florianópolis, em julho de 1976, por porte de maconha. Nada com o cantor, compositor e ex-ministro da Cultura do governo Lula, entre 2003 e 2008, é obra do acaso. Cada passo seu se entrelaça com o anterior e borda o futuro como a linha e o linho. Assim, essas duas prisões, de certa forma, dialogavam.

Na primeira prisão, ele e Caetano foram detidos no dia 27 de dezembro de 1968, duas semanas após a decretação do AI-5. Não existia nenhuma acusação formal aos dois artistas e não havia envolvimento de ambos com qualquer corrente de resistência ao regime. Os dois sequer compunham a dita música de protesto. Simplesmente inventaram a notícia de que ambos teriam, em um show na boate Sucata, na temporada que Caetano fazia com Os Mutantes, cantado, enrolados na bandeira brasileira, uma versão repleta de palavrões do hino nacional. Os amigos baianos foram presos em São Paulo e levados ao Rio de Janeiro, possivelmente, por duas razões subliminares: por serem artistas, sempre perseguidos em regimes autoritários, e por representarem algo de impalpável para o regime, assim como, até então, para muitos críticos musicais e parceiros de ofício.

Revolucionários, sim, Caetano e Gil atacavam as barricadas do sistema com outras armas. No cerne do movimento organizado por eles, na orientação carnavalesca proposta, a juventude não queria tomar o poder, inaugurar um monumento no Planalto Central do Brasil. A coisa era mais profunda, era além. A transformação da linguagem da música popular, a fusão de elementos musicais, culturais, o diálogo universal com as coisas que pipocavam mundo afora eram um biscoito fino, até então, pouco digerível para uma geração que ainda lutava, bravamente, antes e depois do AI-5, contra militares que ocuparam o Estado.

Essas diferenças haviam eclodido no III Festival da Música Popular Brasileira, da TV Record, em 1967, quando Gilberto Gil apresentou "Domingo no Parque" acompanhado dos Mutantes, misturando berimbau e guitarras elétricas, e Caetano, apresentou "Alegria, Alegria" com os Beat Boys.

"A coisa era dividida entre a turma da esquerda combativa, reta, dura, a linha Vandré, e a de direita, de parte da Bossa Nova, da Jovem Guarda, do pessoal da Universidade Mackenzie, de São Paulo. A gente passou pelo meio disso tudo. Quando a gente fez esse trajeto por dentro, no corredor polonês, quando a gente fez o percurso tropicalista e saiu relativamente ileso, ainda sofremos ataques muito fortes da esquerda e da direita", explica Gil.

Quando o golpe de 1964 ocorreu, Gilberto Passos Gil Moreira ainda era um estudante, prestes a terminar o curso na Escola Superior de Administração Pública e Privada da Universidade da Bahia. Lá, além da formação acadêmica, ele também se inseriu no campo da consciência social, da militância política, do reconhecimento sobre os embates ideológicos.

"Eu tive contato com todas estas coisas na escola de administração. As questões da esquerda *versus* direita, do comunismo ante o capitalismo. Ali eu vivi o período do encontro com esta dificuldade que era a repressão, o estabelecimento de um estado de exceção, a supressão da constituição democrática, a instalação de um estado autoritário de feição militar, enfim, com a ditadura", conta.

Em meados de 1965, Gil, então com 23 anos, foi chamado pela empresa de produtos de higiene Gessy Lever e se mudou para São Paulo com sua primeira mulher, Belina. Gil já era um nome badalado em Salvador. Em 1963, havia conhecido Caetano, através do produtor Roberto Santana e, pouco depois, Gal Costa e Maria Bethânia. Os quatro, e mais Tom Zé, inauguraram, em junho do ano seguinte, o teatro Vila Velha, na capital baiana, com o show *Nós, por Exemplo*. Ao chegar em São Paulo, Gil já tinha algum conhecimento no meio musical, mas lá as portas se abriram definitivamente para o artista.

Em 1966, já abraçado por gente como Baden Powell, Edu Lobo e Elis Regina, ele se sente à vontade para deixar seu emprego e se dedicar exclusivamente à música. Gil fazia aparições na televisão, em programas como *O Fino da Bossa*, apresentado por Elis, na TV Record, e tinha sido contratado pela Philips para gravar seu primeiro LP.

"Quando eu cheguei a São Paulo para iniciar, propriamente, minha carreira de artista, já tinha inoculado em mim mesmo esse germe da visão, que criava no olhar mental uma lente de ampliação do que eram os problemas da sociedade. Eram as questões sociais, econômicas, os derivados da questão sociológica, os derivados da antropologia. Tudo isso no campo da filosofia: a verdade, a beleza, a justiça. Eu já passara a olhar o mundo através dessas lentes."

Em outubro de 1966, Gil disputou dois festivais: o I Festival Internacional da Canção, da TV Rio, no Rio de Janeiro, com "Minha Senhora", parceria com Torquato Neto, defendida por Gal Costa, e o II Festival da Música Popular Brasileira da TV Record, em São Paulo, com "Ensaio Geral", na voz de Elis. Antes de acabar o ano, ele se muda, com Belina e Nara, para o Rio, onde faz uma temporada do show *Pois É*, com Bethânia e Vinicius de Moraes, no Teatro Opinião, e grava seu disco pela Philips.

Em 1967, Gil dividia seu tempo entre o Rio de Janeiro, onde morava, e São Paulo, local de gravação do programa *Ensaio Geral*, que apresentava na TV Excelsior e que durou até maio. Foi um ano importante na vida dele. Sua segunda filha, Marília, nasceu em 3 de fevereiro, mas seu casamento com Belina chegou ao fim pouco tempo depois. No meio do ano, Gil já estava casado com Nana Caymmi, havia lançado o disco *Louvação* e tinha até um empresário: Guilherme Araújo. Aí veio o III Festival da Música Popular Brasileira da Record. Ele classificou duas músicas: "Bom Dia", interpretada por Nana Caymmi, e "Domingo no Parque", que ficaria em segundo lugar. Mas a colocação não foi o que mais importou naquele certame.

"Domingo no Parque" foi composta especialmente para o festival. Depois de um encontro com o pintor Clóvis Graciano, amigo e compadre de Dorival Caymmi, em São Paulo, Gil e Nana voltaram para o Hotel Danúbio, onde a nata da música brasileira costumava se hospedar à época dos festivais e programas musicais das TVs Record e Excelsior. Na biografia *Gilberto Bem Perto*, escrita pelo próprio Gil em parceria com a jornalista Regina Zappa, ele conta como veio a inspiração:

"Tínhamos conversado muito. Ele, o Clovis Graciano, pintava barcos, paisagens marinhas, era muito caymmiano neste sentido, mas também do ponto de vista pictórico. (...) Fiquei com aquilo tudo na cabeça, aquelas imagens, aqueles negros fortes, pescadores, aquela gente praieira da Bahia e pronto. Peguei o violão e veio logo a ideia de um som de berimbau. Queria dar um toque de capoeira à música. (...) Aí veio a ideia de que a cena se passava na Ribeira, um lugar importante da Bahia, e na Boca do Rio, que é outro. Saiu tudo de uma vez só."

Música pronta, Gil precisava executar as ideias que fervilhavam na sua cabeça desde uma viagem que fez a Pernambuco, no início de 1967. Ele queria misturar as coisas que conhecera mais profundamente da cultura nordestina com ecos que vinham de longe, de Londres, dos Estados Unidos. Depois de tentar o Quarteto Novo, que acompanhava Vandré, e de ouvir uma negativa, ele acatou uma sugestão bem mais ousada do maestro Rogério Duprat: convidar Os Mutantes, grupo associado ao iê-iê-iê, que acompanhava Ronnie Von, ícone da Jovem Guarda, em seu programa *O Pequeno Mundo de Ronnie Von*. Foi aí que o "rei da brincadeira" encontrou o "rei da confusão".

Gil havia visto Nana ser vaiada na apresentação de "Bom Dia", na primeira fase do festival, e sabia que a proposta dele e de Caetano, de fundir elementos musicais distintos, de fazer a ponte entre Jimi Hendrix e Luiz Gonzaga, seria uma afronta tanto para a turma da MPB tradicional, quanto para a turma que estava no *front* da música de protesto. No dia da apresentação, Gil caiu de cama, febril e, por muito pouco, não ficou a música brasileira sem um dos seus momentos mais radiantes. "A apresentação de Gil foi deslumbrante. Os Mutantes pareciam uma aparição vinda do futuro", escreveu Caetano Veloso em seu livro *Verdade Tropical*.

Caetano também liga o medo do amigo e parceiro, neste dia, ao episódio da prisão que aconteceria um ano depois. Gil confessaria a Caetano o pressentimento que tinha de que estavam "mexendo com coisas perigosas". E o perigo vinha de todos os lados. Eram a rejeição de seus pares, e um consequente isolamento, e a "atenção" dos militares, que passariam a acompanhar a movimentação daqueles baianos de roupas, cabelos e pensamentos subversivos para além da palavra.

Não à toa, logo após a decretação do AI-5, exatamente duas semanas depois, os dois estavam em um camburão, indo de São Paulo para o Rio de Janeiro.

Os meses seguintes foram descritos por Gil como "o pior momento de sua vida". Chegando ao Rio de Janeiro, foram para a Polícia Federal e, de lá, mandados para o prédio do Ministério da Guerra, sede do I Exército, ao lado da Central do Brasil. Depois de interrogada, a dupla foi encaminhada para o quartel da Polícia do Exército, na Tijuca, onde ficaram por uma semana em celas solitárias. Foi assim, isolados de tudo, e já de cabelos e barbas raspadas, que eles viram, ou pior, não viram a chegada de 1969. Dali foram enviados para a Vila Militar, em Deodoro, onde ficaram cerca de um mês e meio presos, respondendo a infindáveis interrogatórios. No fim deste período, foram levados novamente para a Polícia Federal e, de lá, foram mandados para Salvador, onde cumpririam ainda quatro meses de prisão domiciliar. Dali, partiram para o exílio, "a convite" dos militares. Gil, antes da partida, deixaria o seu recado em "Aquele Abraço", cuja ideia surgiu na saída da prisão, quando passaram pela Avenida Presidente Vargas, ainda com restos da decoração carnavalesca de 1969.

Poucos dias antes, vejam só as artimanhas do destino, o Salgueiro ganhara o seu quarto título no Carnaval carioca com o enredo "Bahia de Todos os Deuses", um desfile histórico em que, pela primeira vez, uma escola de samba abordou o sincretismo religioso, associando orixás aos santos católicos nos terreiros baianos. Isso mesmo, a escola vermelha-e-branca da Tijuca, sob a batuta de Fernando Pamplona e Arlindo Rodrigues, também fazia sua revolução particular. Mas Gilberto Gil, quando terminou a letra de "Aquele Abraço", no voo para o exílio em Londres, não poderia cantar, sem tristeza, o hino salgueirense: "Bahia, os meus olhos estão brilhando, / Meu coração palpitando / De tanta felicidade".

Os tempos de Gil e Caetano no exílio duraram de 1969 a 1972. Gil conta que os dois, artistas de temperamentos bem distintos, encararam a situação com sentimentos diferentes. Em comum, claro, a tristeza por serem expulsos de seu próprio país: "Havia coisas do campo existencial, individual, no caso do

Caetano, para quem a situação de exílio era uma coisa insuportável. Então ele garimpava qualquer indício de possibilidade de retorno. Foi um pouco através desse garimpo que chegamos até uma fresta, à possibilidade de retornarmos. Tanto que ele volta antes", lembra. "A tristeza dele no exílio era o desdobramento residual de uma tristeza profunda que tinha sido a pri-

GILBERTO GIL

(Acervo: Museu da Imagem e do Som)

são. Todo esse processo foi muito duro, mas nada comparado aos três meses em que ficamos em cana. Mas eu acompanhei esse avexamento dele, no sentido de 'será que não tem um jeito de a gente voltar?'. Por isso acabo retornando na esteira, pouco depois dele."

Gil diz que o Brasil que eles reencontraram, três anos depois, era um pouquinho diferente daquele logo após o AI-5. "Em 1968, era um regime autoritário, militar, de exceção, trabalhando sua inserção institucional na vida brasileira. Estavam tentando se legitimar caçando deputados, fechando o Congresso, reprimindo os artistas, estabelecendo uma censura institucionalizada, ampla. A perseguição ao que era antagônico a tudo o que eles representavam era uma coisa necessária, ligada à sobrevivência do movimento deles. Já em 1972, 73, 74 você já encontra os primeiros indícios da distensão gradual e lenta que se instala definitivamente com Geisel, não muito tempo depois", conta o artista. "O viés persecutório da ditadura tinha diminuído. Já tinha mais conforto para eles. Não vou dizer que tinham convencido a sociedade brasileira, mas tinham obtido apoio das elites mais representativas do campo corporativo industrial e comercial. E já tinham batido o inimigo armado, a juventude armada."

A censura, no entanto, perseguiria Gilberto Gil. Se não havia mais a repressão pesada, da violência física contra os artistas, havia o cerco às ideias. Ele diz que não lembra bem da relação com os censores, das músicas que sofreram veto. O episódio de "Cálice", parceria com Chico Buarque proibida pela Censura, é bastante conhecido e já comentado neste livro. É possível ver em vídeos na internet a apresentação dos dois no festival Phono 73. Enquanto Gil canta palavras ininteligíveis sobre a melodia, Chico repete o "cale-se". Quando Chico tenta cantar um outro pedaço da letra, o microfone é cortado.

Outro episódio que veio à luz apenas em 2016 foi o da censura a uma música do compositor baiano Jorge Alfredo, "Rato Miúdo". Gil conta que costumava cantar a música em seus shows, à época da escolha do repertório do disco *Refazenda*, de 1975.

HISTÓRIAS DE MÚSICA E CENSURA EM TEMPOS AUTORITÁRIOS

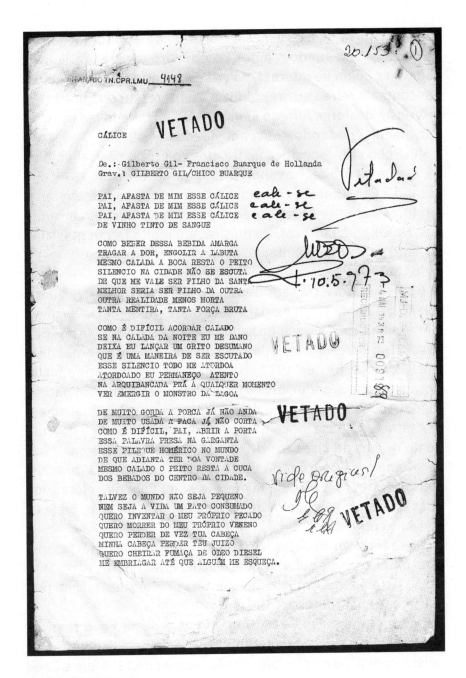

DOCUMENTO

vetando a letra de "Cálice"

Chegou a gravá-la, mas a música foi proibida e nunca foi lançada. A canção, segundo o autor, "o primeiro reggae brasileiro", pode ser ouvida na internet, na voz do próprio Gil, e foi vetada por conta do refrão que reproduzia os dizeres do certificado de reservista de Jorge Alfredo "por ter sido julgado incapaz, definitivamente, podendo exercer atividades civis".

"Ela não era, especificamente, do repertório central do disco, estava na órbita. Nos shows, eu já cantava, desde 1973, em desafio à Censura. Era comum, neste tempo, os encenadores e diretores de teatro se rebelarem e encenarem trechos censurados. No cinema também. Na música, era muito frequente. Muita gente se insurgia mantendo os trechos, mantendo as frases", diz o cantor.

Gil teria outra letra censurada, esta em 1977: "De Leve", uma versão dele e de Rita Lee para "Get Back", de Paul McCartney, mas assinada por ele e John Lennon, como era de praxe nos Beatles. Eis o parecer assinado por Luiz Carlos Horta Fernandes, em 17 de outubro de 1977: "A canção enfoca de forma maliciosa, vulgar e deseducativa o tema 'homossexualismo', não se coadunando com o veículo de comunicação a qual se destina."

A letra era quase inocente e bem menos profunda e libertária do que as de clássicos de Gil sobre a temática, como "Super-Homem – A Canção" ou "Pai e Mãe": "Jojo era uma cara que pensava que era, / Mas sabia que era não / Saiu de Pelotas, foi atrás da hera / Trepadeira de verão / De leve, de leve, de leve que é na contramão".

"Essa era a visão deles, censores, não a minha. Por isso me censuraram. Eu me coloco nesse veículo que conduz, para dentro do sistema todo, essa visão aberta. Por isso sou atacado pelos guardas da fronteira."

Um ano antes, em 1976, Gil já provara deste novo tipo de censura, não a estritamente política, mas a de costumes, moralista, careta. Se na primeira prisão, aquela de 1968, ele e Caetano tinham sido detidos por algo que os militares não sabiam definir direito, oito anos depois, eles usariam a "guerra às drogas" como pretexto para atacar a alma livre e experimental de Gil, tão afinada com o que acontecia mundo afora.

O episódio foi muito bem documentado pelo diretor Jom Tob Azulay, que acompanhava o artista na excursão do show *Os Doces Bárbaros*, um encontro que celebrava os dez anos de carreira de Caetano, Gal, Gil e Maria Bethânia. No dia 24 de junho de 1976, estrearam no Palácio de Convenções do Anhembi, em São Paulo, e partiram para uma excursão por algumas cidades brasileiras. Tudo seria gravado para um álbum duplo, repleto de canções inéditas e poucas regravações como "Atiraste uma Pedra", de Herivelto Martins.

No dia 7 de julho, no entanto, quando a banda chegou em Florianópolis, Gilberto Gil e o baterista Chiquinho Azevedo foram presos no hotel por porte de maconha. Ao contrário do que pensaram em um primeiro momento, a prisão não era política, mas sim fruto do provincianismo de um delegado, Elói Gonçalves de Azevedo, que perseguia surfistas, maconheiros, artistas locais em nome da moral e dos bons costumes. O julgamento, filmado por Azulay, é um documento preciso e precioso do período.

Em certo momento, Gil, de tranças e lacinhos de fita, ouve, incrédulo, a acusação: "Não foi o artista Gilberto Gil, e sim o criminoso Gilberto Passos Gil Moreira que, ao invés de difundir sua brilhante música, encontrava-se, talvez inconscientemente, fazendo difusão da droga tão combatida dos dias atuais. Temos assim a certeza, excelência, que este fato servirá de exemplo a esta mocidade que acompanha, temerosa, a conclusão deste julgamento."

Mais surrealista ainda foi o veredito final: "Após a sua prisão, e entre suas primeiras declarações feitas à imprensa, Gilberto Gil declarou que 'gostava da maconha e que seu uso não lhe fazia mal e nem lhe levava a fazer o mal'. Em juízo, Gilberto Gil declarou que 'o uso da maconha o auxiliava, sensivelmente, na introspecção mística'. Assim, as palavras primeiras de Gilberto Gil podem ter a mesma ressonância rítmica e poética de 'Refazenda', ou 'Abacateiro', mas não encontram ressonância na ciência e experiência humana."

MORDAÇA

Condenados por apologia ao uso de drogas, Gil e Chiquinho foram internados, por dez dias, no Hospital Psiquiátrico São José, em Florianópolis mesmo. Em 20 de julho, eles voltaram para o Rio de Janeiro, onde ficaram "em tratamento", no Sanatório Botafogo.

Na saída do julgamento, Gil ainda deu uma declaração: "Outro dia, eu estava pensando. Sou maior de idade, tenho 34 anos, sou pai de cinco filhos, sou uma pessoa experimentada em vários sentidos, tenho concepção relativamente clara sobre bem e mal e também sobre o que é estar fora do bem e do mal. A gente tá vivendo momentos em que se busca toda uma descontração no mundo inteiro com relação a novos hábitos, à formação de novos padrões e novos conceitos sobre atitude social, sobre comportamento particular, sobre privacidade, sobre o respeito à vida privada das pessoas."

Lembrando o episódio, ele diz que se segurou para não alimentar o circo à sua volta, mas que tinha uma visão já bem parecida com a de hoje: "Tinha receio, medo, tinha tudo. Relendo meu estar ali, minha postura, meu olhar para o juiz, resgato a mesma confiança que tenho hoje. Não adianta! Não adianta me prender. O comum entre a prisão de 1968 e a de 1976 é a tentativa da censura no sentido mais amplo. A primeira, política, e a segunda, mais moralista. É aquilo que eu falo do conservadorismo. São eles tentando, insistentemente, resistir ao deslocamento. Então pega, prende, em alguns casos, mata. É como no futebol. Você quer impedir o deslocamento e faz a falta. Mas a essência do jogo é a soltura, a liberdade, você me segue e eu te driblo. Mas é preciso fazer valer a regra: se fizer falta, tem que ser punido. Essa é a questão. Eles ficam tentando decifrar uma maneira de se livrar das faltas que fazem. A resposta é a instituição judiciária, o nosso VAR." diz Gil, referindo-se ao *Video Assistant Referee*, ou simplesmente o árbitro de vídeo, criado no futebol em 2016 para dirimir dúvidas em lances capitais dos jogos.

Para Gil, a palavra "censura" lembra canções proibidas ou mutiladas, a perseguição a peças e filmes, o corte de cenas, títulos, narrativas, a rejeição de fragmentos narrativos. "Depois, penso na literatura, embora a gente tenha menos informações de como o cutelo, a faca da censura agrediu a nossa literatura. Mas os contextos mais evidentes são os da música, do teatro e do cinema, das linguagens que chegam com mais evidência ao público, à reprodutividade eletrônica."

Atualmente, ainda que o cenário político brasileiro aponte para um retrocesso, para a radicalização de um discurso de ultradireita, para um país nitidamente conservador, para o crescimento das igrejas neopentecostais e para uma crise econômica, Gilberto Gil não acredita numa retomada mais consistente da censura, da repressão, da supressão dos direitos:

"Temos que pensar que andamos, sim, que avançamos no desenvolvimento da vida social, da equalização dos direitos e oportunidades, das redenções, das abolições de escravidão nos vários sentidos, concretos e metafóricos. A liberação de costumes, de hábitos sexuais, tudo isso é anticonservador por excelência. Não é só o discurso, são fatos, são modos de vida que se instalam na sociedade, que são nitidamente antagônicos e propiciam, vez por outra, essa volta do 'ah, quem sabe aqui a gente possa voltar a instalar um regime de pensamento único, de alinhamento com tudo o que é repressivo'. Eles percebem a ameaça da perda dos instrumentos de repressão, de controle, da censura."

As igrejas neopentecostais exercem, hoje, ao seu ver, o mesmo papel que a igreja católica representava em 1964: "Numa entrevista que eu dei, há pouco tempo, para o *Estado de São Paulo*, eu falava que o projeto neopentecostal brasileiro, não apenas aqui, mas no mundo todo, é de hegemonização, de busca do controle sócio-político-econômico das populações, especialmente de países fragilizados. Eles vêm com as promessas da antipauperização, da oferta de condições mínimas e usam isso para atacar o diferente. Atacar o catolicismo, que hegemonizou por séculos; os muçulmanos, que chegaram com força, só recentemente percebida, a diversas partes do mundo como à África, à Ásia. Então, esse neocristianismo pentecostal reflete um pouco a própria reação do Império Americano ameaçado. Lembra a Marcha da Família com Deus Pela Liberdade, de 1964."

A Marcha foi um movimento organizado por setores conservadores do clero, da classe média e por entidades femininas em reação ao comício em que o presidente João Goulart anunciou, em 13 de janeiro de 1964, seu programa de reformas de base. Suas primeiras passeatas ocorreram em São Paulo, em março, mas seu ápice ocorreu no Rio de Janeiro, quando mais de um milhão de pessoas foram às ruas, no dia 2 de abril, logo após a derrubada de Jango, no que ficou conhecida como A Marcha da Vitória.

Mas o que pensa sobre o futuro o músico que passou por tantas barras-pesadas? O artista que encarou a ditadura militar, a censura, que foi mandado para fora do seu próprio país e que, em meio a tudo isso, enxergou e enxerga o Brasil por um prisma libertário, democrático, alegre e otimista? Gil tem medo do que aguarda seus filhos e netos pela frente? Quando a "refavela" vai poder descer novamente o morro e "transar o ambiente efervescente de uma cidade a cintilar"?

"Me preocupa, claro, na medida em que esse futuro, e a melhor plenitude dele, são ameaçados. Mas, ao mesmo tempo, confio na percepção de uma garantia, de um certo garantismo de futuro na constituição existencial do mundo. Garantismo pelo qual eles, os jovens, vão lutar até mais do que eu, porque serão os mais prejudicados. Esses meninos já estão na luta. Eu já sou linha auxiliar dessa luta deles", diz. "A missão deles é lutar pela liberdade, para que ela prevaleça, que tenha espaço de compartilhamento equânime com esse conservadorismo todo. É uma busca moderna no sentido rousseauniano, no sentido da Revolução Francesa da palavra. É uma sociedade mundial que entende que tem que lutar por mais liberdade, mais igualdade e mais fraternidade. A luta é árdua, mas como renunciar a ela? A censura é a reação do Mundo Velho contra a possibilidade de um Mundo Novo."

O caminho natural da humanidade, indicado pelo que Gil chama de "seta do tempo", é o do deslocamento, da mudança, da dúvida que gera o novo, da luta civilizatória contra o reacionarismo, contra o conservadorismo, "contra uma resistência antinatural, ideológica, maluca e terraplanista".

"Isso tudo acaba dando suporte a esses eflúvios naturais de futurismo. As pessoas querem o futuro. O próprio capitalismo, tão atacado, percebe, cada vez mais, que renovação e inovação são as formas possíveis de sobrevivência. Eles apoiam, aqui e ali, movimentos conservadores, mas sabem que os aliados preferenciais deles são os que estão empurrando a seta do tempo para o futuro. São futuristas por excelência."

Nossa conversa, que seria rápida e durou mais de duas horas, termina com o mesmo Gil otimista de quando amargava o exílio em Londres, há meio século, ouvindo notícias de um Brasil distante e sombrio. "Para alguns, como eu, o otimismo é uma forma de encarar tempos sombrios. Mas não posso generalizar. Os dóceis aderem mais facilmente a essa sensação do otimismo. Os combativos, as pessoas dedicadas ao enfrentamento permanente das questões, que são sempre na dimensão do confronto, do combate, para essas o pessimismo é um alimento valioso. Mas, de uma forma mais ampla, nosso padrão é a generosidade, não fugimos disso. 'Mesmo a quem não tem fé, a fé costuma acompanhar'. Resumindo, não passarão, ou melhor, passarão!"

POSFÁCIO:
CENSURA NOS ANOS BOLSONARO

HISTÓRIAS DE MÚSICA E CENSURA EM TEMPOS AUTORITÁRIOS

Quando nos reunimos para conversar sobre a ideia do nosso editor, Michel Jamel, de escrevermos um livro sobre a censura no Brasil a partir do decreto do tenebroso AI-5, não sabíamos bem qual caminho seguir, já que muito se falou sobre este tema. Estávamos em meados de 2017 e o projeto foi pensado para os 50 anos do Ato Institucional Número 5, no ano seguinte. Após algumas conversas e muitos acontecimentos que já antecipavam a eleição do obscuro presidente da República, Jair Bolsonaro, em 2018, o caminho foi se apresentando. Decidimos que contaríamos histórias a partir dos depoimentos de personagens que viveram aquele momento de forma direta. Qual a formação política destes artistas? Quem eles eram à época e como se lembram do golpe de abril 1964? Quais transformações viveram nos mais de quatro anos que se passaram até dezembro de 1968? Que artimanhas criaram para driblar a censura e como sobreviveram a esta terrível vigilância permanente? Como sentiram o processo de reabertura política? Descobrimos, no entanto, depois de algumas entrevistas, que, mais que pontuar os acontecimentos desta "página infeliz da nossa história", nossa missão era buscar nessas memórias individuais, se não respostas, reflexões sobre o porquê de termos nos encaminhado para esses tempos absurdos. A contemplação do passado, a constatação do presente e as perspectivas de futuro, sombrias ou não, desses personagens, de certa forma, nos dão a certeza de que a inteligência, a arte, a sensibilidade, a energia positiva e a resiliência são poderes transformadores, capazes de impedir que acontecimentos recentes se tornem, mais adiante, passagens "desbotadas da memória".

Desde que chegou ao poder, no início de 2019, o governo brasileiro de extrema-direita coleciona casos de censura em diversas áreas culturais. Além de extinguir o Ministério da Cultura e defender "filtros" às escolhas da Agência Nacional de Cinema, a Ancine, o governo suspendeu um edital de fomento de séries LGBT para TV pública e adiou por tempo indeterminado o lançamento do filme *Marighella*, dirigido por Wagner Moura, sobre o famoso guerrilheiro.

Em pouco tempo, a prática da censura voltou a se espalhar também pelos estados. No Rio Grande do Sul, no início de setem-

MORDAÇA

bro de 2019, uma exposição de cartuns chamada *Independência em Risco*, foi cancelada pela Câmara Municipal de Porto Alegre por conter charges críticas ao Governo Federal. Dez dias depois, ela foi reaberta por conta de uma liminar e ainda ganhou visibilidade na internet com o lançamento de um *e-book* gratuito.

No Rio de Janeiro, neste mesmo mês e ano, o não saudoso prefeito/bispo Marcelo Crivella (aliado de Bolsonaro) determinou que o gibi *Vingadores: Cruzada das Crianças*, que trazia na capa uma cena de beijo entre dois personagens masculinos, fosse recolhido da Bienal do Livro, alegando que a publicação trazia "conteúdo sexual para menores". A reação à censura fez triplicarem as vendas de livros com temática LGBT durante o evento.

Esta censura moralista indignou a grande atriz brasileira, Fernanda Montenegro, que, por conta do ocorrido, aceitou o convite, que havia recusado anteriormente, para um ensaio na revista Quatro Cinco Um, com fotos em que encarna uma bruxa diante de uma fogueira de livros. Fernanda, então, passou a ser agredida em redes sociais, as mesmas que espalharam *fake news* decisivas para a eleição de Bolsonaro. A milícia digital, que tanto estrago fez à democracia e à ciência, ganhou, logo em seguida, o reforço do diretor da Funarte e apoiador do governo de Jair Bolsonaro, Roberto Alvim, que criticou Fernanda, dizendo sentir "desprezo" pela atriz. "Não se pode proibir livros", respondeu a atriz, que dias depois, em 16 de outubro de 2019, completaria 90 anos.

No Recife, a Caixa Cultural baniu, sem qualquer diálogo, a temporada da peça *Abrazo*, da companhia Clowns de Shakespeare. Voltado para o público infanto-juvenil, o espetáculo é inspirado no *Livro dos Abraços*, do jornalista e escritor uruguaio Eduardo Galeano, e traz a história de personagens que vivem num lugar em que não é permitido abraçar ou falar. A companhia recebeu a notícia do cancelamento da temporada entre as duas primeiras sessões da peça, no dia 7 de setembro do mesmo 2019, já com o público dentro do teatro. "Recebemos o comunicado da Caixa cinco minutos antes de a cortina abrir. Foi uma coisa absolutamente abrupta. Recebemos apenas o comunicado de que a segunda apresentação tinha sido

HISTÓRIAS DE MÚSICA E CENSURA EM TEMPOS AUTORITÁRIOS

suspensa por ordens de cima, de um supervisor acima da Caixa Cultural", disse o diretor Fernando Yamamoto em entrevista.

No ano seguinte, em janeiro de 2020, a Justiça do Rio ordenou que a Netflix, provedora global de filmes e séries via *streaming*, retirasse do ar um programa especial de Natal da produtora de vídeos de comédia Porta dos Fundos. O programa censurado, *A Primeira Tentação de Cristo*, uma sátira em que Jesus é apresentado como um personagem gay, despertou a ira de certos setores religiosos da sociedade. A exibição do filme provocou uma briga judicial entre entidades cristãs e advogados da produtora. No dia 8 de janeiro, a Justiça do Rio proibiu sua exibição. Em decisão liminar, o desembargador Benedicto Abicair, da 6ª Câmara Cível do Tribunal de Justiça do Rio de Janeiro, acolheu um pedido da Associação Católica Centro Dom Bosco de Fé e Cultura que, em primeira instância e durante o Plantão Judiciário, já havia sido negado. Antes disso, na madrugada do dia 24 de dezembro de 2019, véspera de Natal, o prédio onde funcionava a produtora, no Humaitá (Zona Sul do Rio de Janeiro), sofrera um atentado com coquetéis molotov.

No campo da música, além da interdição do filme *Chico: Artista Brasileiro*, de Miguel Faria Jr., sobre Chico Buarque, pela embaixada brasileira em Montevidéu, e do show de BNegão, interrompido pela Polícia Militar no Mato Grosso do Sul (casos abordados nos capítulos dedicados a estes artistas), a cantora Linn da Quebrada teve cancelado seu show na Parada LGBT de João Pessoa (PB), em agosto de 2019. A Fundação Cultural de João Pessoa, organizadora da Parada, alegou que o discurso da artista paulista era "muito pejorativo". Em dezembro do mesmo ano, a TV Brasil, controlada pela estatal EBC (Empresa Brasil de Comunicação), censurou o clipe da música "O Real Resiste", de Arnaldo Antunes. A letra da música tem os seguintes versos, por exemplo: "Miliciano não existe / Torturador não existe / Fundamentalista não existe / Terraplanista não existe / Monstro, vampiro, assombração / O real resiste / É só pesadelo, depois passa". Além da letra, o clipe traz algumas imagens da ex-vereadora Marielle Franco, brutalmente assassinada em março de 2018. Segundo funcionários da EBC, o nome de Marielle e temas LGBT estavam vetados dentro da emissora e, por isso, o canal do governo mudou a grade de programação, não permitindo que o clipe fosse exibido.

No carnaval de 2020, no Recife, alguns artistas denunciaram tentativas de censura por parte da polícia militar durante suas apresentações. As bandas Devotos e Janete Saiu para Beber alegaram que a PM ameaçou encerrar seus shows por conta de uma releitura que fizeram da música "Banditismo por uma Questão de Classe", de autoria do finado Chico Science, que conta com versos como: "Em cada morro uma história diferente / Que a polícia mata gente inocente". De acordo com Du Lopes, um dos produtores do evento, cujo contratante era a própria prefeitura de Recife, durante diálogo com os policias que exigiam o fim da apresentação, ele ouviu um PM dizer o seguinte: "Não pode tocar Chico Science. Chico é som de briga! Não pode tocar!" Já o cantor China relatou que policiais subiram ao palco em que ele se apresentava, durante o mesmo carnaval de Recife, a fim de encerrar a sua apresentação, que já estava na última música, intitulada "Só Serve pra Dançar", de sua autoria.

Outros inúmeros casos de censura, de agressões e de intimidações poderiam ser citados. O mais emblemático, talvez, seja o da proibição da exposição *Queermuseu – Cartografias da Diferença na Arte Brasileira*, que, depois de um mês em cartaz no Santander Cultural, em Porto Alegre, foi cancelada, no início de setembro de 2017. Antes mesmo da eleição de Bolsonaro, a intolerância já tinha botado sua cabeça moralista para fora de forma abrupta. A mostra abordava a temática LGBT, questões de gênero e de diversidade cultural na arte brasileira desde meados do século XX. Uma onda de protestos nas redes sociais acusava de blasfêmia contra símbolos religiosos e apologia à pedofilia obras de artistas como Cândido Portinari, Lygia Clark, Adriana Varejão e Leonilson. Os casos de censura mais ou menos velada ocorridos nas artes a partir de 2019 são tantos que, em 2021, foi criado o Movimento Brasileiro Integrado pela Liberdade de Expressão Artística (Mobile), com o objetivo de mapear estes casos, orientar as vítimas sobre como procederem juridicamente e dar projeção internacional aos ataques à liberdade de expressão. Até agosto de 2021, a plataforma digital do movimento contabilizava 129 denúncias de repressão a iniciativas artísticas durante os anos do governo Bolsonaro, que colocou em prática uma política consistente de desmonte do ambiente de produção cultural brasileiro através da criação de restrições a projetos artísticos e de obstáculos burocráticos para a captação de recursos. São novas maneiras de aplicar a censura, não tão explícitas quanto nos tempos de ditadura.

A história nos mostra que o maior inimigo de um governo autoritário é o pensamento. Por isso os artistas, os verdadeiros artistas, são tão perseguidos. A nossa própria história é prova disso, conforme vimos neste livro. Acreditamos, no entanto, como nos disse Gilberto Gil, que a seta do tempo aponta para frente, apesar dos "guardas de fronteira". Quando pensarmos que estamos em um caminho sem volta, devemos olhar para o lado, para aqueles que falam de nossas almas, de nossos anseios, de nossos temores, de nossos sentimentos. Um exemplo?

Durante a pandemia do coronavírus, o cantor e compositor Chico César foi um dos artistas mais engajados nas redes sociais. Compôs e disponibilizou dezenas de músicas. Em janeiro de 2021, no entanto, ele se aborreceu com o pedido de um seguidor para que evitasse músicas de cunho político-ideológico. "Tu és muito maior que eles todos (...) Tuas mãos são limpas. Não as coloque no fogo por nenhum deles", dizia o tal seguidor.

A reação de Chico César foi imediata e ajuda a colocar um ponto final neste *Mordaça*, mas não na luta dos artistas brasileiros contra qualquer forma de cerceamento da sua liberdade criativa, hoje, ontem e amanhã: "Por favor, todas as minhas canções são de cunho político-ideológico! Não me peça um absurdo desse, não me peça para silenciar, não me peça para morrer calado. Não é por 'eles'. É por mim, meu espírito pede isso. E está no comando. Respeite ou saia. Não veja, não escute. Não tente controlar o vento. Não pense que a fúria da luta contra as opressões pode ser controlada. Eu sou parte dessa fúria. Não sou seu entretenimento, sou o fio da espada da história feito música no pescoço dos fascistas. E dos neutros. Não conte comigo para niná-lo. Não vim botar você para dormir. Aqui estou para acordar os dormentes."

AGRADECIMENTOS

Afonso Carvalho, André Tartarini, Antônio Carlos Miguel, Bernardo Araujo, Chris Fuscaldo, Claudia Lima, Daiane Elias, Eduardo Gallotti, Fernando Fischgold, Flávio Canetti, Flávio Toledo, Fred Coelho, Gabriela Azevedo, Gilda Mattoso, Gustavo Villela, Hugo Nunes, João Paulo Reys, José Figueiredo, Julio Moura, Julio Silveira, Lila Rabello, Lívia Mannini, Luciana Rabello, Lucio Branco, Luis Dantas, Luis Fernando Veríssimo, Magda Botafogo, Maíra Contrucci Jamel, Manoela Zappa, Marcelo Callado, Marcelo Fróes, Marceu Vieira, Marcus Fernando, Marcus Vinícius, Maria Lucia Rangel, Mariana Filgueiras, Marina Ghiaroni, Martinho Filho, Michel Jamel, Miriam Roía, Ney Conceição, Odara Boscolo, Pedro Paulo Malta, Raïssa de Góes, Regina Zappa, Ricardo Cravo Albin, Rubinho Jacobina, Sérgio Augusto, Sinai Sganzerla, Solange Mano, Thaís Nicodemo, Wandi Doratiotto e a todos os artistas e personagens entrevistados.

Agradecemos, em particular, a Antonio, Daniela e Fabrizia Alves Pinto pela gentil cessão da imagem utilizada na capa desse livro, adaptada de uma charge de Ziraldo, que foi produzida originalmente para um cartaz usado numa passeata contra a censura, no Rio de Janeiro, em 1968.

CRÉDITOS

DAS LETRAS CITADAS

INTRODUÇÃO – MORDAÇA: HISTÓRIAS DE MÚSICA E CENSURA EM TEMPOS AUTORITÁRIOS

O Bonde São Januário
(Wilson Batista / Ataulfo Alves)

A FORÇA DA PERSUASÃO (JOÃO CARLOS MULLER)

Deus Lhe Pague
(Chico Buarque)

Minha História (Gesubambino)
(Lucio Dalla / Paola Pompei – Vers.: Chico Buarque)

Cálice
(Chico Buarque / Gilberto Gil)

Boi Voador
(Chico Buarque / Ruy Guerra)

DRIBLANDO COM UMA CANETA NA MÃO (CHICO BUARQUE)

Acorda Amor
(Chico Buarque)

Jorge Maravilha
(Chico Buarque)

Tamandaré
(Chico Buarque)

Apesar de Você
(Chico Buarque)

Partido Alto
(Chico Buarque)

MORDAÇA

NÃO ANDE NOS BARES, ESQUEÇA OS AMIGOS (IVAN LINS)

Abre Alas
(Ivan Lins / Vitor Martins)

Cartomante
(Ivan Lins / Vitor Martins)

A RECOMEÇAR COMO CANÇÕES E EPIDEMIAS (JOÃO BOSCO)

Jardins de Infância
(João Bosco / Aldir Blanc)

O Ronco da Cuíca
(João Bosco / Aldir Blanc)

DA BOSSA NOVA À CANÇÃO DE PROTESTO (CARLOS LYRA)

Canção do Subdesenvolvido
(Carlos Lyra / Chico de Assis)

O Morro (Feio Não É Bonito)
(Carlos Lyra / Gianfrancesco Guarnieri)

Herói do Medo
(Carlos Lyra)

PREVISÃO DO TEMPO: INSTÁVEL (MARCOS VALLE)

Viola Enluarada
(Marcos Valle / Paulo Sérgio Valle)

Jesus Meu Rei
(Marcos Valle / Paulo Sérgio Valle)

Black Is Beautiful
(Marcos Valle / Paulo Sérgio Valle)

Samba Fatal
(Marcos Valle / Paulo Sérgio Valle)

Tira a Mão
(Marcos Valle / Paulo Sérgio Valle)

Flamengo até Morrer
(Marcos Valle / Paulo Sérgio Valle)

ETERNAMENTE GRÁVIDA (JOYCE MORENO)

Eternamente Grávida
(Joyce Moreno)

PATRIOTAS OU IDIOTAS? (NELSON MOTTA)

Boa Viagem
(Nelson Motta / Luis Carlos Sá)

Mais uma Vez
(Nelson Motta / Lulu Santos)

Perigosa
(Nelson Motta / Rita Lee / Roberto de Carvalho)

CONTEÚDO ALIENADO E EXTRATERRESTRE (JORGE MAUTNER)

A Bandeira do Meu Partido
(Jorge Mautner)

Papoulas e Arco-íris
(Jorge Mautner)

Nababo Ê
(Jorge Mautner)

MORDAÇA

HÁ ALGO DE RIDÍCULO NA CENSURA (CAETANO VELOSO)

Enquanto Seu Lobo Não Vem
(Caetano Veloso)

Maria Moita
(Carlos Lyra / Vinicius de Moraes)

Negror dos Tempos
(Caetano Veloso)

Vaca Profana
(Caetano Veloso)

Deus e o Diabo
(Caetano Veloso)

O TERROR DOS HIPÓCRITAS NA CASA DO DRÁCULA (ODAIR JOSÉ)

Eu Vou Tirar Você Desse Lugar
(Odair José)

As Noites Que Você Passou Comigo
(Odair José)

Cristo, Quem É Você?
(Odair José / Silvia Santos)

Uma Vida Só (Pare de Tomar a Pílula)
(Odair José / Ana Maria)

A Primeira Noite de um Homem
(Odair José)

Chumbo Grosso
(Odair José)

CENSURADO ATÉ NO OLHAR (NEY MATOGROSSO)

O Vira
(João Ricardo / Luhli)

Tem Gente com Fome
(João Ricardo)

Seu Waldir
(Marco Polo)

Johnny Pirou (Johnny B. Goode)
(Chuck Berry – Vers: Leo Jaime / Tavinho Paes)

DOIS GERALDOS E UMA DESPEDIDA (GERALDO AZEVEDO)

Canção da Despedida
(Geraldo Azevedo / Geraldo Vandré)

Talismã
(Geraldo Azevedo / Alceu Valença)

VAI PRA TODA ESSA GENTE RUIM (QUOSQUE TANDEM?) (ALCEU VALENÇA)

Cabelos Longos
(Alceu Valença)

Dente de Ocidente
(Alceu Valença)

Você Pensa
(Alceu Valença)

Descida da Ladeira
(Alceu Valença)

Pontos Cardeais
(Alceu Valença)

Desprezo
(Alceu Valença)

A MPB NO FRONT: OS FESTIVAIS QUE ASSOLARAM O PAÍS (SOLANO RIBEIRO)

Opinião
(Zé Kéti)

Disparada
(Geraldo Vandré / Théo de Barros)

Roda Viva
(Chico Buarque)

Sabiá
(Tom Jobim / Chico Buarque)

OLÁ, COMO VAI? (PAULINHO DA VIOLA)

Sinal Fechado
(Paulinho da Viola)

Meu Novo Sapato
(Paulinho da Viola)

Papo Furado
(Paulinho da Viola)

Chico Brito
(Wilson Batista / Afonso Texeira)

VOCÊ CORTA UM VERSO, EU ESCREVO OUTRO (PAULO CÉSAR PINHEIRO)

Pesadelo
(Paulo César Pinheiro / Maurício Tapajós)

O IMPORTANTE É QUE A NOSSA EMOÇÃO SOBREVIVA (EDUARDO GUDIN)

Se a Tristeza Chegar
(Geraldo Vandré / Baden Powell)

Consideração
(Eduardo Gudin / Paulo César Pinheiro)

Mordaça
(Eduardo Gudin / Paulo César Pinheiro)

Velho Passarinho
(Eduardo Gudin / Paulo César Pinheiro)

Essa Conversa
(Eduardo Gudin / Paulo César Pinheiro)

MEMÓRIAS DE UM SARGENTO COMPOSITOR (MARTINHO DA VILA)

Disritmia
(Martinho da Vila)

Menina Moça
(Martinho da Vila)

Sonho de um Sonho
(Martinho da Vila / Rodolpho de Souza / Tião Graúna)

A MADRINHA E O GRANDE PODER TRANSFORMADOR (BETH CARVALHO)

Saco de Feijão
(Chico Santana)

Transformação
(Jurandir)

Onde Está a Honestidade?
(Noel Rosa)

Agoniza Mas Não Morre
(Nelson Sargento)

Vou Festejar
(Dida / Jorge Aragão / Neoci)

Virada
(Noca da Portela / Noquinha)

UMA GUERRILHA DIFERENTE (EVANDRO MESQUITA)

Ela Quer Morar Comigo na Lua
(Evandro Mesquita)

Cruel, Cruel Esquizofrenético Blues
(Evandro Mesquita / Ricardo Barreto)

Betty Frígida
(Antonio Pedro / Evandro Mesquita / Patricya Travassos / Ricardo Barreto)

FOCO DE SUBVERSÃO (LEO JAIME)

A Vida Não Presta
(Leandro Verdeal / Leo Jaime / Selvagem Big Abreu)

Solange (So Lonely)
(Sting – Vers.: Leo Jaime / Leoni)

Sônia (Sunny)
(Franz Reuther – Vers.: Leandro Verdeal / Leo Jaime)

UM DOS ÚLTIMOS SUSPIROS DA CENSURA? (PHILIPPE SEABRA)

Censura
(Philippe Seabra / Andre X)

Voto em Branco
(André X)

Proteção
(Philippe Seabra)

ATRASANDO O TREM DAS ONZE (CLEMENTE NASCIMENTO)

Maldita Polícia
(Clemente Nascimento)

Miséria e Fome
(Clemente Nascimento)

Vida Submissa
(Clemente Nascimento)

Não É Permitido
(Clemente Nascimento)

Pátria Amada
(Clemente Nascimento)

Pesadelo
(Paulo César Pinheiro / Maurício Tapajós)

FUMAÇA E CENSURA NA VIRADA DO SÉCULO (BNEGÃO)

Legalize Já
(Rafael Crespo / Marcelo Maldonado Peixoto)

Qual É o Seu Nome?
(Letra e música: Mancha / Versão: BNegão)

NÃO PASSARÃO, OU MELHOR, PASSARÃO (GILBERTO GIL)

Bahia de Todos os Deuses
(Bala / Manuel Rosa)

De Leve (Get Back)
(John Lennon / Paul McCartney – Vers.: Gilberto Gil)

POSFÁCIO – CENSURA NOS ANOS BOLSONARO

O Real Resiste
(Arnaldo Antunes)

Banditismo por uma Questão de Classe *(Chico Science)*

BI BLIO GRA FIA

ALBIN, Ricardo Cravo. *Driblando a censura*. Rio de Janeiro: Gryphus, 2002.

ALBUQUERQUE, Célio. *1973: O ano que reinventou a MPB*. Rio de Janeiro: Sonora Editora, 2013.

ALEXANDRE, Ricardo. *Dias de luta*: O rock e o Brasil dos anos 80. Porto Alegre: Arquipélago Editorial, 2002.

ALVES, Márcio Moreira. *Torturas e torturados*. Rio de Janeiro: Cidade Nova, 1967.

ARAÚJO, Paulo Cesar de. *Eu não sou cachorro,não*: Música popular cafona e ditadura militar. Rio de Janeiro: Record, 2002.

ARNS, Dom Paulo Evaristo. *Brasil: Nunca mais*. Petrópolis: Vozes, 1985.

AUGUSTO, Sérgio. *Cancioneiro Vinicius de Moraes: Biografias e obras selecionadas*. Rio de Janeiro: Jobim Music, 2007.

BAHIANA, Ana Maria. *Nada será como antes – MPB, Anos 70, 30 anos depois*. Rio de Janeiro: Senac Rio, 2006.

BIVAR, Antonio. *Punk*. São Paulo: Edições Barbatana, 2018.

BOAL, Augusto. *Hamlet e o filho do padeiro*. Rio de Janeiro: Record, 2014

CABRAL, Sérgio. *Nara Leão, uma biografia*. Rio de Janeiro: Editora Lumiar, 2001.

CALADO, Carlos. *Tropicália: A história de uma revolução musical*. São Paulo: Editora 34, 1997.

CASTRO, Ruy. *Chega de Saudade*: A História e as histórias da Bossa Nova. São Paulo: Companhia das Letras, 1990.

COHN, Sérgio. *Encontros – Jorge Mautner*. Rio de Janeiro: Azougue Editorial, 2004.

COELHO, Fred. *Jards Macalé*: Eu só faço o que quero. Rio de Janeiro: Numa Editora, 2020.

COSTA, ARMANDO; VIANNA FILHO, Oduvaldo; PONTES, Paulo. *Opinião – Texto completo do show*. Rio de Janeiro: Edições do Val, 1965.

COUTO, Ronaldo Costa. *História indiscreta da ditadura e da abertura, Brasil: 1964-1985*. Rio de Janeiro: Record, 1998.

DAPIEVE, Arthur. *Brock: O rock brasileiro dos anos 80*. São Paulo: Editora 34, 1995.

GASPARI, Elio; VENTURA, Zuenir; HOLLANDA, Heloisa B. de. *70/80: Cultura em trânsito: Da repressão à abertura*. Rio de Janeiro: Aeroplano Editora, 2000.

GAVIN, Charles. *Galos de Briga – João Bosco: Som do Vinil, Entrevistas a Charles Gavin*. Rio de Janeiro: Imã Editorial, 2015.

_____ *Secos & Molhados: Som do vinil, Entrevistas a Charles Gavin*. Rio de Janeiro: Imã Editorial, 2017.

KUSHNIR, Beatriz. *Cães de guarda: Jornalistas e censores, do AI-5 à constituição de 1988*. São Paulo: Boitempo Editorial, 2004.

LUNA, Pedro de. *Planet Hemp: Mantenha o respeito*. Caxias do Sul: Belas-Letras, 2018.

MARTINS, Franklin. *Quem foi que inventou o Brasil? – A música popular conta a história da República*. Rio de Janeiro: Nova Fronteira, 2015.

MATOGROSSO, Ney. *Vira-lata de Raça: Memórias*. São Paulo: Tordesilhas, 2018.

MATTOS, Claudia Neiva de. *Acertei no milhar: Malandragem e samba no tempo de Getúlio*. Rio de Janeiro: Paz e Terra, 1982.

MAZZOLA, Marco. *Ouvindo estrelas: A luta, a ousadia e a glória de um dos maiores produtores musicais do Brasil*. São Paulo: Planeta, 2007.

MELLO, Zuza Homem de. *A era dos festivais: Uma Parábola*. São Paulo: Editora 34, 2003.

_____ *Eis aqui os Bossa-nova*. São Paulo: WMF Martins Fontes, 2008.

MIDANI, André. *Do vinil ao download*. Rio de Janeiro: Nova Fronteira, 2015.

MOBY, Alberto. *Sinal fechado: A música popular brasileira sob censura*. Rio de Janeiro: Obra Aberta, 1994.

MOTTA, Nelson. *Noites tropicais: Solos, improvisos e memórias musicais*. Rio de Janeiro: Objetiva, 2000.

PAIVA, Marcelo Rubens; NASCIMENTO, Clemente Tadeu. *Meninos em fúria: O começo do fim*. Rio de Janeiro: Alfaguara, 2016.

PINHEIRO, Paulo César. *Histórias das minhas canções*. Rio de Janeiro: Editora Leya, 2010.

RIBEIRO, Darcy. *O povo brasileiro: A formação e o sentido do Brasil*. São Paulo: Companhia das Letras, 1995.

RODRIGUES, Rodrigo. *As aventuras da Blitz*. Rio de Janeiro: Ediouro, 2009.

SOTO, Ernesto; ZAPPA, Regina. *1968: Eles só queriam mudar o mundo*. Rio de Janeiro: Zahar, 2011.

TALESE, Gay. *Fama e anonimato*. São Paulo: Companhia das Letras, 2004.

THEODORO, Helena. *Martinho da Vila: Reflexos no espelho*. Rio de Janeiro: Pallas, 2018.

VELOSO, Caetano. *Verdade tropical*. São Paulo: Companhia das Letras, 1997.

VENTURA, Zuenir. *1968: O Ano que não terminou*. Rio de Janeiro: Nova Fronteira, 1988.

ZAPPA, Regina. *Chico Buarque para todos*. Rio de Janeiro: Imã Editorial, 2016.

_____*Para seguir minha jornada – Chico Buarque*. Rio de Janeiro: Nova Fronteira, 2011.

ZAPPA, Regina; GIL, Gilberto. *Gilberto bem de perto*. Rio de Janeiro: Nova Fronteira, 2013.